Das neue Parlamentarische Schimpfbuch

Das neue Parlamentarische Schimpfbuch

Stilblüten und Geistesblitze unserer Volksvertreter

Mit einem Geleitwort von
Michaela Geiger
Vizepräsidentin des Bundestages

Herausgegeben von
Günter Pursch

Langen Müller

1. Auflage Juni 1989
2. Auflage November 1989
3., aktualisierte Auflage Juni 1997

Die 1. und 2. Auflage erschienen unter dem Titel
»Das große Parlamentarische Schimpfbuch«

Umschlaggestaltung: Kaselow Design, München
unter Verwendung einer Illustration von Pepsch Gottscheber, München

Satz: Bonner Universitäts-Buchdruckerei
Gesetzt aus: 3,75/4,25 mm Times

Druck und Binden: Wiener Verlag, Himberg
Printed in Austria
ISBN 3-7844-2613-1

Für Sigrid
Dank für Hilfe, Unterstützung,
Langmut und
Geduld!

»... ich möchte hier leidenschaftlich für das
Recht der Abgeordneten eintreten, Unsinn zu reden.
Es ist eines der Grundrechte des Parlaments.«

Hans Dichgans, CDU/CSU,
am 25. 10. 1967 vor dem Deutschen Bundestag

Geleitwort

Politiker, die über Parteigrenzen hinweg Einigkeit praktizieren, geraten leicht in die Kritik: »Die sind ja doch alle gleich«, heißt es. Streiten Abgeordnete über den besseren Weg, werden sie ebenfalls zur Zielscheibe heftiger Proteste. »Die können sich doch nur beschimpfen«, lautet dann der Vorwurf. Dabei wird nur zu leicht übersehen: Parteien vertreten in der politisch-parlamentarischen Auseinandersetzung eben nicht das Ganze, sondern müssen Unterschiede aufzeigen. Manches Argument wird erst durch die Polarisierung deutlich.

Was wäre das für eine Demokratie, in der alle Abgeordneten des Deutschen Bundestages immer nur einer Meinung wären? Streit um die Sache muß deshalb in der Politik der Normalfall sein. Die Demokratie lebt von der Auseinandersetzung um den besten Weg genauso wie von der Einsicht, daß der Wille der Mehrheit respektiert werden muß. Vor der Entscheidung steht immer ein Wettstreit von Argumenten und Worten.

Im Eifer der Debatten gehen engagierten Abgeordneten allerdings auch einmal die Pferde durch. Es fallen dann Worte, die später so lieber nicht gesagt worden wären. In den Debatten – sie sind ja »Politik live« – kommt es trotz aller Aufgeregtheiten und Hektik immer wieder zu Scherzen und zu manch unfreiwilliger Komik. Plattitüden, Stilblüten, Sticheleien, Spott, Schmonzetten und Schimpf im Bundestag sind letztendlich das Salz in der Suppe, ohne das die Debatten manchmal fade und langweilig wären.

Das Menschliche in der Politik kommt in dieser Sammlung nicht gerade alltäglicher Aussagen und Aussprüche von Abgeordneten zum Ausdruck. Hier wird bezeugt, daß es in den Plenarsitzungen des Bundestages durchaus munter zugeht und auch Humor und Spontaneität ihren Platz im »Hohen Haus« haben. Der Bundestag ist ein lebendiges Parlament, demzufolge »menschelt« es manchmal. Trotzdem dürfen Toleranz und Fairneß dabei natürlich nicht auf der Strecke bleiben.

Michaela Geiger
Vizepräsidentin des Deutschen Bundestages

Vorwort

Seit dem ersten Zusammentritt des Deutschen Bundestag im September 1949 schimpfen und beschimpfen unsere Damen und Herren Volksvertreter, was das Zeug hält. So lautet ein zwar in der veröffentlichten Meinung weit verbreitetes, aber deshalb noch lange nicht richtiges Vorurteil.

Gerade die gegensätzlichen politischen Auseinandersetzungen prägten die Arbeit des Parlaments. In Erinnerung sind die »Großen Debatten« des Bundestages, als es um die Westbindung oder die Ostverträge, um den NATO-Beitritt oder die Nachrüstung, die Wiedervereinigung Deutschlands, um die Politik zur Verbesserung der wirtschaftlichen Situation in den neuen Bundesländern ging. Selbstverständlich geht es dann auch heiß her in den Debatten. Wäre das nicht so, stünden die Permanent-Kritiker flugs auf und behaupteten, das Parlament seit farblos, die Politik eh langweilig, über alles würde nur eine »fade Soße der Harmonie« gegossen.

Unsere Abgeordneten sind tatsächlich viel besser als ihr Ruf. Seit dem Bestehen des Bundestages hat es nach meinen – zwar sehr komplexen, aber sicherlich nicht kompletten – Aufzeichnungen knapp mehr als 660 parlamentarische Ordnungswidrigkeiten (Sitzungsausschlüsse wegen schlechten Betragens, Ordnungsrufe, Rügen und Zurückweisungen unparlamentarischer Ausdrucksweisen) gegeben. Umgerechnet bedeutet dies: Rund 14 pro Jahr bei jeweils etwa 22 Sitzungswochen mit je drei Plenarsitzungstagen, extrahiert aus immerhin etwa 160 000 gedruckten Protokollseiten!

Diese verbalen Ausrutscher verteilen sich auf weniger als 300 Abgeordnete (davon 35 Frauen): 37 Prozent entfallen auf die SPD; 30 auf die CDU/CSU; 18 auf die Grünen, 6,5 auf die KPD/PDS; 4,4 Prozent auf die FDP und der kleine Rest auf sonstige Abgeordnete, meist fraktionslose oder von politischen Gruppierungen, die längst nicht mehr im Bundestag vertreten sind. Auch bei der Verteilung der Regelverstöße liegt die SPD mit 41 Prozent vorn; an zweiter Stelle – 20 Prozent – liegen die erst seit 1983 im Parlament vertretenen Grünen. Dann folgt die mit einer Ausnahme immer mitgliederstärkste Fraktion der CDU/CSU mit 19,2 Prozent. Die KPD/PDS, die lediglich in der ersten Wahlperiode Fraktionsstatus besaß und als PDS erst 1990 wieder in den Bundestag einzog, erreicht fast 13 Prozent. Die FDP zeigt mit weniger als drei Prozent auch hier vornehme Zurückhaltung; 3,6 Prozent weist die Statistik für die »Sonstigen« aus. Diese Zahlen belegen eindrucksvoll, daß die politische Linke im Bundestag sowohl von der Menge der aufgezeichneten Ordnungswidrigkeiten als auch von der Zahl der schimpfenden Abgeordneten verbalradikaler ist als die bürgerliche politische Mitte.

In der Rekordliste steht unangefochten Herbert Wehner. Auf den langjährigen SPD-Fraktionsvorsitzenden entfallen mindestens 58 parlamentarische Ordnungswidrigkeiten. Andere Zählweisen kommen sogar auf 75 – darunter befinden sich dann aber auch die Entgleisungen Wehners als KPD-Abgeordneter des Sächsischen Landtages Anfang der dreißiger Jahre. Auf dem zweiten Platz steht der erste aktive Abgeordnete: Ottmar Schreiner (SPD); 37 präsidiale Rüffel hat er sich seit 1980 eingehandelt. Schreiners Bestreben ist es, Wehners einsamen Rekord einzustellen. Ob es ihm gelingen wird, ist mehr als fraglich. Denn die amtierenden Präsidenten handhaben das Instrument des Ordnungsrufes in den neunziger Jahren beträchtlich restriktiver als die Amtsinhaber in den Jahren zuvor. An dritter Stelle ist der KPD-Abgeordnete Heinz Renner zu finden. Von 1949 bis 1953 verbuchte er 31 Rüffel. Den vierten Platz teilen sich mit einem ganzen Dutzend Schimpfereien die Abgeordneten Joseph »Joschka« Fischer, Fraktionsvorsitzender vom B'90/Grüne, und Gerhard O. Pfeffermann, CDU/CSU. Fischer erwarb sich seine Präsidenten-Schelte allein in den Jahren von 1983 bis 1985; seit seinem Wiedereintritt in den Bundestag 1992 ist seine Ordnungsruf-Weste sauber geblieben. Erst auf dem fünften Platz findet sich eine Frau: Gertrud Schilling vom B'90/Grüne verzeichnet wie der KPD-Abgeordnete Walter Fisch elf unparlamentarische Ausfälle.

In den »Charts« der gegenseitigen Abgeordneten-Beschimpfung steht der Begriff »lügen« in allen möglichen Abwandlungen mit 63 ganz oben. Auf dem zweiten Platz findet sich »heucheln« mit 44 Treffern. »Bronze« mit 22 erhält »verleumden« – bishin zu den Wehnerschen Variationen des »Verleumder, berufsmäßiger« und »Frühstücksverleumder« zu den CSU-Abgeordneten Richard Jaeger und Friedrich Zimmermann.

Geschimpft wurde zu allen Zeiten im demokratisch gewählten Parlament. Ein Vorwurf von rechts löst eine Reaktion von der linken Seite des »Hohen Hauses« aus. Ein manchmal nur leichtfertig dahingesagtes Wort erzeugt naturgemäß ein Widerwort. Dennoch ist die Beschimpfung die Ausnahme in der Debattenkultur, auch wenn es zu dem einen oder anderen Ausrutscher immer wieder gekommen ist und auch in Zukunft kommen wird.

Die sachliche Arbeit steht im Vordergrund der Arbeit unserer Abgeordneten. Aber dies wollen eine Reihe von Chronisten nicht so ohne weiteres einsehen – und schon gar nicht in ihren Medien verbreiten. Die Ausnahme wird zur Schlagzeile, nicht die tagtägliche Routine. Und so erhält der Politik-Verbraucher oft genug und nur zu leicht einen minimalen Ausschnitt oder gar ein Zerrbild aus dem politischen Geschehen.

Günter Pursch
Herausgeber

Wahlen – Versprechen – Wahrheiten

Sie gehen »gar nicht so pingelig« miteinander um, unsere Volksvertreter, die wir gewählt haben. So stellte Bundestagspräsident Stücklen, CDU/CSU, nach dem heißen Wahlkampf von 1980 fest: »Es gibt in diesem Hause keine Fraktion und keine Partei, die bereit war und bereit wäre, Vollstrecker der Politik einer ausländischen Macht zu sein oder einer ausländischen Macht hörig zu sein. Ebenso gibt es unter den Fraktionen oder Parteien dieses Hauses und deren führenden Persönlichkeiten keine, die nicht friedenswillig und friedensfähig wäre. Wenn das ganze Haus mit dieser Feststellung übereinstimmen könnte, wäre der entscheidende Schlußstrich unter den Wahlkampf gezogen und die Grundlage für eine konstruktive, natürlich auch kritische Zusammenarbeit geschaffen.« *(4. 11. 80)*

Nach dem Regierungswechsel vom 1. Oktober 1982 halten die Sozialdemokraten der Koalition der Mitte vor, sie betreibe mit ihrer Politik eine Umverteilung von unten nach oben, sie schaffe eine neue Armut. Der Landesvorsitzende der bayerischen SPD und Bundestagsabgeordnete Rudi Schöfberger stellt dagegen kurz nach der verlorenen Landtagswahl seiner Partei am 6. Dezember 1986 vor seinen Genossen fest: »Was passiert eigentlich, wenn wir rund um das Münchener Oktoberfest auf unseren Plakaten vor der neuen Armut warnen, und drinnen in den Bierzelten saufen und fressen sieben Millionen Durchschnittsverdiener, daß ihnen das Fett und der Bierschaum über die Lefzen herunterrinnt?« Genüßlich zitieren Unionspolitiker dies am 9. September 1987 im Bundestag. Doch SPD-Partei- und Fraktionschef Vogel hält unbeirrt an seiner Meinung fest. Der Union schreibt er nur einen Tag später ins Stammbuch: »In Wahrheit hat unter Ihrer Verantwortung, meine Damen und Herren der Bundesregierung, die größte Umverteilung in der Geschichte der Bundesrepublik stattgefunden, und zwar eine Umverteilung ausschließlich von unten nach oben. Noch nie zuvor sind die breiten Schichten so geschröpft und die Reichen so begünstigt worden wie seit Ihrem Regierungsantritt – noch nie zuvor!«

Kurz vor und nach Wahlen, gleich ob es sich um Urnengänge zum Bundestag, zu den Landtagen oder auch oftmals schon zu den Gemeindevertretungen handelt, wird das Klima im Parlament rauher. Der Umgangston der

Wahlveranstaltungen zieht in das »Hohe Haus« ein. Statt rationaler Argumentation rutschen unsere Volksvertreter zu leicht auf die Ebene der Polemik. Die verbale Spannbreite reicht vom kleinen Nadelstich bis zum donnernden Kanonenschlag.

Bundesminister für besondere Aufgaben, Bahr, SPD, zur CDU/CSU: »Nach den Wahlen *(vom November 1972, d. Hg.)* war eine politische Entscheidung gefallen, die es ermöglichte, dem allgemeinen Grundsatz Rechnung zu tragen, daß, wenn möglich, in der Demokratie und in der Politik die Wahrheit gesagt werden soll. Denn die Mehrheiten waren nicht so, daß sie es zugelassen hätten, die Wahrheit zu sagen ...« *(24. 1. 73)*

Dr. Graf Lambsdorff, FDP, über die rot-alternative Koalition in Berlin: »Berlin hat links gewählt, jedem gebührt eine Chance zur Bewährung, und das gilt auch für den Momper-Ströbele-Senat. Aber Herr Vogel *(der SPD-Partei- und Fraktionsvorsitzende, d. Hg.)* distanziert sich schon: Kein generelles Modell, hat er ... gesagt. Warum so kleingläubig? Das ist schon klar, ihm ist nicht wohl in seiner Haut. Wie auch, bei dieser Ampelkoalition, bei der Rot und Grün immer gleichzeitig aufleuchten?« *(8. 3. 89)*

Dr. Graf Lambsdorff, FDP: »... zum Thema ›Binnenwahlkampf‹ kann ich nur sagen: Der Kollege Bötsch *(CDU/CSU, d. Hg.)* hat mir vor ein paar Minuten gesagt, die FDP bekomme bald die absolute Mehrheit. Ich habe ihm gesagt: Noch ein paar CSU-Wahlkongresse, dann könnten wir es vielleicht schaffen.« *(22. 11. 90)*

Vizepräsident Klein, CDU/CSU: »Ich erteile das Wort dem bayerischen Ministerpräsidenten Dr. Edmund Stoiber *(CSU, d. Hg.)*.«
Fischer (Frankfurt), B'90/Grüne: »Das Licht der Wahrheit! Nichts als das Licht der Wahrheit! Die fleischgewordene Objektivität!« *(8. 2. 95)*

Sauer (Salzgitter), CDU/CSU, über Frau Oesterle-Schwerin, Grüne: »Die nimmt es mit der Wahrheit nie so genau! Die kann nur geifern!« *(17. 2. 89)*

Dreßler, SPD: »Die angekündigte Regierungserklärung zur Arbeitsmarkt- und Beschäftigungspolitik degenerierte zum rhetorischen Geschwafel. Überschrift: Blüms Kampf gegen den Sozialismus – zu Wasser, auf dem Lande und in der Luft. Das gleiche Gebräu vor jeder Wahl!« *(28. 9. 89)*

Dr. Briefs, Grüne, zu Lenzer, CDU/CSU: »Sie sind genauso unbeweglich wie Honecker in der DDR! – Lösen Sie doch das Volk auf und wählen Sie sich ein neues!« *(4. 10. 89)*

Dr. Hauchler, SPD, zu Bundesfinanzminister Dr. Waigel, CDU/CSU: »Sie haben hier keinen Bericht über die Weltbanktagung und die IWF-Tagung gegeben, sondern Sie haben eine Jubelarie gesungen.«
Oswald, CDU/CSU: »Was wahr ist, ist wahr!« *(12. 10. 95)*

Ministerpräsident Schröder (Niedersachsen), SPD, zur Koalition: »Sie wollen lieber mit der Keule des Wahlkampfs arbeiten und jeder fairen und ordentlichen Debatte ... ausweichen.« *(6. 9. 94)*

Bundesfinanzminister Dr. Waigel, CDU/CSU, zur SPD: »Wenn Frau Matthäus-Maier *(SPD, d. Hg.)* mir in der ›Welt‹ vom 16. November 1990 mangelnde Solidarität und Ehrlichkeit vorwirft ...« – *Beifall bei der SPD.* – »Ich finde es bemerkenswert, daß man dem anderen hier ganz bewußt«
Lennartz, SPD: »Ganz bewußt die Wahrheit sagt!«
Dr. Waigel: »mangelnde Ehrlichkeit unterstellen darf. Ich finde das ganz bemerkenswert. Das ist eine Verwilderung der politischen Sitten. Die Sie in der Endzeit des Wahlkampfes benötigen, weil Sie nämlich den Kredit beim Wähler verloren haben, meine Damen und Herren.« *(22. 11. 90)*

Koschnick, SPD: »So etwas kann man nur sagen, wenn man über die Landesliste *(in den Bundestag, d. Hg.)* kommt!«
Hörsken, CDU/CSU: »Ach, das ist doch dummes Zeug. Das ist doch absolut dummes Zeug. Da dürften auch Ihre Kollegen, die über die Liste hereingekommen sind, nicht reden. Das ist doch dummes Zeug.« *(28. 10. 93)*

Fischer (Frankfurt), B'90/Grüne, über Bundesfinanzminister Dr. Waigel, CDU/CSU: »Schluß mit den Luftbuchungen! Jetzt wollen wir mal die Wahrheit hören!« *(23. 11. 94)*

Bundeskanzler Dr. Kohl, CDU/CSU, zu Dr. Vogel, SPD: »Herr Abgeordneter Vogel, die Forderung nach Neuwahlen – das nehme ich Ihnen wirklich nicht übel – ist die normale Reaktion einer Oppostion. Ich selbst habe das im alten Plenarsaal drüben oft genug gefordert – und ich weiß, wie wenig sinnvoll so etwas im Ergebnis ist. So ergeht es heute Ihnen.« *(5. 9. 89)*

Dr. Gysi, PDS: »... meine ich, ist der Tag gekommen, wo die Bundesregierung sagen muß: Wir können nicht mehr, wir wissen einfach nicht mehr weiter, wir treten zurück und schreiben Neuwahlen aus.« – *Beifall bei der PDS und der SPD.*
Dr. Rüttgers, CDU/CSU: »Den Tag werden Sie aber nicht mehr erleben!«
Glos, CDU/CSU: »So alt werden Sie nicht!«
Kittelmann, CDU/CSU: »So ein Beifall tröstet ja!« *(13. 1. 93)*

Feilcke, CDU/CSU: »Gysi, rück die Kohle raus!
Dr. Gysi, PDS: »Ich bin entzückt hinsichtlich der freudigen Aufnahme. Wenn man als schlichter Bürger wie ich – zumindest relativ neu im Bundestag – den Reden folgt, die hier gehalten werden, und wenn man allen glauben will, kommt man zu der Feststellung, daß man keiner Partei trauen kann. Das spricht doch dafür, daß auch eine neue gewählt werden kann.« *(22. 11. 90)*

Bundeskanzler Dr. Kohl, CDU/CSU: »Es gibt kaum einen Sozialdemokraten in wesentlicher Funktion im europäischen Ausland, der einen Sieg der SPD in Deutschland will.« – *Widerspruch bei der SPD.* – »Nennen Sie doch einen, meine Damen und Herren! Glauben Sie im Ernst, daß es einen führenden Sozialisten oder Sozialdemokraten in Europa gibt, der das will?«
Frau Dr. Däubler-Gmelin, SPD: »Fünf!«
Dr. Kohl: »Dann nennen Sie doch einen von diesen fünf!«
Frau Dr. Däubler-Gmelin: »Das machen wir nachher!«
Dr. Kohl: »Ich kann Ihnen nur sagen: Ich kenne keinen. Mit einer Reihe dieser Persönlichkeiten bin ich ja zum Ärger mancher meiner politischen Freunde in den jeweiligen Ländern befreundet, und da weiß ich nur eines: Sie sind ganz froh, daß es uns gibt.« *(7. 9. 94)*

Hinsken, CDU/CSU: »Ich ... wünsche uns allen einen schönen Wahlkampf – und vor allem meinen Freunden einen tollen Sieg.« *(21. 9. 94)*

Ministerpräsident Lafontaine (Saarland), SPD: »Ich würde nur bitten, Herr Kollege Schäuble ...: Wenn Sie darüber reden, daß es notwendig sei, vor den Wahlen die Wahrheit zu sagen, dann sind Sie bei mir an der falschen Adresse.«
Frau Matthäus-Maier, SPD: »Steuerlügenbrüder!«
Zuruf von der CDU/CSU: »Na! Na! Na!«
Frau Matthäus-Maier: »Zugegebenermaßen mehr ›Brüder‹!« *(3. 12. 93)*

Irmer, FDP: »... ziehe ich ... unseren Änderungsantrag zurück. Hier zeigt sich einmal wieder: Um der Harmonie und der Einigkeit willen geben die Klügeren nach, aber die Wahrheit wird siegen.«
Toetemeyer, SPD: »... Wahrheit ist relativ. Klugheit gilt für alle.«
Dr. Köhler (Wolfsburg), CDU/CSU: »Sehr kühne Thesen!« *(11. 11. 93)*

Lambinus, SPD, zu Bundesarbeitsminister Dr. Blüm, CDU/CSU: »Volksbelügner!« *Etwas später:* »Herr Minister, ich nehme den Ausdruck mit Bedauern zurück. Aber ich möchte Sie doch bitten, ein bißchen mehr bei der Wahrheit zu bleiben.«

Dr. Blüm: »Es gibt nicht ein bißchen Wahrheit oder auch nicht ein bißchen mehr oder weniger. Aber wenn die Glättung der Wogen ...« *(1. 10. 93)*

Leonhart, SPD, zu Kanzleramtsminister Dr. Schäuble, CDU/CSU: »Sie haben am 18. Januar das gleiche gesagt!«
Minister Schäuble: »Aber wie hätten Sie es denn lieber? Wenn ich am 18. das Gegenteil gesagt hätte, würden Sie mir heute bittere Vorwürfe machen.« *(17. 2. 89)*

Bundeskanzler Dr. Kohl, CDU/CSU, zur SPD: »Es ist müßig, noch einmal darauf hinzuweisen, meine Damen und Herren, daß Sie die Geraer Forderungen Erich Honeckers akzeptieren wollten,«
Dr. Vogel, SPD: »Das ist eine Lüge, Herr Bundeskanzler!«
Dr. Kohl: »daß Sie die Menschen in der DDR, die Sie jetzt bei der Wahl gewinnen wollen, ausbürgern wollten mitten in Deutschland. Das wollten Sie.«
Dr. Vogel: »Das ist eine Lüge!«
Dr. Soell, SPD: »Auch durch Wiederholung bleibt eine Lüge eine Lüge!« *(8. 3. 90)*

Bundesarbeitsminister Dr. Blüm, CDU/CSU, zur SPD: »Vier Gesetze – vor der Wahl versprochen, als erstes nach der Wahl durchgesetzt. Ja, so ist das bei uns. Bei uns fahren die Züge nach Fahrplan. Das ist der Unterschied. Sie haben nur Fahrpläne. Wir halten, was wir versprochen haben.«
Kleinert (Marburg), Grüne: »Sie sind grandios!« *(25. 6. 87)*

Frau Fuchs (Köln), SPD: »... hat jeder seine Wahlanalyse, wie er sie braucht. Auch wir haben eine gute, was den Mittelstand betrifft.« *(24. 11. 94)*

Dr. Gülich, SPD, zitiert Abraham Lincoln: »Sie können zum Narren halten das ganze Volk für einige Zeit, einen Teil des Volkes für alle Zeit, aber nicht das ganze Volk für alle Zeit.«
Majonica, CDU/CSU: »Da haben Sie aber schlechte Wahlchancen!« *(4. 3. 53)*

Dr. Kohl, CDU/CSU, zu Bundeskanzler Schmidt, SPD, nach der Bundestagswahl von 1980: »Ich will ja seine Karriere *(die des SPD-Abg. Gansel, d. Hg.)* fördern, Herr Kollege Schmidt; bei dem Personalwechsel im Kanzleramt ist er vielleicht der richtige Mann für die Zukunft. Herr Gansel sagte: ›1976 erfuhren wir 14 Tage nach der Wahl die wirkliche Lage der Rentenfinanzen, 1980 erfuhren wir 14 Tage nach der Wahl die wirkliche Lage der Staatsfinanzen. Ich schlage vor, 1984 die Wahl um 14 Tage zu verschieben.‹ Stellen Sie sich einmal vor, Franz Josef Strauß hätte diesen Satz gesprochen! Stellen Sie sich einmal den Aufruhr in der SPD-Fraktion vor! In Wahrheit – und das ehrt Sie ja – denken die meisten so wie Herr Gansel. Bloß haben Sie nicht den Mut, das offen zu sagen.« *(26. 11. 80)*

Dr. Jens, SPD: »Wir Politiker – ich nehme mich überhaupt nicht aus – neigen alle dazu, zu taktieren.«
Dr. Meyer zu Bentrup, CDU/CSU: »Paktieren!«
Dr. Jens: »Wir schielen nach Wählerstimmen.«
Dr. Meyer zu Bentrup: »Mit dieser Brille aber nicht!«
Dr. Jens: »Wir wollen möglicherweise sogar Schaden abwenden.«
Dr. Meyer zu Bentrup: »Mit dieser Brille siehst du das nicht!« *(19. 10. 89)*

Sielaff, SPD, zur Bundesregierung: »Zu viele Informationen könnten verhindern, daß sie ihre Verrieselungsinstrumente oder Wahlgeschenkmaschine glaubwürdig in Gang setzen kann.«
Hornung, CDU/CSU: »Verrieselung nennt man bloß ...!«
Sielaff: »Lieber Herr Hornung, Sie sind heute ausgezeichnet worden. Sie sollten sich auch dementsprechend hier im Parlament verhalten und nicht andauernd durch dumme Sprüche hier den Redner am Reden zu hindern versuchen.«
Zuruf von der CDU/CSU: »Dumm sind sie nicht!« *(1. 2. 96)*

Kuessner, SPD: »Heute muß man leider feststellen, daß sowohl er *(Bundesminister ohne Geschäftsbereich Lothar de Maizière, CDU/CSU, d. Hg.)* als auch der Bundesminister ohne Geschäftsbereich Krause *(CDU/CSU, d. Hg.)* an dieser Haushaltsdebatte überhaupt nicht teilnehmen.«
Frau Matthäus-Maier: »So eine Schweinerei!«
Roth, SPD: »Das ist auch erklärlich! Die reisen herum und machen Wahlkampf, bezahlt vom Steuerzahler! Schrecklich ist das! Diese Schlamper!«
Kuessner: »So wird das Geld falsch eingesetzt.« *(5. 10. 90)*

Frau Beer, Grüne: »Es ist Wahlkampf in der Bundesrepublik.«
Dr. Uelhoff, CDU/CSU: »Und Sie schüren Ängste!«
Gegenruf von der SPD: »Immer dieses blöde Geschwätz!« *(15. 3. 90)*

Dr. Schäuble, CDU/CSU: »Ich möchte nun doch ..., nachdem der Herr Bürgermeister der Freien und Hansestadt Hamburg, Herr Voscherau *(SPD, d. Hg.)*, heute anwesend ist, auf etwas hinweisen, was er ... gesagt hat ... Wenn es aber nach der nächsten Landtagswahl in Schleswig- Holstein *(im März 1996, d. Hg.)* eine rot-grüne Regierung geben werde, werde er das Verfahren zur Länderneugliederung betreiben, denn mit dieser Regierung könne man nun Wachstum und Beschäftigung überhaupt nicht mehr zustande bringen. Wo er recht hat, hat er recht! ... Herr Voscherau: Wir gehen nach Schleswig-Holstein und machen kräftig Wahlkampf, damit Ottfried Hennig *(CDU-*

Spitzenkandidat, d. Hg.) Ministerpräsident wird. Dann brauchen Sie nicht das Verfahren zur Länderneuregelung zu betreiben.« *(1. 2. 96)*

Frau Rönsch (Wiesbaden), CDU/CSU, zu Frau Dr. Sonntag-Wolgast, SPD: »Sie sind enttarnt! Sie sind Wahlkämpferin!« *(12. 9. 90)*

Bohl, Kanzleramtsminister, CDU/CSU, zur SPD: »Sie suchen nur Wahlkampfmunition.« *(28. 10. 93)*

Bundeskanzler Dr. Kohl, CDU/CSU, zur SPD: »Sie haben diesen Wahlkampf geführt mit der Wahllüge, daß Sie den Solidaritätszuschlag abschaffen wollen.« *Fischer (Frankfurt), B'90/Grüne:* »Von Wahllügen verstehen Sie doch was! Bei Wahllügen sind Sie doch Experte!« *(6. 9. 95)*

Ministerpräsident Lafontaine, SPD, Saarland, zur CDU/CSU: »Ob es Ihnen paßt oder nicht, meine Damen und Herren von der Koalition: Der Versuch des Sich-Durchlügens bis zum Wahltag ist ein für allemal gescheitert.« *(22. 11. 90)*

Dr. Ehmke (Bonn), SPD, über Maßnahmen der CDU/CSU-FDP-Bundesregierung: »... natürlich erst nach dem Wahltag; erst soll gewählt werden, dann soll rasiert werden ...« *(14. 12. 82)*

Schloten, SPD: »Wie kann so schnell aus dem Bock ein Gärtner werden? Kürzlich noch hat die PDS den Vertrag zur Europäischen Union abgelehnt. Heute schon möchte sie der Wächter seiner Umsetzung sein, und das ... ausgerechnet bei Wahlen! Die PDS sich will doch wohl nicht die jahrzehntelange Erfahrung ihrer Vorgängerpartei mit Wahlverfahren zunutze machen?« *(29. 4. 94)*

Dr. Kohl, CDU/CSU, zu Bundeskanzler Schmidt, SPD: »Sie haben viel von Wahrheit und von Klarheit gesprochen. Sie haben in einer markigen Weise uns und andere aufgefordert, dafür einzutreten. Sie haben dann in einem anderen Teil ... uns alle gemeinsam aufgefordert, mit gutem Beispiel voranzugehen. Nun ..., es gibt keinen einzigen Regierungschef seit Gründung der Bundesrepublik Deutschland, der so mit dem Begriff ›Wahrheit‹ Schindluder getrieben hat, wie Sie es getan haben.« *(9. 9. 82)*

Vizepräsident Becker, SPD: »Schließlich geht es um den Kollegen Erich Fritz *(CDU/CSU, d. Hg.)*, der bei einer Rede des Kollegen Schreiner *(SPD, d. Hg.)* ›Oberschreier‹ dazwischengerufen hat. ... dafür erhält er einen Ordnungsruf.« *Dr. Rüttgers, CDU/CSU:* »Nein, Herr Präsident! Das ist ausschließlich die Wahrheit! – Aber Wahrheit muß Wahrheit bleiben, Herr Präsident!« *(1. 10. 93)*

Opel, SPD, zu Schulhoff, CDU/CSU: »... ich bestätige Ihnen gerne, daß die Zusammenarbeit im Ausschuß hervorragend war.«
Schulhoff: »Nicht immer! Heute nicht!« – *Weitere Zurufe von der CDU/CSU.*
Opel: »Herr Glos, gelegentlich müssen wir bei der Wahrheit bleiben und dann eben dagegen sein. Das wissen Sie ja.« *(16. 11. 89)*

Minister Dr. Zöpel, SPD, Nordrhein-Westfalen, zur CDU/CSU-FDP-Regierungskoalition: »Sie betreiben einen Poker, bei dem es Ihnen in keiner Weise darum geht, das Problem irgendwie einer Lösung näherzubringen. Vielmehr geht es Ihnen ausschließlich darum, es am Kochen zu halten. Sie hoffen, daß eine Lösung nicht gefunden wird.«
Reddemann, CDU/CSU: »In diesem Hause soll man die Wahrheit sagen, auch dann, wenn man nordrhein-westfälischer Minister ist!«
Dr. Zöpel: »Zur Wahrheit kommen wir noch, Herr Kollege!« *(15. 5. 86)*

Dr. Marx, CDU/CSU, über das Presse- und Informationsamt der Bundesregierung zu Zeiten der SPD/FDP-Koalition: »Das ist ein Propaganda-Amt, wo die Wahrheit amtlich geändert wird!« *(3. 6. 81)*

Bundeskanzler Dr. Kohl, CDU/CSU, zur SPD: »Wir werden nicht vor die Wähler treten und, wie Sie es 1976 und 1980 getan haben, die Probleme verniedlichen. Wir werden sie auch nicht dramatisieren. Beides bringt uns nichts. Wir werden versuchen, die Wahrheit zu sagen, die Wahrheit über die wirkliche Lage in der Welt und in der Bundesrepublik Deutschland.«
Brandt, SPD, Bundeskanzler a. D.: »Sie haben gesagt, Sie würden die Wahrheit zur Wahl stellen. Sie haben einige Sätze später gesagt, bei uns anderen sei kein Quentchen Wahrheit ... Auch der Bundeskanzler der Bundesrepublik Deutschland verfügt nicht über die ganze Wahrheit.« *(15. 10. 82)*

Fellner, CDU/CSU, über Lutz, SPD: »Darf der einfach so lügen, Herr Präsident?«
Vizepräsident Stücklen, CDU/CSU: »Herr Abgeordneter Fellner, es gibt im Saal Mikrophone, die dafür errichtet worden sind, daß Zwischenfragen gestellt werden können. Es ist aber keine Zwischenfrage gestellt worden.«
Lutz: »Der Herr Abgeordnete Fellner hat Sie gefragt, ob ich so lügen darf. Ich weiß nicht, ich glaube, Sie rügen ihn jetzt.«
Stücklen: »Herr Abgeordneter, ich bin nicht die Instanz, die unterscheiden muß, ob hier die volle, die reine, die lautere Wahrheit oder ob die geborene Wahrheit vorgetragen wird. Das habe ich nicht zu entscheiden. Ich unterstelle, daß Sie nach bestem Gewissen Ihre Auffasung vortragen.«
Lutz: »Herr Präsident, ich danke Ihnen. Ich mache das immer nach bestem Wissen und Gewissen.« *(30. 3. 90)*

Anhaltende Zurufe von der SPD. – Dr. Lippold (Offenbach), CDU/CSU: »Nun werdet doch nicht gleich so unruhig, wenn man euch ein paar Wahrheiten sagt.«
Kuhlwein, SPD: »Die reine oder die lautere Wahrheit?«
Dr. Lippold: »Beides.« *(22. 4. 93)*

Wieczorek (Duisburg), SPD, zu Dr. Friedmann, CDU/CSU: »... ich muß Ihnen doch keinen Nachhilfeunterricht geben; Sie sind doch Volkswirt von Haus aus.«
Dr. Friedmann: »Deshalb stimmt es, was ich sage!«
Wieczorek: »Ja, Sie sagen aber nur immer die halbe Wahrheit, Herr Dr. Friedmann!«
Dr. Friedmann: »Aber die richtige Hälfte!« *(11. 9. 86)*

Walther, SPD: »Schlechte Verlierer bestraft erfahrungsgemäß der Wähler!« *(1. 12. 89)*

Dr. Dregger, CDU/CSU, zur SPD: »Sie wollen die Wahrheit nicht hören. Ich zähle nur statistische Ergebnisse auf, die unbestreitbar sind.«
Dr. Waigel, CDU/CSU: »Die Wahrheit tut Sozis am wehesten!«
Dr. Dregger: »So ist es!« *(10. 9. 86)*

Dr. Waigel, Bundesfinanzminister, CDU/CSU, über die SPD: »Er ist ja geradezu ein Wahrheitsfanatiker gegenüber den Lügenmärchen, die Frau Matthäus-Maier hier verbreitet.«
Frau Fuchs (Köln), SPD: »Unglaublich!«
Dr. Waigel: »Als ich eben Lafontaine als Wahrheitsfanatiker bezeichnet habe, kam der Zwischenruf von der SPD ›Unglaublich!‹. Auch das muß hier festgehalten werden.«
Frau Fuchs: »Das war jetzt richtig bösartig!«
Wiefelspütz, SPD: »Verleumdung!«
Dr. Waigel: »Jetzt kommt noch das Wort ›Verleumdung‹. Wenn ich Lafontaine als Wahrheitsfanatiker bezeichne, kommt von der SPD der Zwischenruf ›Verleumdung!‹. Das sind ungeheuerliche Dinge, die sich hier abspielen und die auch innerhalb der SPD, wie ich meine, weiterverbreitet werden müssen.« *(10. 9. 93)*

Schartz (Trier), CDU/CSU: »Meine Damen und Herren, ich meine, wir sollten das Weingesetz mit viel Nachdenklichkeit betrachten.«
Frau Schulte (Hameln), SPD: »Das ist wahr! Denn im Wein liegt Wahrheit!«
Schartz: »Ja, das tut es ganz sicher, Frau Kollegin.«
Jaunich, SPD: »Im Gesetz allerdings nicht so viel!« *(20. 6. 90)*

Kluge Sprüche: Butter bei die Fische

Spöttisch werden sie die »Freibier-Gesichter« genannt. Was machen sie? Und wer sind sie? Wer braucht sie? »Freibier-Gesichter« sind solche Personen, die keine Feierlichkeit auf dem politischen Parkett, keine Essenseinladung, und sei es selbst das kleinste unbedeutendste Frühstück, auslassen. Wer gehört dazu? Das sind einige besonders unentbehrliche Helfer. Wuselige Beamte aus der zweiten und dritten Reihe der Landesvertretungen und der Bundesministerien, sogar das Kanzleramt leistet sich eine solche Figur, die als »unscheinbare kleine graue Maus« alle zu verteilenden Papiere einsammelt und kaum einen Freitisch mit flüssiger und fester Nahrung ausläßt.
Dazu gehören aber auch längst pensionierte Journalisten, die nur noch wenig, manchmal sogar keine Absatzmärkte mehr für ihre Recherchen haben. Sie gehen morgens zu allererst ins Pressehaus und sammeln hier die Termine für den Tag ein. So sind Frühstück, Zwischenmahlzeit, Mittagessen, Nachmittagskaffee und auch ein bis zwei Abendessen durch das Wirken großzügiger Einladender gesichert. Es wird alles darangesetzt auf die Einladungslisten von Politik, Administration und Lobby zu kommen.
So ist es noch gar nicht allzu lange her, daß einer dieser Leute – Chuzpe ist Voraussetzung – versuchte, eine Einladung des Kölner Oberbürgermeisters zum Rosenmontags-Empfang des närrischen Dreigestirns der Domstadt zu ergattern. Im Auftrag der Wochenzeitung »Das Parlament«, wie er versuchte glaubhaft zu machen. Für diese Zeitung hatte dieser Mann aber nie gearbeitet. Aufgefallen ist er durch die Rückfrage des Büros des Kölner Oberbürgermeisters in der Redaktion. Denn im Spaß-Zentrum wunderte man sich über den Zusammenhang von Kölner Karneval verbunden mit dem in Bonn erscheinenden überregionalen Blatt. Soviel »Spaß an der Freud'« und Bundespolitik schien den Kölner Administrativ-Jecken einfach nicht kompatibel. Der selbsternannte Journalist blieb zumindest an diesem Rosenmontag vor der Tür und mußte auf sein Freibier verzichten.
Andererseits sind eine ganze Reihe von Bonner Pressereferenten froh, solche Leute auf ihren Einladungslisten zu haben. Denn wenn der Chef oder die Chefin etwas verbreitet haben möchte, was nun vom Nachrichtenwert nicht so hoch angesiedelt ist, die seriösen Journalisten sich mit einer solchen The-

matik gar nicht oder nur halbherzig durch eine telefonische Nachfrage beschäftigen, sind die Pressereferenten und -sprecher, nur ganz wenige von ihnen kennen das journalistische Handwerk von der Pieke auf, in den Pressestellen froh, solche – spöttisch genannt – »Jubelperser« oder »Füllmaterial« bei den Pressekonferenzen und -gespräche dabei zu haben. Die »Freibier-Gesichter« sind froh, immer noch an der hohen Politik teilhaben zu dürfen, und stellen brav ihre Fragen, sind manchmal recht kritisch, granteln auch und beschweren sich. Aber sie verbreiten für die Pressereferate keine politischen Unannehmlichkeiten, weil ja nirgendwo etwas darüber veröffentlicht wird.
So sind alle zufrieden: Die Chefs haben ihren Auftritt – aber keine Meldung; die Pressereferate haben genügend Journalisten zum Gespräch organisieren können und dennoch keinen Ärger mit Rückfragen oder gar ein Dementi zu erwarten; und die »Füllmaterial«-Journalisten haben einen vollen Magen und freuen sich bereits auf den nächsten Termin.

Das sind so die kleinen Einblicke und Erkenntnisse hinter den Kulissen der Politik. Einblicke und Erkenntnisse sind aber auch von unseren Volksvertretern zu erwarten:

Dr.-Ing. Laermann, FDP, zu Frau Bulmahn, SPD: »Über den Wolken wird die Freiheit wohl grenzenlos sein – Frau Kollegin, wir brauchen das Projekt *(Raumtransportsystem, d. Hg.)* Sänger nicht mehr. Sie haben schon ganz rasant abgehoben.« *(4. 3. 93)*

Schreiner, SPD, zu Frau Albowitz, FDP: »So ein Quatsch! Sie haben keine Ahnung, aber davon jede Menge!« *(25. 11. 93)*

Tillmann, CDU/CSU: »Wer Sport treibt, bleibt auch im Alter lange jung.«
Büchner (Speyer), SPD: »Er lebt vielleicht nicht länger, aber er stirbt gesünder!«
Tillmann: »Danke, ja.« *(24. 6. 94)*

Meckelburg, CDU/CSU: »... jedes Jahr das Ritual, daß zur Vorlage des Berufsbildungsberichtes getönt wird: Krisengeschrei, Katastrophenmeldungen und Horrorzahlen.«
Rixe, SPD: »Na, na, na! Nicht ›getönt‹!«
Meckelburg: »Heute war es in der ersten Stunde der Debatte etwas maßvoller.«
Frau Odendahl, SPD: »Wir schreien nicht, wir erklären sachlich!«
Meckelburg: »Sie erklären nicht, Sie reden relativ zornig.«
Kuhlwein, SPD: »Oh Freunde, nicht diese Töne! Sondern laßt uns angenehmere anstimmen ...!« *(30. 4. 93)*

Dr. Blens, CDU/CSU: »In Klarschrift heißt das, was Lafontaine sagt: Mehrwertsteuererhöhung jetzt nicht, aber im April.«
Dr. Dregger, CDU/CSU: »April! April!« *(16. 1. 92)*

Dr. Blüm, CDU/CSU: »Wir bleiben gegenüber allen Mächtigen skeptisch. Jede Macht braucht ihre Gegenmacht, weil wir etwas gegen die Arroganz der Mächtigen haben.« *(20. 3. 81)*

Schreiner, SPD, zu Laumann, CDU/CSU: »Nichts begriffen, aber das um so kräftiger!« *(20. 2. 92)*

Lafontaine, SPD, Ministerpräsident des Saarlandes, zur CDU/CSU-FDP-Koalition: »Das Lachen wird Ihnen noch vergehen. Meine Damen und Herren, ich habe Ihnen gesagt: Wenn Sie die notwendigen Mehrheiten im Bundestag und im Bundesrat für die Einigungspolitik sicherstellen wollen, dann müssen Sie sich anständig aufführen und demokratisches Benehmen an den Tag legen.«
Zuruf von der CDU/CSU: »Zirkusdirektor!« *(9. 8. 90)*

Dr. Graf Lambsdorff, FDP: »Im Sinne der SPD-Fraktion will ich einer früheren Mittäterin selbstverständlich eine Zwischenfrage gestatten.«
Frau Matthäus-Maier, SPD, bis 1982 FDP.: »Graf Lambsdorff, können Sie dem Hause einmal die besondere Gabe gerade Ihrer Person erklären, daß Sie zu allen Zeiten Verantwortung hatten, aber nie für irgend etwas verantwortlich waren?«
Dr. Graf Lambsdorff: »Verehrte Frau Matthäus-Maier, solches Geschick kann man nicht erklären, das kann man nur beweisen!« *(9. 9. 92)*

Friedrich, FDP: »... man könnte diesen Vegleich mit der Statistik, die man selbst gefälscht hat, weiterziehen. Ich erinnere mich da an Tegtmeier, der zur Bilanz gesagt hat: Da steht ja links und rechts das gleiche, da muß einer dran gedreht haben.« *(25. 3. 93)*

Bundeslandwirtschaftsminister Kiechle, CDU/CSU: »Wer hier den Vorwurf mangelnder Konzeption erhebt, muß sich das Sprichwort vorhalten lassen: Wer nicht sehen will, dem helfen weder Licht noch Brill'.«
Sielaff, SPD: »Vielleicht hat er noch die falsche Brille auf!«
Kiechle: »Sie müssen eine andere Brille aufsetzen; das ist wahr.« *(11. 5. 89)*

Catenhusen, SPD, zu Carstensen (Nordstrand), CDU/CSU: »Man sucht sich seine Buhmänner, wie man sie haben will!« *(11. 2. 93)*

Dr. Briefs, Grüne: »Die Berichte, die Sie *(Dr. Riesenhuber, CDU/CSU, Bundesforschungsminister, d. Hg.)* uns vorlegen, enthalten im Grunde einen technologiepolitischen und gesellschaftspolitischen Offenbarungseid.«
Vosen, SPD: »Chip, Chip, hurra!« *(20. 6. 90)*

Reddemann, CDU/CSU: »Sie sind sowieso immer dagegen, schon bevor etwas passiert!«
Erler, SPD: »Das kann sein!« *(10. 11. 88)*

Fischer (Frankfurt), B'90/Grüne: »Ich kenne das von der hessischen Politik. Wenn da jemand von der CDU ans Podium schritt ..., dann war alles Mist, was Rot-Grün gemacht hat. Eine solche Opposition der Dämlichkeit dürfen Sie von uns nicht erwarten.« *(23. 11. 94)*

Borchert, CDU/CSU: »Mein Ratschlag, verehrte Kolleginnen und Kollegen: Erst denken, dann reden.«
Roth, SPD: »Dann können wir aber das Parlament schließen!«
Frau Matthäus-Maier, SPD: »Dann dürften Sie gar nicht mehr reden!«
Dr. Weng (Gerlingen), FDP: »Die Opposition schließen!« *(29. 11. 89)*

Ministerpräsident Scharping (Rheinland-Pfalz), SPD, zum CDU-Vorsitzenden und Bundeskanzler Dr. Kohl: »Ich will Sie als Parteivorsitzender zur absoluten Ablehnung eines Plakates auffordern, das in Brandenburg zur Zeit geklebt wird und von dem man fürchten muß, daß es in Deutschland insgesamt geklebt wird: ›Wir wissen nicht, was die Polizei empfiehlt. Straftäter empfehlen: SPD wählen!‹ Das ist von einer ›Aktionsgemeinschaft gegen Lügner in der Politik‹ unterzeichnet. Da ist die Junge Union ... dabei. Herr Bundeskanzler, ich erwarte von Ihnen, daß Sie von diesem Pult aus deutlich sagen: Das ist eine Denunziation demokratischer Politik.« *(7. 9. 94)*

Schily, SPD: »Löst man diesen Satz Tucholskys aus dem historischen Kontext, ist er – auch das sage ich ganz offen – wie jedes Pauschalurteil ungerecht und falsch; genauso falsch und ungerecht, wie es etwa der Satz wäre: ›Justizminister sind Deppen‹, obwohl im Einzelfall der Wahrheitsbeweis vielleicht gelingen könnte.« *(8. 3. 96)*

Dr. Kiper, B'90/Grüne: »... werden Sie festgestellt haben, daß wir ihm das ALARA-Prinzip – ›as low as reasonably achievable‹ – vom amerikanischen Strahlenschutzrat übernehmen.«
Dr. Feldmann, FDP: »Very good!«
Frau Hustedt, B'90/Grüne: »Sag es doch noch mal auf deutsch! Die können kein Englisch!«
Dr. Kiper: »Es muß wirtschaftlich vernünftig sein ...« *(16. 1. 97)*

Lummer, CDU/CSU: »Wenn man es genau sieht, ist eigentlich alles gesagt worden.«
Dr. Struck, SPD: »Dann gehen Sie doch wieder *(vom Rednerpult, d. Hg.)* herunter!«
Lummer: »Das könnte einen veranlassen, zu sagen: Das war es denn. Aber bestimmte Dinge kann man nicht oft genug sagen.« *(12. 3. 92)*

Singhammer, CDU/CSU: »... die Deutschen werden immer älter, das stimmt.«
Dreßen, SPD: »Manche werden auch immer dümmer!« *(7. 3. 96)*

Lange, Grüne, zu Dr. Hennig, CDU/CSU, Parl. Staatssekretär beim Bundesminister für innerdeutsche Beziehungen: »Sie sind ein eloquenter Narr!« *(26. 6. 86)*

Frau Wieczorek-Zeul, SPD: »... wenn die Wirtschaft international organisiert ist, wenn die Medien international organisiert sind, wenn die Mafia international – an den Nationalstaaten vorbei – operiert und sie austrickst, kann sich Deutschland ... keine Engstirnigkeit leisten.« *(11. 11. 93)*

Dr. Mitzscherling, SPD: »Von einer nötigen Entschlossenheit und der Absicht, den Herausforderungen zu begegnen ...«
Dr. Bötsch, CDU/CSU: »Nötige Entschlossenheit ist immer noch besser als entschlossene Nötigung!« *(5. 5. 88)*

Bundeslandwirtschaftsminister Ertl, FDP: »Sollte ich mich jemals aus den Bonner Gefilden zurückziehen, werde ich ein Buch schreiben über Sinn und Unsinn in der Politik. Da werden Sie illustre Namen finden ... Alexander der Große, Nehru, Faruk, Napoleon. Dabei wird es sicher auch Politiker der Gegenwart geben. Wenn Sie einen Psychiater fragen, werden Sie feststellen: Für Menschen hat der Wahnsinn eine große Faszination.« *(25. 6. 80)*

Seuffert, SPD: »... die Tatsache, daß eine Zahl aus dem Bundesfinanzministerium stammt, ist an und für sich noch kein ausreichender Beweis, daß sie falsch ist.« *(20. 5. 54)*

Dr. Klein (Göttingen), CDU/CSU, über Bundesfinanzminister Dr. Apel, SPD: »Der Sachverstand eines Finanzministers ist immer ein zweifelhafter Sachverstand!« *(15. 5. 75)*

Krziskewitz, CDU/CSU: »... der Antrag der SPD trifft bei allem erkennbaren Bemühen nicht den Kern der Sache. Da muß ein bißchen mehr Butter an die Fische, Sie müssen sich schon ein bißchen mehr Mühe geben. Wissen Sie: Ziehen Sie das Ganze zurück! Es ist einfacher für uns.« *(11. 11. 93)*

Grunenberg, SPD: »Da kann man in der Tat so wie Luther fragen – ich sage das jetzt ein bißchen umschrieben –: Wie kann aus einem gewissen verzagten Körperteil ein fröhliches Geräusch entweichen?« *(11. 2. 82)*

Dr. Soell, SPD: »Der Geist ist willig, aber das Fleisch ist schwach!«
Lummer, CDU/CSU: »Das Ihr Geist schwach ist, das habe ich schon lange gemerkt.« *(9. 2. 90)*

Schmidt (Hitzhofen), B'90/Grüne: »Für das Klima dieser Welt ist der Flugverkehr zum Fluchverkehr geworden.« *(16. 3. 95)*

Kastner, SPD, zur FDP: »Endlich springen Sie auf den fahrenden Zug auf, und zwar sehr halbherzig und kraftlos, aber immerhin, Sie versuchen zu springen. Nun müssen Sie aber aufpassen, daß Sie dabei nicht unter die Räder kommen.«
Friedrich, FDP: »Das ist das Risiko des Lebens!« *(1. 6. 95)*

Dr. Bötsch, CDU/CSU, zu Frau Hensel, Grüne: »Der Usus an Fremdwörtern muß auf ein Minimum reduziert werden!« *(24. 11. 87)*

Cronenberg (Arnsberg), FDP: »Aber es hilft nichts: Gutgemeint ... ist auch ... das Gegenteil von gut und damit schlecht getan.« *(22. 4. 94)*

Zywietz, FDP: »Einem Bonmot ... zufolge bleibt in Bonn ... nichts geheim, außer einem Plenarbeitrag am Freitag um die Mittagszeit.« *(9. 10. 87)*

Minister Dr. Posser, SPD, Nordrhein-Westfalen: »Aber es gibt auch da eine alte Lebenserfahrung: In kritischen Situationen ist körperliche Abwesenheit besser als Geistesgegenwart.« *(28. 1. 81)*

Frau Dr. Vollmer, Grüne: »Nichts Genaues weiß man nicht!« *(22. 6. 89)*

Doss, CDU/CSU, über die SPD: »Gerecht ist, wenn alle gleich arm sind!« *(10. 3. 93)*

Frau Dr. Höll, PDS: »Leider ist dabei auch unter der Hand aus der Gerechtigkeitslücke ... die Gerechtigkeitslüge geworden.« *(25. 3. 93)*

Brunnhuber, CDU/CSU, über Dr. Küster, SPD: »Wenn jemand nichts weiß, kann er keine gescheite Frage stellen!« *(29. 2. 96)*

Dr. Jens, SPD: »Vor vier Monaten habe ich meinen Referenten gebeten, mir aufzuschreiben, wo die Unterschiede zwischen CDU und SPD in der Wirtschaftspolitik sind. Bisher hat er mir nichts geliefert.«
Hinsken, CDU/CSU: »Er hat alles von uns gelesen und gesagt: Das stimmt!«

Dr. Jens: »Meine Analyse kommt zu dem Ergebnis: Wir stimmen mit der konservativen ... CDU/CSU in der Wirtschaftspolitik in vielen Feldern überein. Es gibt graduelle, aber keine grundsätzlichen Unterschiede.« *(7. 9. 95)*

Poß, SPD: »Mache ich irgend etwas falsch bei meiner Steuererklärung? Können Sie mir einen Tip geben, daß mir auch etwas gegeben wird?«
Glos, CDU/CSU: »Sie haben gesagt: Den Großen wird gegeben. Darauf bezieht es sich.«
Frau Oesterle-Schwerin, Grüne: »Wer viel hat, dem wird gegeben!«
Glos: »Ich bin 1,86 m groß. Vielleicht kriege ich auch mal was.« *(7. 12. 89)*

Lowack, fraktionslos: »Es gibt Gründe und Abgründe. Es gibt vorgeschobene Gründe, und es gibt wahre Gründe. Die Gründe des liebenswürdigen Kollegen Marschewski *(CDU/CSU, d. Hg.)* sind sicher nicht die wahren Gründe, sondern sind eher Vordergründe ... es gibt hier natürlich einen Hauptgrund ...« *(29. 6. 94)*

Frau Schmidt-Zadel, SPD: »Wir wissen, daß dieser Antrag gut ist. Ich will also versuchen, mich auf unseren Antrag zu konzentrieren.«
Lohmann (Lüdenscheid), CDU/CSU: »Das Bessere ist der Feind des Guten!« *(10. 3. 94)*

Frau Hämmerle, SPD: »Je später der Abend, desto harmonischer wird es!« *(16. 6. 94)*

Dr. Reinartz, CDU/CSU: »... das Motto heißt also nicht ›Erst bauen, dann heiraten‹, sondern ›Erst schauen, dann bauen‹.«
Fischer (Frankfurt), B'90/Grüne: »Erst schauen, dann heiraten!« *(21. 9. 95)*

Fischer (Hamburg), CDU/CSU, zu Frau Dr. Wetzel, SPD: »Nicht alles, was hinkt, ist auch ein Vergleich!« *(29. 10. 92)*

Fischer (Frankfurt), B'90/Grüne, zu Thiele, FDP: »Wichtig ist, was hinten herauskommt!« *(29. 2. 96)*

Frau Homburger, FDP: »Es ist wie das SPD-Wahlprogramm: unkorrekt ... der Beweis dafür, daß die SPD auch in der Umweltpolitik nicht regierungsfähig ist.«
Frau Caspers-Merk, SPD: »FDP entsorgen!«
Frau Albowitz, FPD: »Hochmut kommt vor dem Fall, Frau Kollegin!« *(21. 9. 94)*

Conradi, SPD: »Wir wüßten auch gern, wer den Bund der Steuerzahler finanziert und wer dazugehört. Ich bemühe mich seit einem Jahr vergeblich, Mitglied des Bundes der Steuerzahler zu werden. Das wird mir mit fadenscheinigen Begründungen verwehrt. Ich muß hier doch sagen: Wer so heftig die öffentlichen Hände, die Parteien und die Parlamente kritisiert wie der Bund der Steuerzahler, sollte selber einmal offenlegen, wie es bei ihm intern aussieht.« *(21. 10. 93)*

Feilcke, CDU/CSU, zu Egert, SPD: »Sie irren – wie immer! Wer sich immer irrt, ist ein Irrer!« *(18. 4. 86)*

Bundeswirtschaftsminister Dr. Graf Lambsdorff, FDP: »Wenn Witzbolde im Land meinen, bei uns werde demnächst der Anschluß vom Studenten-BAföG nahtlos an die vorgezogene Altersgrenze hergestellt werden, dann ist das natürlich eine Karikatur. Aber Karikaturen haben meist irgendwo einen kleinen wahren Kern.« *(26. 11. 82)*

Kiep, CDU/CSU, zu Hoppe, FDP: »Wenn ich Ihre Reden ... einmal freundschaftlich-ironisch karikieren sollte, müßte ich Ihnen sagen, sie erinnern mich an den Werbeslogan einer großen internationalen Ölgesellschaft, der da – jetzt abgewandelt – heißt: Es gibt viel zu tun, lassen wir's liegen.« *(18. 9. 81)*

Dr. Graf Lambsdorff, FDP: »... es fällt immer schwerer, den Vorstand der Neuen Heimat zu verstehen. Für ihn gilt wohl die alte Geschäftsweisheit: Kasse macht sinnlich, und Dalles macht schofel.« *(14. 3. 86)*

Dr. Vogel, SPD: »Ich meine, ein jeder sollte vor seiner Türe kehren.« *(7. 9. 88)*

Funke, FDP, zu Eigen, CDU/CSU: »Herr Eigen, wer im Glashaus sitzt, sollte mit ganz kleinen Kieselsteinen werfen!« *(9. 2. 90)*

Mellies, SPD, zu Stücklen, CDU/CSU: »Der Ministersessel ist offenbar der beste Klebstoff!« *(1. 12. 55)*

Glos, CDU/CSU: »Niemand ist davor geschützt, Schritt für Schritt klüger zu werden.« *(24. 11. 93)*

Cronenberg, FDP: »Zeigt ein Politiker Beständigkeit, wirft man ihm ... Starrheit vor. Ändert er seine Meinung, bezichtigt man ihn der Wankelmütigkeit. Den schmalen Pfad zwischen Beständigkeit und Wandelbarkeit nennt man Klugheit.« *(15. 9. 83)*

Pfuhl, SPD, über Bundeslandwirtschaftsminister Kiechle, CDU/CSU: »Da nützt es wenig, wenn man den Bauern weismacht, daß es noch schlimmer hätte kommen können. Natürlich, wenn der Kopf ab ist, kann man ihn nicht mehr unter dem Arm tragen.« *(16. 5. 86)*

Frau Dr. Hendricks, SPD: »Die ganze Lebensplanung von Menschen wird gegen Ende ihres Berufslebens völlig über den Haufen geworfen. Frauen sagen zu mir: Ich dachte, ich müßte noch zwei Jahre krücken, jetzt muß ich noch vier Jahre krücken.«
Louven, CDU/CSU: »Die sollen arbeiten, nicht krücken!«
Catenhusen, SPD: »Das war ein typischer Männerausruf!« *(10. 5. 96)*

Seehofer, CDU/CSU, nach Zurufen von der SPD und von den Grünen: »Ich fühle mich an eine alte Lebensweisheit aus meiner bayerischen Heimat erinnert: Die lautesten Kühe geben die wenigste Milch.« *(6. 5. 88)*

Hitschler, FDP: »Auf jeden Fall regelt der Markt dies besser als Staatsbeamte, und mehr Wettbewerb führt zu mehr Produktqualität. Die Sehnsucht nach der Kuscheldecke obrigkeitsstaatlicher Fürsorge ... führt doch dazu, daß, wie einige Spötter meinen, manche Versicherungsgesellschaft ... allzuviel Speck angesetzt hat ...« *(24. 9. 93)*

Kleinert (Hannover), FDP: »In einigen Punkten haben wir etwas verknautschte Formulierungen gefunden. Das tut richtig weh ... Die Formulierung des Umweltschutzes ist wirklich nicht als geglückt zu bezeichnen. Es handelt sich eher um so etwas wie eine sprachliche Laokoon-Gruppe.« *(30. 6. 94)*

Dreßler, SPD: »Ich glaube, wir haben heute morgen einiges gelernt.«
Oswald, CDU/CSU: »Schön wär' es ja!« *(10. 3. 93)*

Grill, CDU/CSU, zu Scharping, SPD: »Ich hoffe ..., es geht Ihnen nicht so wie dem verschmähten Liebhaber: Sie stehen mit offenen Armen da, und keiner kommt.« *(23. 6. 95)*

Erler, SPD, zu Bundesinnenminister Dr. Schröder, CDU/CSU: »Das Herz sitzt links und das Portemonnaie rechts!« *(11. 11. 53)*

Frau Dr. Schwaetzer, Bundesbauministerin, FDP: »Ich denke, Herr Reschke *(SPD, d. Hg.)*, Logik ist nicht Ihre Stärke. Nachdem ich in der letzten Woche festgestellt habe, daß selbst im Ruhrgebiet viele Leute Sie noch nicht kennen, schlage ich vor: Gehen Sie an die Tresen im Ruhrgebiet! Ich denke, da kann man vernünftige Dinge planen.«
Dr. Struck, SPD: »Das ist aber billig, was Sie hier machen! Das ist billiges, dummes Geschwätz! – Ein bißchen sehr platt!« *(21. 9. 94)*

Strauß, CSU, Bayerns Ministerpräsident, über die Regierung Schmidt, SPD: »Die Wahrheit ist schwer zu hören. Es ist leicht, Luftschlösser zu errichten. Es ist teuer, sie wieder einreißen zu müssen.« *(28. 1. 81)*

Dr. Hirsch, FDP: »Der Mensch ist nicht mehr das Maß aller Dinge.«
Dr. Rüttgers, CDU/CSU: »Das war er aber noch nie!« *(4. 2. 94)*

Beckmann, FDP: »Auch eine Mehrheitsmeinung kann eine eindeutige Klärung von Rechtsfragen bedeuten, Herr Kollege!«
Gansel, SPD: »Aber muß es nicht!«
Bindig, SPD: »In einer Demokratie können auch die Toren die Mehrheit haben!« *(4. 12. 86)*

Dr. Diederich (Berlin), SPD, zu Feige, B'90/Grüne: »Die Mineralölsteuer wird einfach nur für Nicht-Autofahrer erhöht!« *(26. 11. 92)*

Dr. Waigel, Bundesminister der Finanzen, CDU/CSU: »In dieser spannenden Morgenstunde beraten wir über ein wichtiges Thema ...«
Roth, SPD: »Übrigens paßt hier das Sprichwort ›Morgenstund' hat Gold im Mund‹!«
Dr. Waigel: »So ist es, wobei das Gold hauptsächlich bei den Landeszentralbanken lagert, weshalb sich auch in diesem Zusammenhang immer wieder sehr teure Bauten als erforderlich erweisen.« *(17. 1. 92)*

Dr. Wuermeling, CDU/CSU, zur SPD-Opposition: »Machen wir nichts, ist es falsch; machen wir etwas, ist es auch falsch! Immer Nein!« *(3. 4. 52)*

Cronenberg (Arnsberg), FDP: »Kollege Dreßler *(SPD, d. Hg.)* hat einiges Neue und einiges Richtige hier heute morgen gesagt. Bedauerlicherweise war das Neue nicht richtig und das Richtige nicht neu.« *(25. 11. 88)*

Vosen, SPD: »Ich will das gleich ein bißchen belegen. Hier sind ja auch ein paar Profis dabei, die das schon etwas länger kennen und die wissen, wie schwierig es ist, mit ganz wenig Geld viel umzuschichten. Das ist schon eine Kunst. Aus nichts kann man ja nicht viel machen ...«
Dr. Weng (Gerlingen), FDP: »Kopfrechnen, Herr Kollege!« *(8. 9. 93)*

Frau Dr. Luft, PDS, zur CDU/CSU: »Sie sind nicht einmal dem Rat Ihrer Großmütter gefolgt, die sicherlich wie auch meine gesagt haben: Spare in der Zeit, dann hast du in der Not.«
Zöller, CDU/CSU: »Wenn Sie das gemacht hätten, wären Sie nicht hier!«
Buwitt, CDU/CSU: »Spare in der Not, dann hast du Zeit dazu!« *(10. 11. 95)*

Spiller, SPD: »Daß Deutschland im jüngsten IWF-Bericht gute Noten erhalten hat, erfreut natürlich auch die Sozialdemokraten.«
Felcke, CDU/CSU: »Dann müßt ihr das auch einmal sagen!« *(12. 10. 95)*

Dr.-Ing. Kansy, CDU/CSU: »Auch hier gilt: Lieber ein Onkel, der etwas mitbringt, als eine Tante, die nur Klavier spielt.« *(25. 6. 87)*

Dr. Schmitt (Vockenhausen), SPD, zu Bundesverteidigungsminister von Hassel, CDU/CSU: »Papierkrieg ist doch immer noch die einfachste Form des Krieges!« *(9. 5. 63)*

Horn, SPD: »Parteitagsbeschlüsse aller Parteien müssen nicht der Weisheit letzter Schluß sein. Ich betone: aller Parteien!« *(23. 11. 88)*

von Larcher, SPD: »Können Sie einmal etwas zur Sache sagen?«
Dr. Graf Lambsdorff, FDP: »... das Sammelsurium Ihrer Zwischenrufe ... kann ich nur als so kleinkariert bezeichnen, daß meine einzige Antwort darin besteht: Auf Pepita kann man nicht Schach spielen.« *(3. 3. 94)*

Glos, CDU/CSU: »Wollen wir als feige Pfeffersäcke abseitsstehen?« *(2. 7. 93)*

Mischnick, FDP: »Es wäre wirklich gut, wenn in unseren Debatten weniger über Politiker, aber mehr über Politik gesprochen würde.« *(21. 9. 78)*

Frau Unruh, Grüne: »Die Politiker sind eine Gefahr für uns!« *(21. 4. 89)*

Esters, SPD: »Der Bundestagsabgeordnete ist der provisorischste Mensch im Lande. Er ist auf Zeit gewählt. Er lebt in den Sitzungswochen provisorisch in einem Appartment in einer Stadt, die das Hauptstadtprovisorium abstreift, arbeitet in einem von Fassadensanierung, Abriß und Plänen seiner Geschäftsführung bedrohten Zimmer, tagt in einem provisorischen Plenum und ist im Zweifel ein Mensch, mit dem EDV-, Telefax- oder Teletex-Versuche unternommen werden. Dieser Zustand ist nur deshalb erträglich, weil wir ihn selbst herbeigeführt haben oder ihn uns zurechnen lassen müssen.« *(24. 11. 88)*

Frau Dr. Süssmuth, CDU/CSU: »Die Quote ist eine Krücke, aber obwohl die Quote nicht aktive Frauenförderungspolitik ersetzt, brauchen wir sie für eine Übergangszeit dringend.« *(26. 10. 95)*

Duve, SPD: »Boroffka, der Galilei des Deutschen Bundestages!«
Boroffka, CDU/CSU: »Ach, wissen Sie, Herr Duve, bei Ihrem Zwischenruf denke ich immer an das schöne deutsche Sprichwort: Das schlechteste Rad am Wagen knarrt immer am lautesten.« *(5. 6. 86)*

Bundesumweltministerin Dr. Merkel, CDU/CSU: »Die Bundesregierung hat die Sorge der eigenen Bevölkerung von Anfang an ernstgenommen.«
Fischer (Frankfurt), B'90/Grüne: »Da habe ich aber ein paar andere Erinnerungen; wirklich wahr!«
Bundesfinanzminister Dr. Waigel, CDU/CSU: »Wo sind wir denn hier?«

Präsidentin Dr. Süssmuth, CDU/CSU: »Herr Fischer, wir sollten in dieser Debatte wirklich anders reagieren.«
Lennartz, SPD: »Wenn die Bundesregierung vorher anders reagiert hätte, bräuchte Herr Fischer nicht so zu reagieren!« *(25. 4. 96)*

Schreiner, SPD, zu Scharrenbroich, CDU/CSU: »Man muß rechnen können! Zweimal zwei ist fünf!« *(2. 12. 88)*

Kleinert (Hannover), FDP: »Da traf ein Schüler seinen alten Mathematiklehrer, Herr Häfner *(Grüne, d. Hg.)*, und der fragte: Was machen Sie denn jetzt so? – Darauf der frühere Schüler: Ich handele mit gebrauchten Autos. – Und dann fragte der Lehrer: Ja, und wie geht so etwas? – Da sagte der frühere Schüler: Ja, ich kaufe die z. B. für 100 DM, und dann verkaufe ich sie für 200 DM, und von den zwei Prozent lebe ich. – Ähnlich sind Ihre Rechnungen hier auch ausgefallen.« *(15. 4. 88)*

Hirche, FDP: »Rechthaberei ist zwar deutsch, aber nicht immer erfolgreich!« *(20. 1. 95)*

Dr. Rüttgers, CDU/CSU, zu Wieczorek (Duisburg), SPD: »Wir handeln und Sie reden, und zwar dummes Zeug!« *(27. 5. 93)*

Schlauch, B'90/Grüne: »Bei der Verwaltungsform, Herr Innenminister *(Kanther, CDU/CSU, d. Hg.)*, liegt die Betonung auf ›Reform‹, nicht auf ›Verwaltung‹. Mit der Einstellung ›Das war schon immer so‹, ›Das haben wir ja noch nie gehabt‹ und ›Wo kommen wir denn da hin?‹ werden Sie jedenfalls nicht weit kommen.«
Dr. Struck, SPD: »Da kann ja jeder kommen!«
Dr. Weng (Gerlingen), FDP: »Auf Sie haben wir gerade noch gewartet!«
Schlauch: »Herr Weng, vielleicht stört es Sie, daß Sie in meiner Rede nicht vorkommen, aber ich habe mir Sie heute einfach erspart!« *(8. 11. 95)*

von Larcher, SPD, zu Frau Frick, FDP: »Eine verfassungswidrige Lösung! Alles Gute macht die Regierung, alles Schlechte die Opposition!« *(7. 12. 95)*

Bohl, CDU/CSU: »Das liest der alles ab, Wort für Wort!«
Duve, SPD: »Das ist richtig.« *(4. 12. 86)*

Fuchtel, CDU/CSU, zur SPD: »Wenn Herbert Wehner dies hören würde, würde er sich im Grabe umdrehen, denn er hat schon 1972 gesagt, daß etwas geschehen muß. Nur: Sie wollen das nicht wahrhaben, weil Sie im Bummelzug gefahren sind, anstatt mit uns in den Schnellzug einzusteigen.«
Lambinus, SPD: »Der in die falsche Richtung fährt! Es kommt nicht auf die Geschwindigkeit an, sondern auf die Richtung!« *(26. 5. 93)*

Schily, Grüne, über die Rede Dr. Todenhöfers, CDU/CSU: »Lieber tot als rot!« *(23. 6. 83)*

Glos, CDU/CSU: »Es ist sozialistisch ..., wenn man sich nie Gedanken macht, woher das Geld kommt, das man ausgibt. Wenn wir das so machen, dann wird die D-Mark bald den gleichen Wechselkurs wie der Rubel jetzt haben.« *(8. 9. 93)*

Frau Dr. Süssmuth, CDU/CSU: »Da ich unserer Debatte soeben gefolgt bin, muß ich mich fragen, wie wir es trotzdem geschafft haben, heute mit einem interfraktionellen Gesetzentwurf in die zweite und dritte Lesung zu kommen.«
Dr.-Ing. Kansy, CDU/CSU: »Wir sind besser als unser Ruf ...!«
Frau Dr. Süssmuth: »Das müßte draußen bekannter sein.« *(10. 3. 94)*

Frau Eichhorn, CDU/CSU: »Die Verwirklichung der Gleichberechtigung ist nicht alleine eine Frauen-, sie ist auch eine Männerfrage. Wir haben bereits, Gott sei Dank, viele männliche Verbündete. Ich rufe heute, am 8. März, alle Männer auf – vor allem die Männer, die noch zweifeln –, gemeinsam mit uns selbstbewußt diesen Weg zu gehen.«
Frau Holzhüter, SPD: »Da muß man aber ganz schön laut rufen, will man die erreichen!« *(8. 3. 95)*

Bundesarbeitsminister Dr. Blüm, CDU/CSU, nach einer polemischen Rede von Dreßler, SPD: »Vorsicht, Vorsicht! Es könnte nämlich sein, daß der Schaum vorm Mund den Blick auf die eigene Praxis versperrt.« *(27. 11. 86)*

Heinrich, FDP: »Der Schein trügt.«
Schreiner, SPD: »Der Trug scheint!« *(16. 11. 89)*

Dr. Blüm, CDU/CSU: »Wir leben nicht in einem Schlaraffenland; das ist richtig. Wir haben Probleme. Das Schlaraffenland gibt es nur in Märchenbüchern.« *(21. 9. 94)*

Schmidt (Salzgitter), SPD: »Heute hier zu stehen ist wirklich kein motivierender Faktor. Aber ab und zu muß man vielleicht einen Teil unserer Entschädigung als Schmerzensgeld ansehen – warum eigentlich nicht?« *(23. 5. 96)*

Dr. Scheer, SPD, zu Dr. Feldmann, FDP: »Schwach angefangen und stark nachgelassen!« *(9. 2. 90)*

Rosenthal, SPD: »Wir Deutschen leiden darunter, daß wir die Selbstmiesmacher werden.« *(1. 10. 82)*

Berkhan, SPD, zu Bundesminister von Hassel, CDU/CSU: »Sommersprossen sind auch Gesichtspunkte!« *(20. 1. 65)*

Rühe, CDU/CSU, zu Dr. Vogel, SPD: »Ich muß Ihnen sagen: Es gibt wirklich nur einen Sozialismus, den jeweils realen – und der funktioniert nicht.«
Dr. Graf Lambsdorff, FDP: »Er funktioniert sehr wohl, aber nur für sehr wenige!«
Rühe: »Ich muß hinzufügen: Die wenigen, für die er funktioniert hat, sehen sich jetzt Gerichtsverfahren gegenüber. Das sind die Hauptgesprächspartner von Ihnen, Herr Ehmke, und von anderen gewesen. Ich hoffe, daß Sie dort nicht als Zeuge gehört werden müssen.« *(16. 11. 89)*

Dr. Probst, CDU/CSU: »Mehr Mut zum Strom, Herr Kollege!«
Dr.-Ing. Laermann, FDP: »Sie, Herr Kollege Probst, stehen häufiger unter recht hoher Spannung!« *(18. 10. 79)*

Ost, CDU/CSU: »Wir erklären uns bereit, auch weiterhin Partner Rußlands zu bleiben. Wie sollen Sie Partner bleiben, wenn Sie sprachlos sind? Sie müssen schon sehr vernünftig reden.«
Fischer (Frankfurt), B'90/Grüne: »Jedes ältere Ehepaar demonstriert das!«
Ost: »Ich verstehe Sie nicht. Sie sprechen so undeutlich, lieber Herr Kollege Fischer.«
Fischer: »Sprachlose Partnerschaft ist mehr die Regel als die Ausnahme!« *(26. 1. 95)*

Frau Hensel, Grüne: »Ob Chaot oder Demokrat, ob Provokateur oder Freiheitskämpfer, der Terminus ist abhängig vom Standort des Beobachters.« *(15. 10. 87)*

Bindig, SPD, über Parl. Staatssekretär Wimmer, CDU/CSU: »Jeder hat das Recht auf eigene Torheit!« *(20. 2. 92)*

Dr. Barzel, CDU/CSU, zur SPD: »Schimpfen ist kein Programm ... Wer schimpft hat unrecht!« *(1. 10. 82)*

Dr. Rüttgers, CDU/CSU: »Wer wie die Parlamentarischen Geschäftsführer häufig die Ehre und das Vergnügen hat, hier im Plenum bei Debatten anwesend zu sein, der weiß, daß dann, wenn besonders starke Worte gebraucht werden, meist über eine Unsicherheit hinweggeredet wird.« *(23. 6. 94)*

Dr. Solms, FDP: »Was ich bedauere, Herr Thierse, ist, daß Sie sich teilweise auf dieselbe Argumentation wie Herr Gysi *(PDS, d. Hg.)* eingelassen haben.«
Thierse, SPD: »Achten Sie auf die kleinen Unterschiede!« *(23. 6. 94)*

Dr. Seifert, PDS: »Als Fazit bleibt mir leider nur zu konstatieren, daß – abgesehen von der Diätenerhöhung – die Mehrheit dieses Hauses und offenbar auch die hochbezahlte Beamtenschaft leider tatsächlich unbestechlich ist. Sie nehmen nämlich nicht einmal Vernunft an.« *(15. 1. 93)*

Dr. Penner, SPD, zu Frau Müller (Köln), B'90/Grüne: »... seien Sie vernünftig! Das Leben ist so kurz!« *(13. 10. 95)*

Vizepräsident Cronenberg, FDP: »Der letzte Redner ist Dr. Gerhard Friedrich. Ich hoffe, daß es etwas ruhiger zugeht.«
Dr. Feige, B'90/Grüne: »Aus Bayern kam schon immer etwas Vernünftiges!«
Dr. Friedrich, CDU/CSU: »Der Kollege Feige ist einer der menschlich nettesten Kollegen, die ich hier im Bundestag kenne.«
Dr. Feige: »Das muß aus dem Protokoll heraus!«
Dr. Friedrich: »Aber, lieber Kollege Feige, ihr habt einen Fehler gemacht. Ihr habt als Fraktion der Grünen *(Ost)* die Referenten der Grünen *(West)* beschäftigt, und du machst den Fehler, die unsinnigen Reden dieser Referenten hier vorzutragen.« *(23. 6. 93)*

Handlos, fraktionslos: »So hat ... das Vaterunser 56 Worte, die Zehn Gebote haben 397 Worte, aber eine Verordnung der EG-Kommission über den Import von Karamellen hat 26.911 Worte. Wenn die EG es so weitertreibt ..., haben wir eines Tages noch eine EG-Marktordnung für Weihnachtsbäume, Bismarckheringe und Gartenzwerge.« *(23. 2. 84)*

Dr. Blüm, CDU/CSU, zeigt ein Zeitungsinserat. – Dr. Struck, SPD: »Die ist gut, die Anzeige!«
Dr. Blüm: »Gut. Wenn Sie das sagen, dann will ich sie mit großem Ernst vorlesen: Das Prinzip Kohl: Armut gesät, Gewalt geernet. Meine Damen und Herren von der Sozialdemokratischen Partei, sehen Sie nicht ein, daß Sie hier die Entschuldigung für die Krawallmacher bauen, daß Sie die Hemmschwelle senken? Wer eine solche Anzeige erstens veröffentlicht und zweitens noch gut findet, der ist ein Handlanger, ein Schmierensteher der Gewalt ... Das ist eine Verrohung der demokratischen Sitten in diesem Wahlkampf.« *(21. 9. 94)*

Bausch, CDU/CSU: »Die Abgeordneten haben ja oft die Gelegenheit, das Ohr am Pulsschlag der Volksseele zu haben!« *(15. 10. 54)*

Bundesfinanzminister Dr. Waigel, CDU/CSU, nach Zwischenrufen von der SPD: »Ja, ja, alles, was Ihnen nicht paßt, alles, was Ihnen peinlich ist, kennen Sie nicht. Diese Vergeßlichkeit nehme ich Ihnen nicht ab ... «

Huonker, SPD: »Ich bin schon informiert, aber ich kenne den Vorgang nicht!« *(16. 6. 89)*

Frau Dr. Hendricks, SPD, zur CDU/CSU: »Wenn Sie bereit wären, den Weg zur steuerpolitischen Vernunft zurückzugehen, so wären wir Sozialdemokraten bereit, etwa im Rahmen einer Enquete diese grundlegenden Fragen mit Ihnen zu erörtern.«
Hauser (Rednitzhembach), CDU/CSU: »Rückwärts gehen wir nicht!«
von Larcher, SPD: »Doch, fast immer!«
Frau Dr. Hendricks: »Lieber vorwärts in den Untergang, als rückwärts einen Schritt zur Vernunft! Ja, so ist das bei Ihnen.« *(31. 3. 95)*

Mischnick, FDP: »Der Erfolg hat immer viele Väter, der Mißerfolg ist eine Waise, zumeist ein Findelkind.« *(18. 3. 76)*

Oostergetelo, SPD: »Wir wollen, daß sich auch unsere Kinder in unserem Land wohlfühlen. Dazu gehört saubere Lust, sauberes Wasser, gesunder Boden.« *(5. 9. 89)*

Frau Dr. Diemer-Nicolaus, FDP: »Man sagt: Ein Mann, ein Wort.«
Jacobi (Köln), SPD: »Eine Frau, ein Wörterbuch!« *(16. 1. 1963)*

Gansel, SPD: »Wenn wir so einen Zettel hätten wie Sie, Frau Präsidentin, wo draufsteht, wie wir abzustimmen hätten, dann wüßten wir auch immer, worum es geht!«
Vizepräsidentin Schmidt, SPD: »Sie glauben es nicht: Ich könnte Ihnen jetzt die Zettel geben und könnte es immer noch.« *(24. 2. 94)*

Altmaier, CDU/CSU: »Die Gipfelkonferenz, von der wir sprechen, war keine Gipfelkonferenz zur Entscheidung all der Fragen, die gelöst werden müssen, sondern das war ein informeller Gipfel, der zu einem Gedanken- und Meinungsaustausch bestimmt war ...«
Fischer (Frankfurt), B'90/Grüne: »Das war kein Gipfel, sondern ein Zipfel!« *(27. 9. 95)*

Staatsminister Dr. Hoyer, Auswärtiges Amt, FDP: »Dies erforderte die Bereitschaft und die Fähigkeit, über Schatten zu springen, über die riesigen Schatten der Vergangenheit, aber bisweilen eben auch über die eigenen Schatten.«
Fischer (Frankfurt), B'90/Grüne: »Und über den der Zukunft gleich mit!« *(27. 9. 95)*

Dr. Mertes (Gerolstein), CDU/CSU, zur SPD: »Zyniker aller Länder vereinigt Euch!« *(16. 2. 73)*

Präsidenten-Schelte

Die erste Frau in der Führungsetage des Verteidigungsministeriums ist die CDU-Politikerin Agnes Hürland-Büning. Kaum hatte sie ihren Posten als Parlamentarischer Staatssekretär Mitte März 1987 angetreten, ärgerte sie sich mächtig über eine recht polemische und – wie sie fand – in der Sache schlicht unzutreffende Presseerklärung der SPD-Abgeordneten Renate Schmidt (Nürnberg). Mit Datum vom 1. April und dem Aktenzeichen 08/15 schickte Frau Hürland-Büning der streitbaren Genossin einen dicken Blumenstrauß mit einem »Gestellungsbefehl«: Darin ist zu lesen: »Sehr geehrte Frau Kollegin! Frauen in der Bundeswehr? Darüber wird in der Öffentlichkeit diskutiert. Ob wir das wollen oder nicht. Damit Sie Gelegenheit haben, die Bundeswehr und ihren nicht leichten Auftrag zur Sicherung des Friedens in Freiheit kennenzulernen, ziehe ich Sie für eine Woche zur Dienstleistung ein.« Als Grund nannte die Verteidigungsstaatssekretärin die Presseerklärung vom Vortage und bestimmte als Ort ihr Büro auf der Hardthöhe, der Zeitpunkt werde zwischen den beiden Büros zu vereinbaren sein. »Entsprechende Dienstkleidung« werde gestellt und ein »guter Kaffee ... täglich gereicht«, wird in dem Brief versprochen.
Die SPD-Politikerin spielte bei dem April-Scherz nicht mit. Eine Antwort hat Agnes Hürland-Büning nie erhalten – vielleicht weil die SPD gegen Frauen in den Streitkräften ist?

Ruppig geht es schon mal zu im Parlament. Doch die sprachlichen Einfälle sind viel reichhaltiger und interessanter als die gelegentlichen verbalen Ausfälle unserer Damen und Herren Volksvertreter.
Dieses Kapitel beschäftigt sich mit den Ordnungsrufen, Rügen und unparlamentarischen Ausdrucksweisen. Wie jedoch ein Ordnungsruf auch umgangen werden kann und trotzdem der Kontrahent erfährt, was der Redner über ihn denkt, zeigt zunächst dieses Beispiel:
Zuruf von der CDU/CSU: »Ist das nicht unter Ihrem Niveau, Herr Brandt?«
Brandt, SPD: »Wenn der Präsident nicht hinter mir säße, würde ich Sie einen Lümmel nennen, Herr Kollege.« *(21. 6. 90)*

DR. ABELEIN, CDU/CSU
»... kurz: alle, die unter der Diktatur der Sowjetunion leben müssen und nach Schmidts *(SPD, Bundeskanzler, d. Hg.)* Interpretation doch auch ganz offensichtlich leben sollen ...« *(19. 1. 82)*

DR. ALTHAMMER, CDU/CSU
zu Frau Beck-Oberdorf, Grüne: »Eine Nazi-Rede halten Sie!« *(22. 11. 83)*

AMLING, SPD
über Bundesarbeitsminister Dr. Blüm, CDU/CSU: »Dieser Clown ...! Der soll ernst bleiben, keine Späße machen!« *(8. 12. 83)*

ANDRES, SPD
über Bundesarbeitsminister Dr. Blüm, CDU/CSU: »Ein Roßtäuscher ist das!«
Vizepräsident Becker, SPD: »Herr Kollege Andres, ich muß Sie zur Ordnung rufen. Ich habe Sie zweimal ermahnt, nicht von ›Roßtäuschern‹ zu sprechen.«
Andres: »Herr Präsident, darf man hier nicht die Wahrheit sagen?« *(1. 7. 93)*
»Der Beamtenkiller war das!« – »Wir haben nicht die Absicht, eine vordergründige Beamtenschelte zu betreiben. Das überlassen wir Erwin Marschewski *(CDU/CSU, d. Hg.)*, in Fachkreisen ›der Beamtenkiller‹ genannt, oder anderen Leuten, die mit schönen Vorschlägen auftreten.« *(18. 1. 95)*
zu Lohmann (Lüdenscheid), CDU/CSU: »So eine Scheißrede!«
Präsidentin Dr. Süssmuth, CDU/CSU: »Den Zwischenruf kann ich nicht dulden.« *(20. 3. 97)*

DR. APEL, SPD
zu Dr. Frerichs, CDU/CSU: »Unerhört ist das! Eine dreckige Frage!« *(23. 6. 72)*
Vizepräsident Stücklen, CDU/CSU: »Herr Abgeordneter Apel, haben Sie den Redner als ›Feigling‹ bezeichnet?«
Dr. Apel: »Das habe ich getan, weil er keine Zwischenfrage zuläßt!«
Stücklen: »Herr Abgeordneter Apel, ich rufe Sie zur Ordnung.«
zu Dr. Solms, FDP: »Herr Abgeordneter, nachdem Sie jetzt eine Zwischenfrage zulassen, möchte ich mich, Herr Präsident, für den Zuruf ›Feigling‹ bei Ihnen ausdrücklich entschuldigen.« *(25. 11. 87)*
über Dr. Heck, CDU/CSU: »Na, ja, wir wissen ja: Herr Heck ist eben ein Heckenschütze, weniger Politiker!« *(6. 11. 70)*
über Dr. Barzel, CDU/CSU: »Das ist der Höhepunkt der Heuchelei!« *(21. 1. 71)*
zu Dr. Voss, CDU/CSU, Parl. Staatssekretär beim Bundesfinanzminister: »Sie sind doch ein Schwätzer!« *(15. 5. 86)*

über Freiherr von und zu Guttenberg, CDU/CSU: »Ein unanständiger Mensch!« *(27. 5. 70)*
zu Bundeswirtschaftsminister Dr. Bangemann, FDP: »Sie sind ein Verleumder!« *(25. 4. 85)*

Dr. Arndt, SPD
»Die Bundesregierung *(unter Bundeskanzler Dr. Adenauer, CDU/CSU, d. Hg.)*, die zwei Millionen DM veruntreut, um Plakate anzuschlagen ...« *(9. 5. 58)*
zu Gille, GB/BHE: »Ach, Sie sind doch ein Lump! ... « *(16. 9. 54)*
über Freiherr von und zu Guttenberg, CDU/CSU: »So ein Schafskopf!« *(5. 11. 59)*
über Bundesminister Dr. Dehler, FDP: »Aber wenn Herr Minister Dehler spricht, ist es jedesmal ein nationales Unglück!« *(16. 3. 50)*

Austermann, CDU/CSU
über Gansel, SPD: »Er ist ein Berufsdenunziant!« *(26. 10. 90)*

Dr. Bangemann, FDP, als Bundeswirtschaftsminister
zu den Grünen: »Sie sind die eigentlichen Heuchler in dieser Diskussion ...« *(25. 9. 86)*

Dr. Barzel, CDU/CSU
über Kanzleramtsminister Dr. Ehmke, SPD: »Im übrigen haben die Einübungen des Herrn Kanzleiministers in Polemik ...« *(17. 6. 70)*

Frau Beer, B'90/Grüne
»Wir sind nicht bereit, den Vorwurf ›Waffenschieberkabinett‹, der hier den Grünen so empört vorgehalten wird, zurückzunehmen; denn wir haben es vor uns sitzen, wenn es sich auch durch Handlanger und Stellvertreter vertreten läßt.« *(26. 10. 90)*
»Sie, Herr Kohl *(Bundeskanzler, CDU/CSU, d. Hg.)* – wo ist er überhaupt; hat er sich wieder verdrückt: ›Augen zu und durch‹? – und Sie, Herr Haussmann *(Bundeswirtschaftsminister, FDP, d. Hg.)* und Herr Schäuble *(Kanzleramtsminister, CDU/CSU, d. Hg.)*, tragen die politische Mitverantwortung für den bereits erfolgten Einsatz von Giftgas gegen Kurden. Sie sind zugleich politisch mitverantwortlich für mögliche zukünftige Massenmorde in der Dritten Welt an der Zivilbevölkerung.« *(17. 2. 89)*
»... ich befürchte, daß ... Dr. Kanther *(CDU/CSU, d. Hg.)* als Innenminister ... dafür sorgen wird, daß ein Abschiebevertrag abgeschlossen wird, der möglicherweise ... dazu führt, daß es tatsächlich zu Massenabschiebungen, d. h. Beihilfe zum Mord, kommt.« *(16. 2. 95)*

Bertram, Z
über den Plenarsaal des Deutschen Bundestages: »Wir sind zu einer echten Aussprache bei diesem Adolf-Hitler-Gedächtnis-Saal überhaupt nicht in der Lage ...« *(9. 5. 52)*

Biehle, CDU/CSU
»Dies war ... ein Zitat des Hamburger Abgeordneten Schmidt, alias Verteidigungsminister, zum damaligen Verteidigungsminister von Hassel *(CDU/CSU, d. Hg.)* bei der Starfighter-Debatte.« *(28. 1. 81)*

Bindig, SPD
über Klein (München), CDU/CSU: »Wie kann ein einziger Mensch so viel Unsinn reden?«
Vizepräsident Frau Renger, SPD: »Herr Kollege, das ist schon sehr unparlamentarisch.«
Klein (München): »Sie führen doch keine Selbstgespräche?« *(27. 1. 84)*

Frau Blunck, SPD
»Politikverdrossenheit kommt auch daher, daß politische Zusammenhänge von den Bürgern nicht erkannt werden, auch gar nicht erkannt werden können, wenn ... der Sachzusammenhang beim besten Willen nicht herstellbar ist und sich der Eindruck nicht von der Hand weisen läßt, daß hier gemauschelt wird.«
Vizepräsident Becker, SPD: »Sie haben gesagt, es könnte der Eindruck entstehen, daß in diesem Hause gemauschelt wird. Das wollen wir zurückweisen. In diesem Hause gibt es keine Mauschelei!« *(11. 3. 93)*

Böhm *(Melsungen)*, CDU/CSU
zur SPD: »Sie koalieren mit Mauermördern!« *(Der Ordnungsruf wurde nach Einspruch des Abg. Böhm zurückgenommen, d. Hg., 5. 10. 89)*

Brandt, SPD
über Bundesfamilienminister Dr. Geißler, CDU/CSU: »Der Verleumder im Dienst und im Regierungsamt ...«
Vizepräsident Wurbs, FDP: »... ich erteile Ihnen einen Ordnungsruf wegen der Verwendung des Begriffs ›Verleumder‹.«
Brandt: »Herr Präsident! Ich weiß, daß das nicht üblich ist: Ich darf mich ausdrücklich bedanken, weil es die Aufmerksamkeit auf das lenkt, was ich zu sagen wünschte.« *(22. 11. 83)*

Breuer, CDU/CSU
Frau Lederer, PDS: »Schotten dicht, Schießbefehl an der Grenze, Überwachung, Repression gegen Protestierende im Innern?«

Marschewski, CDU/CSU: »Ihr Mauerhelden! Das müßt ihr gerade sagen!«
Frau Lederer: »Herr Schäuble *(CDU/CSU, d. Hg.)* will diese Republik, aber in einer zutiefst reaktionären Definition. Die Gestaltung dieser Republik in seinem Sinne führt zu einer komplett anderen staatlichen und gesellschaftlichen Ordnung, zu einem autoritären Staat ...«
Breuer: »Sie als ›Kollaborateur des Henkers‹ müssen uns das gerade sagen!«
Vizepräsident Cronenberg, FDP: »... den Ausdruck Kollaborateur des Henkers weise ich als unparlamentarisch zurück.« *(14. 1. 94)*

Dr. Briefs, Grüne, dann PDS, später fraktionslos
Dr. Uelhoff, CDU/CSU, zur PDS: »Sie haben 18 Millionen Menschen in eine soziale und wirtschaftliche Katastrophe geführt. Ich kann nur sagen: Schämt euch, schweigt und lernt! Das wäre die richtige Konsequenz.«
Dr. Briefs: »Sie stehen in der Tradition eines Massenmörders wie Globke!« *(5. 9. 91)*
»Wenn Pressesprecher Vogel die Verbrennung von Strohpuppen mit dem Schild ›Rexrodt‹ durch Bergarbeiter als ›terroristische Handlungen‹ bezeichnet, so ist man zumindest versucht zu sagen, diese Bundesregierung, diese Koalition verhalten sich geradezu wie Sozialterroristen.« *(21. 10. 93)*
»Geklotzt wird also bei der Kriegsbeteiligung am Golf, womit sich die BRD zugleich am Bombenterror und an Akten des Völkermordes gegenüber der irakischen Zivilbevölkerung beteiligt.« *(21. 2. 91)*
Vizepräsidentin Schmidt, SPD: »Herr Kollege Briefs, jetzt ist Schluß. Ich habe das zwar noch nie gemacht, aber jetzt schalte ich Ihnen gleich den Saft ab. Dann haben Sie abgewirtschaftet an diesem Rednerpult. Das geht so definitiv nicht.« *(20. 1. 94)*

Büchner (Speyer), SPD
zu Dr. Schäuble, CDU/CSU: »Brandstifter!«
Präsidentin Dr. Süssmuth, CDU/CSU: »Das geht nicht. Nach den Regeln unseres Hauses ist so etwas im Sinne von persönlichen Beleidigungen nicht möglich.«
Dr. Rüttgers, CDU/CSU: »Unglaublich! Pöbelt hier nur rum!« *(25. 11. 92)*

Büttner (Ingolstadt), SPD
zu Glos, CDU/CSU: »Volksverhetzer sind Sie!«
Vizepräsident Klein, CDU/CSU: »Sie haben den Zwischenruf ›Volksverhetzer‹ gemacht.«
Büttner: »Gut, ich stehe dazu. Wenn ich von meinem Recht nach Art. 5 des Grundgesetzes auf ›publizistischen Gegenschlag‹ hier in diesem Raum Gebrauch mache ...«

Klein: »Gut, dann erteile ich Ihnen eine Ordnungsruf.«
Büttner: »Dann nehme ich den gerne entgegen, danke schön!«
Dr. Schäuble und Dr. Rüttgers, beide CDU/CSU: »Einen zweiten Ordnungsruf!«
Klein: »Soweit kommt es noch, daß Sie hier mit publizistischem Gegenschlag operieren und eine wirklich menschenverletzende Sprache in dieses Haus einführen.« *(2. 7. 93)*

Bueb, B'90/Grüne
zu Dr. Hauff, SPD, der keine Zwischenfrage gestattet: »So ein feiger Hund!« *(11. 9. 86)*
Vizepräsident Frau Renger, SPD: »Herr Abgeordneter Bueb, bevor ich Ihnen das Wort gebe, ein kleiner Hinweis. Sie haben – ich nehme an, das kommt aus dem Bayerischen – das Wort ›Sauerei‹ gebraucht. Ich denke, das ist vielleicht nicht ganz angepaßt.«
Eimer (Fürth), FDP: »Für Bayern schon!«
Frau Renger: »Damit Sie das nicht wiederholen, sage ich Ihnen das vorher.«
Bueb: »Soll ich denn ›Schweinerei‹ sagen?«
Frau Renger: »Das ist auch nicht gut.« *(25. 9. 86)*

Bühler (Bruchsal), CDU/CSU
zu Stratmann-Mertens, Grüne: »Heuchler!« *(9. 8. 90)*

Burgmann, B'90/Grüne
zu Bundeskanzler Dr. Kohl, CDU/CSU: »Frieden schaffen mit immer weniger Waffen? Das ist eine Lüge, Herr Kohl.« *(14. 9. 84)*

Carstens (Emstek), CDU/CSU
Kleinert (Marburg), Grüne: »Wollen Sie uns eigentlich für dumm verkaufen, Herr Carstens, kann ich da nur fragen.«
Carstens (Emstek), CDU/CSU: »Sie sind es schon!«
Vizepräsident Westphal, SPD: »Ich muß dem Kollegen Carstens einen Ordnungsruf erteilen.«
Carstens: »Weswegen?«
Westphal: »Dies ist eine gezielte Bemerkung, die hier nicht hinpaßt.« *(30. 9. 83)*

Carstensen (Nordstrand), CDU/CSU
zu Suhr, Grüne: »Jeder Pfeifenraucher weiß an sich, daß in einen Holzkopf nicht viel reingeht ...« *(25. 6. 86)*

Conradi, SPD
»Die Unterstellungen der Abgeordneten Hitschler und Koppelin *(beide FDP, d. Hg.)* – bei letzterem mag der Alkoholgenuß als mildernder Umstand gelten – sowie der Frau Bauministerin machen ...«
Dr. Hitschler: »Der scheint Ihnen zu Kopf zu steigen!«
Dr. Struck, SPD: »Ihr seid doch alle besoffen! Ihr seid volltrunken!«
Präsidentin Dr. Süssmuth, CDU/CSU: »Herr Conradi, bei aller Schärfe der Auseinandersetzung bitte ich Sie, den Teil Ihrer Rede vom Alkohol mit mildernden Umständen hier nicht stehen zu lassen. Das hat keinen Sinn.«
Conradi: »Ich meinte das freundlich, weil ich mit Herrn Koppelin an anderer Stelle freundlich zu tun habe. Ich hatte den Eindruck, daß er nicht genau weiß, was er da gefragt hat. Aber wenn es eine Kränkung ist, nehme ich es gern zurück.« *(21. 9. 94)*

Dr. Daniels, B'90/Grüne
»Liebe Mitbürger und Mitbürgerinnen, ich rufe Sie von dieser Stelle aus auf, sich an den Blockaden gegen Atommülltransporte zu beteiligen.«
Präsident Dr. Jenninger, CDU/CSU: »Herr Abgeordneter, ich kann diesen Aufruf nicht zulassen. Bitte nehmen Sie das zurück: Das geht nicht.«
Dr. Daniels: »Es finden Tausende von solchen Atomtransporten statt. Erst diese ermöglichen die dunklen Geschäfte der Atomindustrie.« *(21. 1. 88)*

Daweke, CDU/CSU
über Bundesbildungsminister Dr. Schmude, SPD: »Das ist so dumm, was Sie sagen, das ist so unlogisch! – Scheinheilig sind Sie!« *(8. 11. 79)*

Dr. Dehler, FDP,
als Bundesjustizminister: »Ein Richter, der in der Notdurft des Tages erstickt, hat nicht die Überlegenheit, die von einem Richter verlangt wird.« *(1. 3. 50)*
»Ach, Herr Scharnberg *(CDU/CSU, d. Hg.)*, Sie haben keinen Anlaß zu diesen Gesten, einer der Totengräber der deutschen Demokratie!« *(8. 11. 56)*
über Benda: »Wie weit weg sind die Haltung und die Gesinnung eines Mannes wie des Herrn Benda *(CDU/CSU, d. Hg.)* von diesem Wortklang und dem bösen Willen, der sich hinter diesen Worten verbirgt ... Ja, einen urbösen Willen, Herr Präsident!« *(25. 3. 65)*

Frau Dempwolf, CDU/CSU
zur SPD: »Wir appellieren an die Frauen dieser Generation, sich hier und heute nicht von Neidgefühlen beeinflussen zu lassen, die von seiten der SPD – die Heuchelei ist schier unerträglich, die von Ihrer Seite kam ...« *(21. 6. 85)*

DOLATA, CDU/CSU
zu Frau Dr. Vollmer, Grüne: »Heuchlerin!« *(3. 5. 84)*

DORN, FDP
zu Even, CDU/CSU: »... darin liegt nämlich die Infamie, die Sie betreiben ...« *(16. 5. 68)*

DRABINIOK, B'90/Grüne
über Bundesfamilienminister Dr. Geißler, CDU/CSU: »Und der verantwortliche Minister Geißler lügt noch frech ...« *(13. 9. 84)*

DRESSLER, SPD
Engelmann, CDU/CSU: »Die jetzige Forderung der SPD nach Beseitigung der Entgeltpunktbegrenzungen für alle Zusatz- und Sonderversorgungen der ehemaligen DDR führt zu Höchstrenten bei Spitzenfunktionären, nahezu zu einer Doppelung z. B. für Frau Honecker und Herrn Keßler und zur Verdreifachung für Herrn Mielke ... Deshalb lehnen wir heute die vorliegenden unausgewogenen, politisch unvertretbaren Vorschläge der PDS und der SPD-Genossen ab.«
Dreßler: »Was soll dieser niederträchtige Versuch von einem Menschen, der seit 1962 der SED/CDU-Ost angehört hat, der deutschen Sozialdemokratie zu unterstellen, wir würden die Rente von Frau Honecker verdreifachen wollen? ... Wenn Sie heute hierherkommen und uns eine solche Unverschämtheit unterstellen, dann muß ich Ihnen sagen: Sie sollten sich schämen und dahin zurückgehen, woher Sie gekommen sind.«
Vizepräsident Klein, CDU/CSU: »Es gab keine Partei, die SED/CDU hieß. Die Aufforderung an Kollegen, dorthin zurückzugehen, woher sie gekommen sind, nämlich in die Unfreiheit, halte ich für absolut unzulässig.« *(26. 1. 95)*
zu Frau Limbach, CDU/CSU: »Reden Sie doch nicht so einen Stuß!« *(19. 3. 92)*

DÜRR, SPD
»... in dem der Herr Kollege Dregger *(CDU/CSU, d. Hg.)* – oder muß ich besser sagen: der Partisan Dregger – zur Rechtspolitik Stellung genommen hat ...« *(22. 6. 77)*

DUVE, SPD
zu Bundesfinanzminister Dr. Stoltenberg, CDU/CSU: »Sie gelten hier im Lande als der kälteste Demagoge der Republik.« *(18. 9. 87)*
über Dr. Todenhöfer, CDU/CSU: »Das ist eine Denunziation!« *(23. 6. 83)*
zu Broll und Weirich, beide CDU/CSU: »Journalisteneinschüchterung war immer von einem Gipfel von Heuchelei begleitet. Was Sie, Herr Broll, hier

eben gemacht haben und was Herr Weirich hier heute morgen vorgeführt hat, ist pure Heuchelei.« *(20. 6. 85)*

Ebermann, B'90/Grüne
über die Volkszählung 1987: »Leute, tut uns einen Gefallen: Seid so schlau und boykottiert!«
Vizepräsident Frau Renger, SPD: »Herr Ebermann, ich erteilen Ihnen einen Ordnungsruf für die Bemerkung, die Sie zuletzt gemacht haben.« *(18. 3. 87)*

Egert, SPD
zu Dr. Hoffacker, CDU/CSU: »Was sind Sie für ein Dummkopf; es tut mir leid!« *(8. 12. 83)*
zu Seehofer, CDU/CSU, Parl. Staatssekretär beim Bundesarbeitsminister: »Sie lügen! Sie lügen!« *(31. 5. 89)*
zu Dr.-Ing. Kansy, CDU/CSU: »Ach, Sie sind ein Quatschkopf!« *(18. 4. 86)*
zu Sauter (Ichenhausen), CDU/CSU: »Sie sind vielleicht ein arroganter Schnösel!« *(19. 5. 83)*

Dr. Ehmke (Bonn), SPD
zu Rühe, CDU/CSU: »Sie sind ein rechter Kläffer!«
Nach Zurufen von der SPD: »Laßt den alleine kläffen!« *(2. 10. 86)*
zu Bundesverteidigungsminister Dr. Wörner, CDU/CSU: »Das ist ideologischer Quatsch, was Sie jetzt sagen ...! Sie lügen bewußt!« *(10. 9. 86)*
zu Wilz, CDU/CSU: »Sie sind ein Schwachkopf!« *(25. 1. 85)*

Dr. Ehmke (Ettlingen), B'90/Grüne
»Und wenn der Bundesinnenminister *(Zimmermann, CDU/CSU, d. Hg.)* uns vorwirft, wir wollten hundert Kohlekraftwerke stillegen – zusätzlich zu den Atomkraftwerken –, dann muß ich feststellen, daß er entweder nicht lesen kann oder hier bewußt die Unwahrheit sagt. Das ist in unserem Antrag gar nicht enthalten. Mit dieser Demagogie ...« *(20. 5. 83)*

Ehren, CDU/CSU
zu Schmidt (Hamburg), SPD: »Ich möchte einen Ordnungsruf haben: Ich nenne Sie den frechsten Lümmel in diesem Hause!« *(Ehren bekam den Ordnungsruf, d. Hg.; 25. 3. 58)*

Erler, Fritz, SPD
»Ich wiederhole es für den Nachhilfeschüler Lenz *(CDU/CSU, d. Hg.)* zum drittenmal!« *(31. 1. 57)*
zu Dr. Barzel, CDU/CSU: »Sie werden nachträglich zum Ehrenmitglied des Reichslügenverbandes zur Bekämpfung der Sozialdemokratie befördert!« *(11. 6. 58)*

zu Euler, DA: »Sie sprechen nicht die Wahrheit, Sie verleumden! ... Jedem Argument bin ich zugänglich, einer Verleumdung nicht!« *(22. 3. 56)*

Erler, Gernot, SPD
zu Bundeskanzler Dr. Kohl, CDU/CSU: »Nein, mit der Sensibilität eines hospitalisierten Nilpferds gehen Sie mit den Sorgen der ganzen Region um.«
Vizepräsidentin Dr. Vollmer, B'90/Grüne: »Herr Abgeordneter Erler, Ihr ›hospitalisiertes Nilpferd‹ entspricht nicht dem parlamentarischen Sprachgebrauch.«
Fischer (Frankfurt), B'90/Grüne: »Er hat gesagt: ›mit der Sensibilität eines hospitalisierten Nilpferdes‹! Ein Unterschied!« *(23. 11. 95)*

Frau Ernstberger, SPD:
»Gnadenlos hat der blutsaugende *(Bundesgesundheits-, d. Hg.)* Minister Seehofer nun auch den Hals entdeckt, in den er seine Zähne schlägt: den Hals der Patienten.«
Vizepräsidentin Dr. Vollmer, B'90/Grüne: »... wir stellen ... fest, daß der Herr Minister Seehofer kein Vampir ist.« *(20. 3. 97)*

Eschmann, SPD
Bundesverteidigungsminister Strauß, CDU/CSU: »Ja, das hängt von Ihrem Verstand ab, nicht von meiner Einstellung.«
Eschmann, SPD: »Und das zeigt Ihre Großschnauzigkeit!« *(2. 7. 58)*
zu Rasner, CDU/CSU: »Schmutzfink!« *(24. 2. 65)*
über Bundesminister Höcherl, CDU/CSU: »Lügt wie der Strauß!« *(16. 6. 65)*

Dr. Faltlhauser, CDU/CSU
über Dr. Briefs, PDS: »Das ist der übelste und dümmste Polemiker des Bundestages!« *(19. 9. 91)*
»Jetzt ist also endlich das Planfeststellungsverfahren vorbei; damit können die Bürger endlich aufatmen, weil nicht weiter die Leute, die von Norden bis nach Sizilien reisen, durch die engen Straßen der Stadt fahren. Was aber macht die dortige SPD mit ›verantwortungslosen Spinnern‹ von den Grünen? Sie klagt gegen den Planfeststellungsbeschluß.«
Vizepräsident Cronenberg, FDP: »... den Ausdruck verantwortungslose Spinner möchte ich als unparlamentarisch zurückweisen.« *(9. 9. 93)*

Feilcke, CDU/CSU
über die rot-grüne Koalition in Berlin, die beschlossen hatte, die Akademie der Wissenschaften zu schließen: »Zum erstenmal seit 43 Jahren und 10 Monaten soll Wissenschaft in Deutschland gleichgeschaltet werden. Aus poli-

tisch-ideologischen Gründen soll in Berlin in die Freiheit der Wissenschaften radikal eingegriffen werden.« *(15. 3. 89)*
über den SPD-Kanzlerkandidaten Lafontaine: »Das ist der Schönhuber *(Chef der rechtsaußenstehenden ›Republikaner‹, d. Hg.)* der SPD!« *(17. 1. 90)*

Fellermaier, SPD
über Dr. Todenhöfer, CDU/CSU: »Totengräber!« *(24. 1. 74)*

Fellner, CDU/CSU
zu Such, Grüne: »Wenn Sie so lügen...« *(14. 12. 89)*
zu Dreßler, SPD: »Du Zyniker, du dummer!« *(4. 6. 87)*

Fisch, KPD
»... der Bundeskanzler und Außenminister *(Dr. Adenauer, CDU/CSU, d. Hg.)* ist bereits zu einem internationalen Ärgernis geworden.« *(24. 6. 53)*
»Mögen der Herr Bundeskanzler und seine Getreuen... hier in Deutschland die Verständigung hintertreiben, indem man in Berlin und in der Deutschen Demokratischen Republik einen Tag X organisiert, indem man Deutsche gegen Deutsche hetzt und das ganze Volk in Panikstimmung treibt.« *(24. 6. 53)*
über die CDU/CSU-FDP-DP-Bundesregierung: »Es handelt sich hier um eine Vortäuschung, um ein abgekartetes Spiel mit kriminellen Vorwänden, um einen politischen Prozeß zu führen.« *(27. 7. 50)*
über den US-Außenminister: »Herr Dulles ... dieser Scharfmacher!« *(4. 2. 53)*
zur Bundesregierung: »Wir unterscheiden uns darin von Ihnen, meine Herren, daß wir es nicht als Ehre betrachten, mit Spionageorganisationen der Besatzungsmächte zusammenzuarbeiten!« *(27. 7. 50)*
über Dr. Wuermeling, CDU/CSU: »Verbrecher!« *(20. 3. 53)*
über die Bundesregierung: »...dem von der Regierung beabsichtigten System des Wahlbetrugs, dem System der Tricks und Drehs, mit dem der Wählerwille verfälscht werden soll...« *(17. 6. 53)*
über Bundeskanzler Dr. Adenauer, CDU/CSU: »Mit Adenauer, dem Wiederaufrüster!« *(12. 12. 51)*

Fischer *(Frankfurt)*, B'90/Grüne
Es kommt zu heftigen Tumulten, als der Abg. Frau Nickels, Grüne, das Wort entzogen wird. Vizepräsident Stücklen: »Nach Paragraph 36 der Geschäftsordnung bitte ich Sie, das Rednerpult zu verlassen. Ich bitte darum, das Mikrophon freizugeben.«
Fischer: »Unglaublich, was Sie hier machen!«
Stücklen: »Herr Abgeordneter Fischer, ich rufe Sie zur Ordnung!« – *Weitere Unruhe und Zurufe von den Grünen.* »Herr Abgeordneter Fischer, ich rufe

Sie zum zweitenmal zur Ordnung!« – *Weitere Zurufe des Abg. Fischer.* – »Herr Abgeordneter Fischer, ich schließe Sie von der weiteren Teilnahme an der Sitzung aus!«
Fischer: »Schließen Sie uns doch am besten gleich alle aus!«
Stücklen: »Ich unterbreche die Sitzung des Bundestages, bis der Herr Abgeordnete Fischer, der von der weiteren Teilnahme der Sitzung ausgeschlossen ist, den Plenarsaal verlassen hat. Die Sitzung ist unterbrochen.«
Und jetzt, was nicht mehr im Protokoll verzeichnet ist, ruft Fischer: »Herr Präsident, Sie sind ein Arschloch, mit Verlaub!« *(Hierfür konnte keine Ordnungsmaßnahme mehr erlassen werden, da die Sitzung unterbrochen war, d. Hg.) Später teilt Vizepräsident Frau Renger, SPD, mit:* »Die gegen den Herrn Abg. Fischer *(Frankfurt)* ausgesprochene Ordnungsmaßnahme in der heutigen Plenarsitzung wird auf einen weiteren Sitzungstag ausgedehnt.«
Dr. Ehmke (Bonn), SPD: »Das ist die Rückkehr zur massiven Vergeltung!«
Frau Renger: »... an diesem Punkt ist keine Kritik im Hause üblich.« *(Fischer hat sich für diesen Ausrutscher bei Vizepräsident Stücklen entschuldigt; 18. 10. 84)*
zu Dr. Althammer, CDU/CSU: »Herr Althammer, Sie sind eine christliche Dreckschleuder!« *(1. 12. 83)*
zu Bundesinnenminister Dr. Zimmermann, CDU/CSU: »Sie als bleifreier Hanswurst!« *(20. 9. 84)*
»Ich möchte wissen, woher die Mittel der FDP kommen ...! Korrupt bis in die Knochen!« *(1. 12. 83)*
zu Bundesinnenminister Dr. Zimmermann, CDU/CSU: »Ich finde Ihr Verhalten und vor allen Dingen den Umgang mit den Menschen, der hinter diesen juristischen Formulierungen steht, mit Verlaub gesagt, zum Kotzen.« *(12. 4. 84)*
zu den sog. etablierten Parteien von CDU/CSU, SPD und FDP: »Wenn ich die Saubermänner hier sitzen sehe, dann bin ich gerne ein Clochard. Mit Ihnen will ich diesbezüglich nichts zu tun haben. Das will ich Ihnen nur einmal sagen. Sie sind von der Sauberkeit, die über Leichen geht.« *(12. 4. 84)*
Dr. Dregger, CDU/CSU: »... diese sogenannte Friedensbewegung richtet ihre Aktionen nicht gegen die sowjetischen Raketen, die auf uns zielen, die uns bedrohen, die während der Genfer Verhandlungen noch ständig vermehrt worden sind ...«
Fischer: »Jetzt lügen Sie!« *(21. 11. 83)*
über Bundesinnenminister Dr. Zimmermann, CDU/CSU: »... der Bundesinnenminister als braunschimmernder Nachlaßverwalter der nationalsozialistischen Ausländer-Polizeiverordnung recht gut macht ...«
Vizepräsident Wurbs, FDP: »... ich erteile Ihnen einen Ordnungsruf.«

Fischer: »Uns darf man Nazis nennen, umgekehrt erhält man Ordnungsrufe. Wenn's sein muß ...! Die Union schürt nunmehr in Hessen ohne Hemmungen die Ausländerangst, allen vorneweg jener brandstiftende Biedermann namens Wallmann, seines Zeichens Oberbürgermeister von Frankfurt.«
Wurbs: »... ich erteile Ihnen einen Ordnungsruf und mache Sie auf die Konsequenzen eines möglichen dritten Ordnungsrufes aufmerksam.«
Fischer: »Ja, Herr Präsident, unter dem Gesichtspunkt des Ordnungsrufes komme ich jetzt nur noch zu Floskeln.« *(5. 10. 84)*
über Spranger, CDU/CSU, Parl. Staatssekretär beim Bundesinnenminister: »Herr Spranger muß sich vorwerfen lassen – das sollte man auch so sagen –, daß es bei ihm wohl mehr als eine nur geistige Nähe zum nationalsozialistischen Verbrechen gibt.«
Vizepräsident Westphal, SPD: »Ich rufe Sie zur Ordnung.«
Fischer: »Herr Präsident, ich bedanke mich. Dennoch mußte das einmal gesagt werden.« *(5. 5. 83)*
über US-Präsident Reagan: »Der Bundeskanzler *(Dr. Kohl, CDU/CSU, d. Hg.)* vertraut diesem schießwütigen Zelluloid-Cowboy das Schicksal unseres Landes an. Er ist dabei, etwas Schlimmeres zu begehen – und hier zitiere ich Talleyrand – als ein Verbrechen, nämlich eine bodenlose politische Dummheit, wenn er die neuen amerikanischen Mittelstreckenraketen in der Bundesrepublik aufstellen läßt.« *(27. 10. 83)*

FRANKE *(Osnabrück)*, CDU/CSU
über Bundesarbeitsminister Dr. Ehrenberg, SPD: »Ehrenberg kneift! Sie haben die Hose gestrichen voll!«
Präsident Dr. Carstens, CDU/CSU: »...ich rufe Sie wegen Ihres Zwischenrufes zur Ordnung.«
Franke: »Das ist mein erster!«
Dr. Ehrenberg: »Es wurde auch Zeit, daß Sie einmal einen Ordnungsruf bekommen.«
Dr. Carstens: »Herr Bundesminister, ich muß Sie darauf hinweisen, daß ordnungsleitende Bemerkungen des Präsidenten nicht Gegenstand der Diskussion sind.« *(8. 12. 77)*
über Wehner und die SPD: »Ich möchte Sie oder den lautesten Schreier in der ersten Reihe der SPD-Fraktion hören, wenn wir ein solches Verfahren während unserer Regierung hier angewandt hätten, wie er nach mehr Demokratie geschrien hätte; aber Sie praktizieren hier einen Stil, der unerträglich ist ... Nur ... ich betrachte Wehner so. Das hat er heute morgen mehrfach probiert. Er hat uns als ›Pöbel‹ bezeichnet ...« *(16. 3. 78)*
über Wehner, SPD: »Einer, der Stalin gedient hat!« *(29. 3. 79)*

Dr. Frerichs, CDU/CSU
über Bundeswirtschaftsminister Dr. Schiller, SPD: »Der Bundesminister für Vetternwirtschaft!« *(25. 4. 72)*

Dr. Friedrich, CDU/CSU
zu Reuter, SPD: »Verleumder!« *(30. 10. 90)*

Friedrich, SPD
zu Haase (Kassel), CDU/CSU: »Herr Abgeordneter Karnikel...« *(20. 5. 74)*

Frau Friess, B'90/Grüne
»Die CDU/CSU-FDP-Koalition ist sich in dieser Frage *(Kernenergie, d. Hg.)* für kein Ganovenstück mehr zu billig, und zwar dann, wenn es darum geht, menschenverachtende und menschenvernichtende Politik durchzusetzen.« *(14. 6. 89)*

Fritz, CDU/CSU
zu Schreiner, SPD: »Oberschreier!« *(1. 10. 93)*

Frau Dr. Fuchs, PDS
über Dr. Weng (Gerlingen), FDP: »So ein Rindvieh!«
Präsidentin Dr. Süssmuth, CDU/CSU: »Von wem sprechen Sie als von einem Rindvieh? Von einem Abgeordneten? Dann muß ich Ihnen einen Ordnungsruf erteilen. Persönliche Beleidigungen sind hier nicht gestattet.« *(27. 11. 92)*

Gansel, SPD
zu Dr. Voss, CDU/CSU, Parl. Staatssekretär beim Bundesfinanzminister: »Sie Dösbaddel!«
von Hammerstein, CDU/CSU: »›Dösbaddel‹ hat er gesagt, Herr Präsident, haben Sie das gehört?«
zu Dr. Waigel, CDU/CSU: »Heuchler!« *(17. 12. 82)*
zu Dr. Carstens, CDU/CSU: »Sie sind ein Lügner und Fälscher, nichts anderes!« *(19. 3. 75)*

D. Dr. Gerstenmaier, CDU/CSU
über Dr. Dorls, DRP: »Dieser Mann vertritt in diesem Hause politisches Banditentum!« *(16. 12. 49)*
zu Loritz, WAV: »Sie sollten uns keine Gemeinheiten unterstellen!« *(23. 2. 50)*

Gerster *(Mainz)*, CDU/CSU
über Hoss, Grüne: »Der Mann war nicht einmal in den Beratungen und schwätzt hier solches Zeug! Dummschwätzer Hoss!« *(9. 11. 89)*

zu Frau Wieczorek-Zeul, SPD: »Nein, Sie sind verlogen! – Sie sind eine scheinheilige Schlange! – Ihre Rede war unanständig!« *(9. 3. 89)*
zu Wüppesahl, Grüne: »Sie geben falsches Zeugnis! Sie lügen!«
Vizepräsident Frau Renger, SPD: »Verehrter Herr Kollege Gerster, ich muß Ihnen einen Ordnungsruf erteilen. Sie haben einen Kollegen der Lüge bezichtigt. Dies ist nicht möglich in diesem Haus. Das müssen Sie dann schon anders formulieren.« *(7. 5. 87)*

GILGES, SPD
»Ich finde das, was Sie *(Bundesarbeitsminister Dr. Blüm, CDU/CSU, d. Hg.)* beabsichtigen, schlicht und einfach unverschämt. Es ist eine große Sauerei. Sie werden sich auch nicht mit schönen Reden aus dieser Sauerei herausreden können.«
Vizepräsident Becker, SPD: »... auch ›Sauerei‹ ist natürlich ein unparlamentarischer Ausdruck. Ich weise ihn zurück.« *(21. 1. 93)*
zu Frau Rönsch (Wiesbaden), CDU/CSU: »Lüge! Sie sind eine Lügnerin!«
Vizepräsidentin Dr. Vollmer, B'90/Grüne: »Herr Kollege Gilges, ich habe selbst gehört, daß Sie nicht nur den Ausdruck ›Lüge‹, sondern auch ›Lügnerin‹ gebraucht haben. Das ist ein Ausdruck, den wir im parlamentarischen Gebrauch rügen.«
Zuruf von der CDU/CSU: »Dann rügen Sie doch auch!«
Frau Dr. Vollmer: »Das habe ich gemacht.«
Gilges: »Sie sind eine Lügnerin!
Frau Rönsch: »Das ist das zweite Mal gewesen!«
Frau Dr. Vollmer: »... rufe ich den Kollegen Gilges wegen der Wiederholung des Ausdrucks ›Lügnerin‹ zur Ordnung.« *(28. 6. 96)*

GLOMBIG, SPD
»Trotz der drei Sondersitzungen des Ausschusses zur Rentenreform, die gegen das Votum der SPD-Bundestagsfraktion ... aus rein parteipolitischen Gründen beantragt und genehmigt worden sind, standen für die Beratung der außerordentlich komplizierten Fragen der Rentenreform insgesamt nur fünf Sitzungstage zur Verfügung ...«
Präsident Dr. Jenninger, CDU/CSU: »Herr Abgeordneter Glombig, ich muß den Vorwurf der parteipolitischen Genehmigung zurückweisen.« *(21. 6. 85)*
zu Bundesarbeitsminister Dr. Blüm, CDU/CSU: »Lügner!«
Vizepräsident Westphal, SPD: »... bevor ich das Wort weitergebe, muß ich folgendes sagen, Herr Kollege Glombig, ich trete zwar nicht in die inhaltliche Bewertung Ihres Zurufs ein, aber der Begriff ›Lügner‹ ist einer, der hier zum Ordnungsruf Veranlassung gibt.«
Lutz, SPD: »Aber bedauerlicherweise hat er recht!« *(6. 6. 86)*

GLOS, CDU/CSU
»Die SPD ist als angebliche Arbeiterpartei aufgefordert, Arbeitsplätze zu sichern, ihre Blockadehaltung im Bundesrat gegen die Spargesetze aufzugeben, in der Energiepolitik Vernunft einkehren zu lassen, und die SPD ist vor allen Dingen aufgefordert, aufzuhören, die Menschen in unserem Land zu verhetzen.«
Präsidentin Dr. Süssmuth, CDU/CSU: »Für diese Aussage muß ich Sie zur Ordnung rufen.«
Glos: »Ich habe doch nicht gesagt, daß sie Hetzer sind!« *(24. 11. 93)*

GOETZENDORF, fraktionslos
zu den Regierungsfraktionen: »Ihr wieherndes Gelächter läßt mich nur Rückschlüsse auf das Niveau des Parlaments ziehen!« *(10. 1. 52)*

DR. GREVE, SPD
zu Höcherl, CDU/CSU: »Reden Sie deutsch!« *(23. 1. 58)*

GRILL, CDU/CSU
über Fischer (Frankfurt), B'90/Grüne: »Sie sind ein Pharisäer!«
Vizepräsidentin Geiger, CDU/CSU: »›Pharisäer‹ ist nicht unbedingt ein parlamentarischer Ausdruck ...«
Marschewski, CDU/CSU: »Das ist ein Bibelausdruck! Es steht in der Bibel!« *(12. 3. 97)*

GSCHEIDLE, SPD
»Jeder, der das Wechselrecht kennt, muß das, was die Bundesregierung *(aus CDU/CSU-FDP, d. Hg.)* hier getan hat, als Wechselbetrug bezeichnen.« *(1. 7. 65)*

DR. GÜLICH, SPD
zu Frau Probst, CDU/CSU: »Sagen Sie..., warum sind Sie eigentlich so böse mit uns? Warum sind Sie so böse und giftig?« *(30. 4. 54)*

DR. GYSI, PDS
zu Bundeskanzler Dr. Kohl, CDU/CSU: »Es ist Krieg, und Sie, Herr Kanzler, sagen es nicht einmal so deutlich, ehrlich und offen der gesamten Bevölkerung; Sie beschwichtigen, Herr Kanzler, Ihre Erklärung ist entweder Ausdruck von Heuchelei oder Ausdruck von völligem Unverständnis dessen, was am Golf losgegangen ist.«
Dr. Waigel, CDU/CSU: »Sie sind die wandelnde Heuchelei!«
Präsidentin Dr. Süssmuth, CDU/CSU: »Herr Dr. Gysi, ich erteile Ihnen einen Ordnungsruf und denke, daß in dieser Debatte das so nicht stehenbleiben kann.« *(17. 1. 91)*

Haar, SPD
über Fischer (Hamburg), CDU/CSU: »...die Sie mit Ja oder Nein hätten beantworten können, wenn Sie gewollt hätten, in ein Geschwafel von drei bis vier Minuten eingetreten sind, das man im Grunde Vernebelung nennen müßte?«
Vizepräsident Cronenberg, FDP: »...wenn Sie sich auch bei Fragen ... eines Tons befleißigten, der den Präsidenten nicht in Verlegenheit bringt.« *(13. 9. 90)*

Haase *(Kassel)*, CDU/CSU
»Wenn man einmal unterstellt, daß es bei den durchschnittlich besoldeten Bundesbeamten gerechtfertigt erscheint, an die untere Grenze der Mietpreisberechnung zu gehen, warum beharrt die Bundesregierung darauf, auch die Luxuswohnungen für besonders hochverdienende Staatsfunktionäre und Pensionäre zu subventionieren, indem man gleichfalls an die untere Grenze der Mietberechnung geht?«
Präsident Stücklen, CDU/CSU: »... ›Staatsfunktionäre‹ wollen wir streichen.«
Haase: »Beamte kann man auch sagen! Ein Funktionär ist doch nichts Unrechtes, Herr Präsident!« *(19. 3. 80)*

Häfner, B'90/Grüne
»Das Celler Loch ist ein Beispiel für etwas, was ich bis dahin in dieser Form für nicht möglich gehalten hatte, nämlich eine Form von Staatsterrorismus.« *(21. 4. 89)*
»So können alle noch einmal in sich gehen und sich gut überlegen, ob sie an diesem Wahlrechtsputsch tatsächlich weiter teilnehmen wollen.«
Präsidentin Dr. Süssmuth, CDU/CSU: »Herr Häfner, ich kann den Ausdruck ›Wahlrechtsputsch‹ hier nicht zulassen.«
Dr. Lippelt (Hannover), Grüne: »Das ist aber ein sachlicher Ausdruck!«
Dr. Rüttgers, CDU/CSU: »Unglaublich! Pöbelhaft ist das!« *(9. 8. 90)*

Hansen, SPD
über Dr. Czaja, CDU/CSU: »... angesichts der Aufregung, die die Opposition und besonders den Kollegen Czaja ergriffen hat, möchte ich ... fragen, ob ich mich an das Sprichwort erinnert fühle: ›Getroffene Hunde bellen‹?« *(30. 4. 71)*

Haschke *(Jena)*, CDU/CSU
»... diese DDR, die einmal unter dem Motto ›Auferstanden aus Ruinen‹ antrat, war doch spätestens am 17. Juni 1953 untergegangen, die war doch mit dem Bau der Mauer noch einmal untergegangen, die war doch mit jedem

Schuß an dieser widersinnigen unnatürlichen Scheiß ..., mit jedem schlimmen MfS-Spitzelbericht untergegangen.«
Präsidentin Dr. Süssmuth, CDU/CSU: »Herr Haschke, bei aller Leidenschaft – das geht nicht.«
Haschke: »Frau Präsidentin, ich habe mich entschuldigt.« *(21. 9. 94)*

Dr. Hauchler, SPD
»Die Politik der Bundesregierung gegenüber dem südlichen Afrika ist in der Tat heuchlerisch.« *(1. 12. 83)*

Hauser (Krefeld), CDU/CSU
zu Prof. Dr. Ehmke, SPD: »Professor Dreckschleuder!« *(14. 12. 82)*

Heide, SPD
s. auch bei Schmidt (Hamburg), SPD und Wehner, SPD, d. Hg.

Heiland, SPD
zu Dr. Althammer, CDU/CSU: »Sie sind ein Flegel! Sie sind ein Flegel!« *(26. 2. 65, s. auch bei Wehner, SPD, d. Hg.)*

Hermsdorf, SPD
zu Memmel, CDU/CSU: »Sie sind ein ausgesprochener Drecksack!« *(23. 3. 66)*
über Dr. Czaja, CDU/CSU: »Der Czaja kann nichts weiter, als Volksverhetzer zu spielen!« *(5. 5. 70)*

Dr. Heuer, PDS
»Sicher ist das Bundesverfassungsgericht von der Koalitionsregierung politisch erpreßt worden.« *(21. 4. 93)*
»Entweder anerkennt man, daß Deutschland damals Besatzungsgebiet war, oder man gewinnt jetzt nachträglich den Zweiten Weltkrieg, meine Herren. Wollen Sie jetzt einen Dritten Weltkrieg anfangen?«
Vizepräsidentin Dr. Vollmer, B'90/Grüne: »... ich glaube, daß ich für das ganze Haus sagen kann, daß niemand hier einen Dritten Weltkrieg anfangen will, und Sie sollten einen solchen Unsinn auch nicht sagen.«
Lühr, FDP: »Seit 48 Jahren Mitglied der SED und spricht hier zum SED-Unrecht!« *(8. 2. 96)*

Heyenn, SPD
nach heftigen Zurufen von Bohl, CDU/CSU: »Ich würde sagen, Sie sollten sich vernünftig melden, entweder zu einer Zwischenfrage oder als Redner in der Debatte,«
Bohl: »Antworten Sie einmal!«

Heyenn: »aber dieses dumme Gequatsche würde ich unterlassen.« *(29. 9. 88)*
Jagoda, CDU/CSU, zu Abgeordneten der SPD: »Wissen Sie, Ihre Arroganz sollten Sie nicht so ins Feld führen. Kommen Sie hier vorne hin und machen Sie gute Vorschläge«
Heyenn: »Sie sind doch ein Lümmel!«
Jagoda: »für eine bessere Politik in Deutschland.«
Heyenn: »Sie sind doch ein Lümmel!« *(8. 12. 83)*
»Herr Fuchtel *(CDU/CSU, d. Hg.)*, Sie wissen, daß das Quatsch ist!«
Vizepräsident Westphal, SPD: »Herr Kollege Heyenn, ich habe von hier oben einen Zwischenruf gehört, der unseren sprachlichen Umgang miteinander betrifft: ›So ein Quatsch‹! Einen solchen Ausdruck sollte man hier nicht noch einmal verwenden.«
Schreiner, SPD: »Aber wenn es zutrifft, sollte man es trotzdem gelegentlich sagen!«
Westphal: »Dann müssen Sie das, Herr Kollege Schreiner, an anderer Stelle tun, aber bitte nicht in diesem Saal. Ich finde, wir sollten noch ein wenig Sprachkultur achten.« *(11. 5. 89)*

Hinsken, CDU/CSU
zu Reimann, SPD, der keine Zwischenfrage zuläßt: »Feigling!« *(15. 9. 83)*

Hirche, FDP
zu Dr. Lippelt: »Sie versuchen damit bösartig, die Überlegungen ...«
Vizepräsident Klein, CDU/CSU: »Herr Kollege Hirche, ohne sprachliche Engherzigkeit mache ich Sie darauf aufmerksam, daß der Begriff ›bösartig‹ in dem Zusammenhang ein bißchen zu stark gewesen ist. Wenn Sie ihn relativieren, wäre es auch nicht schlecht.«
Dr. Lippelt, B'90/Grüne: »Ich habe ein dickes Fell, Herr Präsident! Lassen Sie ihn durchgehen!«
Hirche: »Ich will gerne den Begriff ›kenntniswidrig‹ verwenden; jeder weiß, was gemeint ist.« *(27. 6. 96)*

Dr. Hirsch, FDP
zur CDU/CSU: »... daß die Diskussion nun nicht zu einer Schlacht der Zaunkönige wird.« *(17. 5. 73)*

Höcherl, CDU/CSU
zu Dr. Arndt (Berlin), SPD: »Man sieht offenbar etwas Besonderes darin ..., die Dinge etwas rotzig und ruppig zu beantworten.« *(23. 1. 71)*

HÖHMANN, SPD
über Dr. Hupka, CDU/CSU: »Ich hoffe, das Protokoll hat den Zwischenruf des sogenannten Abgeordneten Hupka mitbekommen.« *(14. 11. 74)*
zu Jäger (Wangen), CDU/CSU: »Herr Kollege Jäger, da Sie immer wieder lachen und Ihr eingefrorenes Grinsen zur Schau tragen ...« *(14. 11. 74)*

Frau DR. HÖLL, PDS
zu Bundesgesundheitsminister Seehofer, CDU/CSU: »Heuchler!«
Präsidentin Dr. Süssmuth, CDU/CSU: »Ich kann den Begriff ›Heuchler‹ absolut nicht stehenlassen und muß dafür einen Ordnungsruf erteilen. Das geht nicht.«
Frau Dr. Höll: »Ich habe vorhin einen Ordnungsruf erhalten, laut Geschäftsordnung zu Recht. Aber ich bleibe bei meiner Meinung ...«
Vizepräsident Klose, SPD: »Dafür, verehrte Kollegin Dr. Höll, rufe ich Sie zum zweitenmal zur Ordnung und weise Sie ausdrücklich darauf hin, daß ein dritter Ordnungsruf nach der Geschäftsordnung Konsequenzen hat.« *(28. 6. 96)*
»Ihre heutige Diskussion ist – wie die vorangegangene – heuchlerisch und demagogisch.«
Frau Baumeister, CDU/CSU: »Ihre auch!«
Vizepräsident Cronenberg, FDP: »... ich würde Sie bitten, in Zukunft, weil unparlamentarisch, Ausdrücke wie ›heuchlerisch‹ und ›demagogisch‹ zu vermeiden. Sie tun dann nicht nur mir, sondern vor allen Dingen auch sich selber einen Gefallen.« *(21. 1. 93)*
»Die heutige Debatte ist grundgesetzwidrig, nicht nur ...«
Vizepräsident Becker, SPD: »Ich glaube, daß niemand im Saal ist, der gegen das Grundgesetz verstoßen will.«
Marschewski, CDU/CSU: »Hier schießt auch keiner auf Flüchtlinge, die über die Mauer wollen! Selbst so etwas tut keiner hier im Bundestag!« *(4. 3. 93)*
»Es ist bitter, daß führende Teile der deutschen Sozialdemokratie mit der grundsätzlichen Billigung der Senkung der Leistungen an Asylbewerber im sogenannten Asylkompromiß ... diesen strukturellen Rassismus unterstützen.«
Vizepräsident Becker, SPD: »Ich glaube, daß ich in diesem Saal niemanden kenne, der in dieses Parlament gewählt ist, der Rassismus betreiben will.« *(4. 3. 93)*
»An erster Stelle sollte meiner Meinung nach statt der Entsendung weiterer Soldaten, die ja ebenfalls potentielle Vergewaltiger sind ...«
Dr. Schäuble, CDU/CSU: »Die UNO-Kontingente als potentielle Vergewaltiger zu bezeichnen, Herr Präsident, das kann man nicht zulassen.«

Vizepräsident Cronenberg, FDP: »...die Äußerung und die generelle These ›Soldaten als potentielle Vergewaltiger‹ hier zu vertreten, möchte ich aufs schärfste zurückweisen und erteile Ihnen dafür eine Rüge.« *(10. 12. 92)*

HÖPFINGER, CDU/CSU
zur SPD: »Sie reißen, zerren und schlagen an den Wurzeln von Ehe und Familie herum, schlimmer als die Axt im Walde, die den Baum entwurzelt.« *(15. 3. 79)*

DR. HORLACHER, CDU/CSU
zu Margulies, FDP: »Pure Lüge, was Sie da verzapfen! Schämen Sie sich!« *(11. 7. 51)*

HORN, SPD
über Bundesfamilienminister Dr. Geißler, CDU/CSU: »Der widerliche Demagoge, ein Minister im Kabinett der moralischen Erneuerung von Herrn Kohl ...«
Präsident Dr. Barzel, CDU/CSU: »Herr Kollege, habe ich richtig gehört: Demagoge?«
Horn: »Ja, haben Sie.«
Dr. Barzel: »Ich rufe Sie zur Ordnung.«
Fischer (Frankfurt), Grüne: »Sie hätten sagen sollen ein sogenannter Demagoge!« *(22. 11. 83)*

HOSS, B'90/Grüne
»Wenn ich dann daran denke, daß Herr Kohl *(CDU/CSU, d. Hg.)* als Kanzler sich verschämt von der Industrie Kuverts in die Tasche, in die Seitentasche seines Jacketts drücken läßt, in denen Zigtausende von Mark sind ...« *(8. 12. 83)*

DR. HÜSCH, CDU/CSU
zu Lambinus, SPD: »Dumm!« *(27. 10. 77)*

HÜSER, B'90/Grüne
Vizepräsident Frau Renger, SPD: »Herr Stratmann, ich muß Ihnen einen Ordnungsruf wegen Ihrer beleidigenden Bemerkung gegenüber dem Kollegen Gerster *(Mainz)* erteilen.« – *Zuruf Schily, Grüne.* – »Ich bitte um Zurückhaltung gegenüber dem Präsidenten.«
Hüser: »Terrorist darf man nicht sagen, aber Faschist darf man genannt werden.«

Frau Renger: »Ich erteile Ihnen einen Ordnungsruf wegen Beleidigung des Präsidenten, dem Sie hier unterstellen, daß er eine falsche Anordnung gegeben hat.«
Zuruf von den Grünen: »Wie in der Schule ist das!« *(7. 5. 87)*

Frau Hustedt, B'90/Grüne
über Dr. Lippold (Offenbach), CDU/CSU: »Es ist doch immer wieder erfreulich, dem kläffenden Goldhamster der CDU/CSU-Fraktion zuzuhören.« *(12. 12. 96)*

Irmer, FDP
»Sie von den Grünen zeichnen sich wieder einmal aus durch eine ekelerregende Heuchelei ...« *(14. 9. 89)*

Jaunich, SPD
Präsident Dr. Carstens, CDU/CSU: »Herr Abgeordneter, der Ausdruck ›dusselig‹ ist an der Grenze des parlamentarisch Zulässigen.«
Jaunich, SPD: »An der Grenze? Wenn er an der Grenze ist, bleibe ich dabei.« *(19. 10. 78)*
zu Pöppl, CDU/CSU, der keine Zwischenfrage zulassen will: »Lügen! Aber hier in die Welt setzen.« *(25. 9. 86)*

Frau Jelpke, PDS
»Es geht um die Daten, um die Einreise, um Fingerabdrücke, um Meßdaten über die Hände und Finger... Ich kann da nur noch anmerken: Noch werden keine Nasen vermessen. Den Ariernachweis in Form von biometrischen Daten für Schengen-Menschen gibt es im übrigen schon.«
Vizepräsident Klein, CDU/CSU: »...daß es etwas Unzulässiges ist, die Verfahren, von denen Sie hier gesprochen haben, in Beziehung zum Ariernachweis zu setzen.« *(17. 6. 93)*
»Wer so redet *(wie Bundesinnenminister Kanther, CDU, d. Hg.)* und handelt, der nutzt auch weiterhin die verschärfte Diskriminierung von Ausländern und Ausländerinnen zur Erhöhung der Erfolgsaussichten seiner Politik.«
Vizepräsident Becker, SPD: »Frau Kollegin Jelpke, ich glaube nicht, daß Sie in Ihren letzten Sätzen zum Ausdruck bringen wollten, daß ein Mitglied der Bundesregierung Ausländer diskriminieren will. Ich hoffe, daß Sie dies nicht meinen.«
Frau Jelpke: »Doch!« *(26. 5. 94)*
»Seit einer Stunde stehe ich vorn auf der Redeliste. Aber es gibt hier sehr viele eitle Leute, die unbedingt ins Fernsehen müssen ...«

Vizepräsident Klein, CDU/CSU: »Frau Abgeordnete, ich darf Sie darauf hinweisen: Wenn Sie damit den amtierenden Präsidenten kritisieren wollen, entziehe ich Ihnen das Wort. Der Präsident setzt die Reihenfolge der Redner fest. Das ist sein souveränes Recht.«
Frau Jelpke: »Das mag ja sein. Aber es gibt auch so etwas wie eine parlamentarische Absprache ...«
Klein: »Bitte beschäftigen Sie sich nicht weiter mit diesem Gegenstand!«
Frau Jelpke: »Als eben jemand von der PDS eine Intervention vortragen wollte, wurde das abgeblockt.«
Klein: »Frau Abgeordnete, ich weise Sie ein letztes Mal darauf hin, daß Sie keine Kritik an der Amtsführung des Präsidenten zu üben haben.«
Frau Jelpke: »Ich komme zu meinem Beitrag.«
Klein: »Und von der PDS braucht niemand in diesem Haus – ausgenommen Sie selbst – Belehrungen über Demokratie hinzunehmen.«
Frau Jelpke: »Ich glaube, daß das Haus nicht das Recht hat, permanent die PDS in Sachen Demokratie zu belehren ...«
Klein: »Frau Abgeordnete, Sie haben Ihre Redezeit bereits um 16 Sekunden überschritten. Wenn Sie vielleicht zu einem Schlußsatz kommen wollen.«
Frau Jelpke: »Es hätte mich gefreut, wenn Ihnen so etwas auch bei Frau Däubler-Gmelin *(SPD, die Vorrednerin, d. Hg.)* eingefallen wäre, die nämlich um etliche Minuten überzogen hat. Das scheint ebenfalls eine Art von Demokratie hier zu sein, daß man uns sofort das Wort abschneidet.«
Klein: »Frau Abgeordnete, ich entziehe Ihnen jetzt das Wort... Ich möchte, daß man hier geregelt, vernünftig und fair miteinander umgeht. Das bedeutet auch, daß man ein Stück Rücksicht aufeinander nimmt. Wir nehmen immer auf die Minderheiten ein bißchen mehr Rücksicht als die Großen aufeinander. Das gehört zu demokratischen Abläufen. Aber Mißbrauch wird auf jeden Fall unterbunden.« *(1. 2. 91)*
über Bundesaußenminister Kinkel, FDP: »Also diese Politik des guten Glaubens in die Aufrichtigkeit des Partners, die Sie hier immer wieder verkaufen wollen, kann ich eigentlich nur noch als offene Lüge bezeichnen.« *(13. 4. 94)*
über Bundestagspräsidentin Dr. Süssmuth, CDU/CSU: »... eine Erklärung, in der die eigentlichen Pogromhetzer in der Bundesregierung, den Landesregierungen und in den Kommunalparlamenten nicht benannt werden.« *(18. 10. 91)*

Dr. Jenninger, CDU/CSU
Hoffie, FDP: »Ich möchte jetzt keine Zwischenfragen beantworten.«
Dr. Jenninger: »Aber eine freche Schnauze haben Sie!« *(20. 9. 79)*
Ministerpräsident Rau, SPD, Nordrhein-Westfalen: »Ich habe die Reden von heute vormittag nachlesen können.«

Dr. Jenninger: »Die sind noch nicht abgedruckt! Reden Sie keinen Stuß!« *(8. 11. 79)*
über Dr. Ehmke (Bonn), SPD: »Ein dreckiger Verleumder ist das!« *(11. 12. 79)*

DR. JENS, SPD
zur CDU/CSU-FDP-Bundesregierung: »Sie packen zu den 670 verschiedenen Programmen ... noch eines dazu. Dann gibt es 671. Keine Sau ist in der Lage, da durchzuschauen.«
Präsidentin Dr. Süssmuth: »Herr Professor Jens, sind Sie mit mir einer Meinung, daß wir hier keine ›Säue‹ haben, die etwas nicht durchschauen können? Also lassen wir die ›Säue‹ weg.«
Dagegen war folgende Äußerung für Bundestagsvizepräsident Klose, SPD, nicht kritikwürdig; Frau Kastner, SPD: »Man kann ... nicht jeden Monat eine neue Sau durchs Dorf jagen.« *(14. 11. 96)*
»Wenn ich es richtig in Erinnerung habe, dann haben wir in diesem föderalen Schweinkram ... auch eine Erhöhung der Steuern ...«
Vizepräsident Becker, SPD: »... ich weise den Ausdruck ›Schweinkram‹ als unparlamentarisch zurück.« *(21. 1. 93)*

DR.-ING. JORK, CDU/CSU
»Da muß man auch wollen und darf nicht nur blöd rumnölen. – Entschuldigung! Den Begriff ›blöd‹ möchte ich bitte zurücknehmen.«
Vizepräsident Becker, SPD: »Ich möchte zu dem, was wir vortragen, sagen: Blöd rumnölen – das tut hier wirklich keiner!« *(22. 9. 93)*

JUNGMANN, SPD
zu Bundesverteidigungsminister Dr. Wörner, CDU/CSU: »Diffamierer!« *(17. 4. 86)*

DR.-ING. KANSY, CDU/CSU
zu Schily, Grüne: »Mini-Goebbels!« *(22. 11. 83)*
zu Heyenn, SPD: »Aufgeblasener Schwätzer!« *(17. 3. 89)*

DR. KIESINGER, CDU/CSU
nach einem im Protokoll nicht festgehaltenen Zwischenruf von der SPD: »Wenn Sie das Demagogie nennen, Sie armseliger Zwischenrufer aus dem Hintergrund ...« *(24. 2. 55)*

KITTELMANN, CDU/CSU
zu Verheyen (Bielefeld), Grüne: »Unverschämter Lümmel!« *(27. 11. 84)*

KLEINERT *(Marburg)*, B'90/Grüne
zur CDU/CSU: »... aber Sie werden mit diesem Wahlkampf im Gauleiterstil, den Sie da betreiben, nicht durchkommen ...« *(9. 3. 89)*
nach einem Zwischenruf von Dr. Göhner, CDU/CSU: »Halten Sie doch einmal die Klappe.«
Zuruf von der CDU/CSU: »Sie wissen gar nicht, worüber Sie reden!«
Kleinert: »Halten Sie wirklich einmal die Klappe. Sie tragen die Verantwortung für diese skandalöse Entwicklung und machen solche Zwischenrufe.«
Vizepräsident Frau Renger, SPD: »Herr Kollege, ich bitte Sie wirklich! Das ist doch kein Stil in diesem Hause, Herr Kleinert.« *(8. 11. 89)*
»Aber nicht nur das Beispiel Quellensteuer zeigt, daß unter dem Deckmantel des Steuerwohltäters aus dem Finanzministerium sehr schnell der Roßtäuscher Stoltenberg *(CDU/CSU, d. Hg.)* hervorlugt.« *(15. 10. 87)*
»Wissen Sie, Herr Bohl *(CDU/CSU, d. Hg.)*, Sie haben hier wirklich die Scheinheiligkeit in einer Weise auf die Spitze getrieben ...«
Präsident Dr. Jenninger, CDU/CSU: »Herr Abgeordneter Kleinert, diesen Ausdruck muß ich als unparlamentarisch zurückweisen.«
Kleinert: »Herr Präsident, welchen?«
Dr. Jenninger: »›Scheinheiligkeit‹. Er ist nicht als parlamentarisch zugelassen.«
Kleinert: »Ich muß das hinnehmen.« *(1. 4. 87)*

DR. KLEJDZINSKI, SPD
Präsident Dr. Jenninger, CDU/CSU: »Herr Kollege Klejdzinski, nehmen Sie Platz! Er *(Dr. Rose, CDU/CSU, d. Hg.)* läßt keine Zwischenfragen zu.« – *Dr. Klejdzinski, SPD, bleibt am Mikrophon stehen.* – »Sie haben keine Zwischenfrage, Herr Kollege Klejdzinski. Bitte nehmen Sie Platz! Ich rufe Sie zur Ordnung.« – *Zuruf der Abg. Frau Matthäus-Maier, SPD.* – »Frau Kollegin Matthäus-Maier, der Redner entscheidet darüber, ob er eine Zwischenfrage zuläßt. Er hat ausdrücklich erklärt, daß er eine Zwischenfrage nicht zuläßt.«
Frau Matthäus-Maier: »Deshalb braucht man doch nicht gleich zu schimpfen!« *(27. 11. 87)*

DR. KOHL, CDU/CSU, als Bundeskanzler
zur SPD: »Es ist doch schlicht und einfach eine Heuchelei, wenn man dem Landwirtschaftsminister und mir den Vorwurf macht, wir seien nicht bereit, die nötige Güterabwägung vorzunehmen.« *(27. 6. 85)*

KOHN, FDP
»Und manche *(Ministerpräsidenten, d. Hg.)* wollten die Zustimmung zu dem Jahrhundertwerk Bahnreform tatsächlich von der Elektrifizierung der Schienenstrecke zwischen Posemuckel und Kleinkleckersdorf abhängig machen. Monatelang haben sich die politisch Verantwortlichen der Länder um

die Bahnreform überhaupt nicht gekümmert. Dann allerdings sind sie plötzlich aufgewacht und waren sich sofort einig, als es darum ging, sich als Bundesbeutelschneider gegenüber dem Bund zu organisieren.«
Vizepräsident Klein, CDU/CSU: »... ich würde Ihnen gerne den Rat geben, wenn in einem Verfassungsorgan über ein anderes Vefassungsorgan gesprochen wird, sich möglichst nicht solcher Ausdrücke wie ›Bundesbeutelschneider‹ zu bedienen.«
Kohn: »Der Ausdruck hat mir aber so gut gefallen!« *(2. 12. 93)*

Frau Kolbe, SPD
zu Bundesarbeitsminister Dr. Blüm, CDU/CSU: »Das stimmt doch gar nicht! Sie lügen ja schon wieder!« *(1. 10. 93)*

Kolbow, SPD
Kolbow, SPD: »Wer jetzt behauptet ..., es sei allein Schuld der SPD, daß hier keine Verfassungsänderung möglich war, der betreibt in der Tat politische Brandstiftung und Brunnenvergiftung, und er erweist unserem Land keinen guten Dienst.«
Vizepräsident Klein, CDU/CSU: »Sie kennen auch meine Aversion gegen Ordnungsmaßnahmen, aber Begriffe wie ›politische Brandstiftung‹ und ›Brunnenvergiftung‹ sind weder dem Stil des Hauses noch dem Ernst dieser Debatte angemessen.«
Kolbow: »Ich will nur sagen, daß ich hier mit den Ausdrücken ›Brunnenvergiftung‹ oder auch politische ›Brandstiftung‹ niemand persönlich in diesem Hause gemeint habe.«
Dr. Schäuble, CDU/CSU: »Ist ja in Ordnung!«
Irmer, FDP: »Aber manchmal kann man doch sagen: Die einen bauen Brunnen, und die anderen vergiften sie. Das können wir auf die Dauer doch nicht zulassen.«
Klein: »Aber ich unterstelle einmal, daß in diesem Hause niemand ist, der Brunnen bohrt, und infolgedessen auch niemand, der sie vergiftet.« *(17. 6. 93)*

Köhne, PDS
»Außerdem, Herr Kanther *(Bundesinnenminister, d. Hg.)*, ist es unerträglich, daß Sie Ihren Machtapparat, das Bundesamt für Verfassungsschutz, dazu mißbrauchen, Bürger zu bespitzeln, die nichts anderes tun, als ihre demokratischen Rechte wahrzunehmen. Es ist unerträglich, daß Sie den gewaltfreien und friedlichen Widerstand kriminalisieren und Teile davon in die Nähe des Terrorismus rücken. Rufen Sie Ihre IMs zurück, Herr Kanther.«
Präsidentin Dr. Süssmuth, CDU/CSU: »Herr Köhne, der Ausdruck ›IM‹ kann hier nicht stehenbleiben.«
Köhne: »Ich nehme diesen Ausdruck zurück ...« *(27. 2. 97)*

Könen (Düsseldorf), SPD
zu Rollmann, CDU/CSU: »Sie sind ein Verleumder! Das ist unwahr, was Sie sich da leisten! Sie Lümmel!« *(28. 6. 61)*

Frau Köppe, B'90/Grüne
»Wir können schon davon ausgehen, daß die großen Verbrecher, die Gangster, die die Bundesregierung jetzt schnappen will, nicht blöd sind«
Austermann, CDU/CSU: »Gysi und andere!«
Frau Köppe: »und daß sie natürlich in der Ahnung, daß ihre Telefonate abgehört werden, daß Gespräche in den Wohnungen aufgenommen werden, auf die Idee kommen werden, ihre Verabredungen in Parks zu treffen.«
(10. 9. 93)

Koschnick, SPD
zur CDU/CSU: »Ja, verdammt noch mal, warum stellen Sie Anträge?«
Vizepräsident Westphal, SPD: »›Donnerwetter‹ überlegen Sie sich das nächste Mal bitte.«
Dr. Bötsch, CDU/CSU: »›Verdammt noch mal‹ hat er gesagt!« *(20. 5. 87)*

Kraus, CDU/CSU
zu Dr. Vogel, SPD: »Hetzer!« *(15. 2. 90)*

Kreuzeder, B'90/Grüne
»Deswegen ist die Aktuelle Stunde eine Verarschung, eine große Hinterfotzigkeit gegenüber den betroffenen Bauern, um sich nicht selbst zu entlarven.« *(9. 11. 89)*

Krüger, SPD
über Rau, CDU/CSU: »Wir reden über Breitensport, und er redet über die Fußballweltmeisterschaft! So ein Blödsinn, was er da redet!«
Vizepräsident Dr. Hirsch, FDP: »Herr Kollege Krüger, mäßigen Sie sich bitte.« *(21. 2. 97)*

Kühbacher, SPD
zu Spranger, CDU/CSU: »Sie sind mir schon ein schöner Pharisäer!«
Wolfgramm (Göttingen), FDP: »Apropos Wasser. In diesem Zusammenhang sei mir erlaubt, noch zu präzisieren, daß das Wort ›Pharisäer‹ auch ein Getränk bezeichnet«
Kroll-Schlüter, CDU/CSU, in dessen Wahlkreis die Bierstadt Warstein liegt: »Wohl bekomm's!«
Wolfgramm: »und daß Pharisäer, wenn ich das mit Erlaubnis des Herrn Präsidenten sagen darf, in Israel eine sehr angesehene Kaste gewesen sind, fast so angesehen wie Abgeordnete heute in der Bundesrepublik.« *(29. 1. 81)*

Kuhlwein, SPD
über CDU/CSU und FDP: »Diese feixende Meute dort drüben!« *(11. 3. 93)*

Kunz *(Berlin)*, CDU/CSU
zur SPD: »... mit welchem Recht können Sie es verantworten, daß die elementaren Grundsätze der Berlin-Politik so in den Dreck gezerrt werden ...«
Wehner, SPD: »In welchen Dreck?«
Präsident Dr. Carstens, CDU/CSU: »Herr Abgeordneter, ich rüge den Ausdruck ›in den Dreck‹ gezerrt.«
Straßmeir, CDU/CSU: »Dann ›Schmutz‹!« *(8. 2. 79)*

Dr.-Ing. Laermann, FDP
»Vor allem, Herr Briefs *(PDS, d. Hg.)* – hören Sie einmal gut zu; darum sollten Sie sich bemühen, statt solche dusseligen Anträge zu stellen ...«
Vizepräsident Becker, SPD: »Herr Kollege Dr. Laermann, eins ist sicher: Dusselige Anträge können hier nicht gestellt werden; das gebietet schon der Respekt vor allen Mitgliedern dieses Hauses.«
Müntefering, SPD: »Man kann nur dusselig antworten!« *(5. 12. 91)*

Lafontaine, SPD, als Ministerpräsident des Saarlandes
über Bundesarbeitsminister Dr. Blüm: »Sie wollen damit sagen, meine Ankündigung sei falsch, und genau da haben Sie die Kumpel belogen.«
Dr. Bötsch, CDU/CSU: »Sie mißbrauchen Ihr Verfassungsrecht, damit das klar ist! Peinlich! Peinlich für den Förderalismus!«
Vizepräsident Frau Renger, SPD: »Herr Ministerpräsident, es ist bei uns nicht üblich, in dieser Weise zu sprechen.«
Dr. Vogel, SPD: »Unwahrheit!« *(10. 12. 87)*

Lambinus, SPD
zu Dr. Todenhöfer, CDU/CSU: »Lügenbold!« *(Der Ordnungsruf wurde nach einer Intervention von Lambinus zurückgenommen, d. Hg.; 27. 10. 77)*
zu Kanzleramtsminister Dr. Schäuble, CDU/CSU: »Sie Lümmel!« *(18. 1. 89)*

Lamers, CDU/CSU
»Frau Wieczorek-Zeul *(SPD, d. Hg.)*, Sie lügen!« *(15. 1. 93)*
»Ich finde, der letzte Beitrag *(von Frau Ernstberger, SPD, d. Hg.)* hat in besonders plumper und – ich scheue mich nicht, es zu sagen – widerlicher Weise deutlich gemacht, daß es hier nur um eines geht: um eine infame Verleumdung des Kollegen Waigel *(CDU/CSU, d. Hg.)* ... Ich verstehe nicht, wie man Sie hat reden lassen können. Ich muß es wirklich sagen. Es ist mir wirklich unverständlich.«

Vizepräsident Dr. Hirsch, FDP: »Herr Kollege Lamers, Sie haben nach dem Protokoll einem Kollegen dieses Hauses infame Verleumdung vorgeworfen.«
Hornung, CDU/CSU: »Die Wahrheit muß man halt sagen können!«
Dr. Hirsch: »Das ist kein Stil, den wir hier untereinander pflegen sollten. Ich empfehle Ihnen sehr, das in geeigneter Weise in Ordnung zu bringen.« *(14. 6. 96)*

LATTMANN, CDU/CSU
zu Dr. Gysi, PDS: »Wie war das beim Einmarsch in die Tschechoslowakei? Heuchler!« *(22. 7. 94)*

Frau LEDERER, PDS (seit 1996 Frau Gysi)
»Ein Nein zu diesem Antrag heute ist nicht ein Nein zu einem x-beliebigen CDU-Antrag; es ist ein Nein zum Rassismus ...«
Präsidentin Dr. Süssmuth, CDU/CSU: »Frau Lederer, es war nicht genau zu hören. Aber wenn Sie gesagt haben sollten, dieser Antrag sei rassistisch, dann muß ich Ihnen sagen: Diesen Ausdruck weise ich in bezug auf den Entschließungsantrag zurück.« *(15. 10. 92)*
»Es jährt sich im nächsten Jahr auch der Tag der Gründung der UNO. Nicht ein Vorschlag ist hier seitens des Außenministers Kinkel erwähnt worden. Er hat wiederum nur darüber palavert, daß der ständige Sitz im UNO-Sicherheitsrat noch nicht erreicht sei ...«
Vizepräsident Klein, CDU/CSU: »... ich glaube nicht, daß der Ausdruck ›Palavern‹ ausgesprochen unparlamentarisch wäre. Nur kann nach allgemeinem Sprachverständnis ein einzelner nicht palavern, das kann nur eine Gruppe.« *(23. 11 94)*

LEMMRICH, CDU/CSU
zu Bundesminister Leber, SPD: »Wenn Sie ein bißchen mehr Ahnung hätten – die haben Sie leider nicht –, würden Sie nicht so deppert daherreden!« *(2. 12. 70)*
zu Bundeskanzler Schmidt, SPD: »Das ist doch pure Heuchelei, was Sie hier von sich geben!«
Schmidt: »Ich bitte Sie, Herr Präsident, den Zwischenruf aufzunehmen!«
Präsident Dr. Carstens, CDU/CSU: »Der Zwischenruf ›Heuchelei‹, Herr Abgeordneter entspricht nicht parlamentarischen Gepflogenheiten.«
Haase (Kassel), CDU/CSU: »Sie dürfen Majestät nicht beleidigen!« *(19. 1. 78)*
zu Haar, SPD: »Immer will er den Oberlehrer spielen! Sie sind der übelste Heuchler!« *(13. 11. 87)*

über Bundesminister Leber, SPD: »Aber ich kann mich des Eindrucks nicht erwehren, daß der Minister Leber heute etwas zu lange im Restaurant verbracht hat, und ich möchte ihn gern fragen, ob er bereit ist, sich dem Promilletest zu unterwerfen.« *(27. 4. 72)*

LENNARTZ, SPD
»Herr Töpfer *(Bundesumweltminister, d. Hg.)*, ist das nun volksverdummende Dreistigkeit oder Unfähigkeit oder auch beides, wenn Sie die Ungefährlichkeit des Nordseewassers für die Gesundheit hochleben lassen?«
(7. 12. 88)
bei der Rede von Baum, FDP: »Quatsch! – Um Gottes willen!« *und eine Reihe weiterer Zurufe.*
Vizepräsident Cronenberg, FDP: »Herr Abgeordneter Lennartz, Sie haben zwanzig Minuten gesprochen. Ich wäre Ihnen wirklich dankbar, wenn Sie jetzt auch einmal jemand anderen zu Wort kommen ließen.«
Lennartz: »Entschuldigung!« *(24. 1. 92)*
zu Häfner, Grüne: »Heuchler! ... Absoluter Heuchler!« *(21. 6. 90)*

Frau DR. LEPSIUS, SPD
zur CDU/CSU: »Hier werden bei den Familien nicht erfüllbare Hoffnungen geweckt. Ich finde es auch betrügerisch, solche Blankoschecks auszustellen.«
(15. 3. 79)
über die CDU/CSU: »Sie fordern all dies unter Berufung auf sozialistische Vorbilder, Gesellschaftssysteme, die Sie sonst so bekämpfen, und uns Sozialdemokraten und Freie Demokraten denunzieren Sie im gleichen Atemzug der Verstaatlichung und der Zerstörung der Familie.«
Präsident Dr. Carstens, CDU/CSU: »Ich rüge den Ausdruck ›denunzieren‹. Ich bitte Sie noch einmal, Ihre Ausdrucksweise zu mäßigen.« *(15. 3. 79)*
Dr. Dregger, CDU/CSU: »Gnädige Frau, wollen Sie eine Zwischenfrage stellen?«
Frau Dr. Lepsius: »Nein, ich staune immer, wie Sie heucheln!« *(15. 2. 79)*

LIEDTKE, SPD
zu Dr. Kohl, CDU/CSU: »Sie sind ein Falschmünzer!« *(5. 2. 82)*

LINK *(Diepholz)*, CDU/CSU
Vizepräsident Westphal, SPD: »... auch wenn es manchmal schwerfällt, muß man sich an die parlamentarischen Regeln halten. ›Blödes Geschwätz‹ ist unparlamentarisch.«
Link: »Ich habe ›dummes Geschwätz‹ gesagt!« *(11. 9. 87)*
zur SPD: »Aufgrund dieser heuchlerischen Meldung heute morgen erlaube ich keine Zwischenfrage.« *(24. 11. 88)*
zu Dr. Vogel, SPD: »Volksverhetzer!« *(27. 11. 84)*

Loritz, fraktionslos
zu Wittmann, DP, ehemals in der KPD: »Sie Renegat, sind Sie still!« *(9. 5. 52)*
zu Dr. Hammer, FDP: »Es ist unerhört, daß Sie das Schlemmen und Saufen in Luxuslokalen zu entschuldigen versuchen, während Millionen in Deutschland Not leiden!« *(11. 6. 51)*

Louven, CDU/CSU
Dreßler, SPD: »CDU/CSU und FDP setzen sich ... dem Vorwurf aus, daß die Menschen in den neuen Ländern für sie nur so lange von Interesse waren, bis sie ihre Wählerstimmen im Kasten hatten.«
Louven: »Ein unverschämter Lümmel!«
Dreßler: »Jetzt nach der Wahl sind sie für die Regierenden nur noch Rentenempfänger zweiter Klasse.«
Vizepräsident Cronenberg, FDP: »... sehe ich mich gezwungen, dem Abgeordneten Louven einen Ordnungsruf zu erteilen. Bei allem Verständnis für die Hitzigkeit der Debatte, können Sie den Kollegen Dreßler nicht als unverschämten Lümmel bezeichnen, Herr Kollege Louven.«
Dreßler: »Das ist ja ein Ding!«
Lohmann (Lüdenscheid), CDU/CSU: »Er nimmt das Wort ›unverschämt‹ zurück!« *(26. 4. 91)*

Lowack, CDU/CSU, später fraktionslos
»... die eine sehr seltsame Mischung aus Kadavergehorsam – ich spreche das Wort bewußt so aus – ... Das Auswärtige Amt blödet sich auch noch an ...«
Vizepräsident Klein, CDU/CSU: »Begriffe wie ›Kadavergehorsam‹ zur Kennzeichnung der Haltung der Bundesregierung oder ›sich anblöden‹ zur Kategorisierung des Auswärtigen Amtes sind unparlamentarisch.« *(1. 12. 93)*
»Damit der Kollege Müller *(Pleisweiler, SPD, d. Hg.)* nicht meint, durch unflätige Zwischenrufe diese Diskussion stören zu müssen ...« *(14. 10. 88)*

Lutz, SPD
zu Kalisch, CDU/CSU: »Sie sind auch ein Brandstifter!« *(9. 10. 87)*

Maass, CDU/CSU
über die rot-grüne Koalition in Berlin, die beschlossen hatte, die Akademie der Wissenschaften zu schließen: »Wird Wissenschaft unbequem oder paßt sie nicht ins parteipolitische Konzept, drehen Rot-Grün ihr den Geldhahn zu. Man nennt so etwas Gleichschaltung. Freiheit und Wissenschaft wird zur Hure der Ideologie degradiert.« *(15. 3. 89)*

und noch einmal über die rot-grüne Koalition in Berlin: »Sie betreiben durch Ihre Taten Gleichschaltung. Auch wenn ich jetzt wieder einen Ordnungsruf bekomme, Herr Präsident, es ist für mich ein Herzensbedürfnis, zu sagen: So etwas haben wir vor 50 Jahren schon einmal gehabt!« *(Maaß bekam den Ordnungsruf, d. Hg.; 4. 10. 89)*

MAJONICA, CDU/CSU
zu Schmidt (Hamburg), SPD: »Sie sind eine Beleidigung für das ganze Haus!« *(25. 3. 58)*
über Schmidt (Hamburg), SPD, der während seiner Studienzeit Bundesvorsitzender des SDS (Sozialistischer Deutscher Studentenverband, d. Hg.) war: »Der Bundesvorstand aller Halbstarkenverbände!« *(21. 3. 58)*

MANN, B'90/Grüne
zu Möllemann, FDP, Staatsminister im Auswärtigen Amt: »Sie sind ein arroganter Schnösel, das muß ich wirklich sagen!« *(3. 10. 86)*
»Ich darf meine Frage, glaube ich, Frau Präsidentin, erläutern – daß wir der anderen Seite ...«
Vizepräsident Frau Renger, SPD: »Moment mal, das geht nun wirklich nicht, daß Sie mir erklären, was Sie hier dürfen. Ich habe Ihnen gesagt: Stellen Sie bitte eine Frage und geben Sie keine Erläuterungen. Ich habe wirklich keine Lust, mich jedesmal mit einem der Herren oder einer der Damen von Ihnen auseinanderzusetzen, was vom Präsidium aus richtig oder falsch ist. Ich bitte Sie, Ihre Fragen kurz zu stellen.«
Mann: »Ich denke, daß wir als Abgeordnete das Recht haben ...!«
Frau Renger: »Ich bitte Sie, ich rufe Sie zur Ordnung, weil Sie den Maßnahmen des Präsidenten nicht folgen. Ich rufe Sie zur Ordnung!«
Mann: »Das ist typisch für den Umgang mit diesem Parlament!«
Frau Renger: »Ich rufe Sie zum zweitenmal zur Ordnung!« *(20. 3. 86)*

Frau DR. MARTINY-GLOTZ, gen. Frau Dr. Anke Martiny, SPD
nach mehreren Zwischenrufen von Dr. Göhner, CDU/CSU: »Jetzt reden Sie doch nicht immer dazwischen, Sie Hampelmann!« *(27. 1. 84)*

Frau MATTHÄUS-MAIER, SPD
Dr. Schäuble, CDU/CSU: »Nein, Frau Matthäus-Maier, Sie haben gestern so viel unsägliches Zeug geredet, daß ich Ihnen keine Zwischenfrage erlaube. Es hat keinen Sinn; wirklich nicht.«
Frau Matthäus-Maier: »Sie sind ein Feigling!«
Dr. Schäuble: »Seien Sie ganz unbesorgt, ich bin weder feige noch sonst etwas.« *(8. 9. 93)*

zu Dr. Müller, CDU/CSU: »Sie denken, wir erwischen Sie nicht bei den Ferkeleien!«
Vizepräsident Westphal, SPD: »... möchte ich sagen, daß ... der Begriff der ›Ferkelei‹ kein guter ist, daß er hier herausgehört und nicht parlamentarisch ist.« *(7. 2. 90)*
zu Jäger (Wangen), CDU/CSU: »Heuchler!« *(10. 5. 90)*
Lintner, CDU/CSU: »Frau Matthäus-Maier, das kann ich Ihnen leider nicht bestätigen.«
Frau Matthäus-Maier: »Dann lügen Sie!«
Präsidentin Dr. Süssmuth, CDU/CSU: »Ich möchte jetzt doch dazwischensagen: Es wird immer turbulenter. Das ›Lügen‹ kann so nicht stehenbleiben.« *(21. 6. 90)*
Zurufe von der CDU/CSU. – Vizepräsident Stücklen, CDU/CSU: »Frau Kollegin, darf ich bitten, die Frage ganz kurz zu stellen.«
Frau Matthäus-Maier: »Entschuldigen Sie, wenn ich von dem Mob unterbrochen werde, dann möchte ich ... Ich wäre sehr viel schneller fertig, wenn ich nicht ununterbrochen durch Gejohle unterbrochen würde ...«
Stücklen: »Frau Kollegin Matthäus-Maier, haben Sie einen Teil dieses Haus als ›Mob‹ bezeichnet?«
Frau Matthäus-Maier: »In der Tat, und ich empfinde das Gejohle auch so.«
Stücklen: »Frau Abgeordnete Matthäus-Maier, ich rufe Sie zur Ordnung.«
Frau Matthäus-Maier: »Ich wundere mich, daß Sie diesen Teil dort drüben nicht zur Ordnung rufen!
Stücklen: »Frau Matthäus-Maier, ich rufe Sie zum zweiten Mal zur Ordnung.« *(27. 11. 86)*
»Sie sind parteilich, Herr Präsident!«
Vizepräsident Klein, CDU/CSU: »... ich erteile Ihnen einen Ordnungsruf.« *(8. 3. 96)*
über Dr. Schäuble, CDU/CSU: »So ein arroganter Pinsel!« *(8. 9. 93)*

Dr. Mayer (Stuttgart), FDP
über Dr. Baumgartner, BP: »Herr Baumgartner hat sich schweinemäßig benommen!« *(7. 6. 51)*

Dr. Mechtersheimer, B'90/Grüne
»Die Bundesregierung ist zu einem einzigen Klub von Hampelmännern der Rüstungsindustrie verkommen ...«
Präsidentin Dr. Süssmuth, CDU/CSU: »Herr Abgeordneter Mechtersheimer, ich möchte Sie auffordern, die Aussage, die Bundesregierung stelle eine Gruppierung von Hampelmännern dar, zurückzunehmen.«
Dr. Mechtersheimer: »Dafür sehe ich überhaupt keinen Anlaß ...«

Frau Dr. Süssmuth: »In jedem Fall muß ich Ihnen für diese Aussage einen Ordnungsruf erteilen.«
Schily, Grüne: »Vielleicht könnte man, um den Kammerton hier wieder einzuführen, das Wort ›Hampelmänner‹ auch durch ›Marionetten‹ ersetzen.«
Dr. Mechtersheimer: »Durch Muppets vielleicht, ich weiß es nicht.«
Schily: »Muppets-Show, ja!« *(27. 1. 89)*
über die CDU/CSU-FDP-Regierung: »Diese Regierung hat sich mit ihrem Haushalt gerade im Bereich des Verteidigungshaushalts, ungeachtet aller Abrüstungsdebatten als das entlarvt, was sie tatsächlich ist, nämlich eine Regierung der menschenverachtenden Aufrüstung und Kriegsvorbereitung.« *(10. 9. 87)*
»Da hat der Irrsinn in diesem Hause überhaupt merkwürdige Dimensionen ...: Hier muß ein Bundestagspräsident zurücktreten, weil er eine schlechte Rede falsch betont hat. Aber die potentiellen Eichmänner des nuklearen Holocaust modernisieren hinter den Kulissen die Instrumente ihres Massenmordes. Das ist die Realität.« *(24. 11. 88)*

Meitmann, SPD
zu Dr. Friedensburg, CDU/CSU: »Sie degradieren das Parlament zur bloßen Sprechbude! Das Parlament hat doch die Aufgabe, Politik zu machen, die Regierung zu kontrollieren und über Gesetze abzustimmen!« *(6. 2. 57)*

Mellies, SPD
zu von Thadden, DRP: »Sie sind ein Flegel!« *(7. 12. 50)*
zu Majonica, CDU/CSU: »... ja, ich möchte sagen, daß Sie geradezu lügen in der Art, wie Sie die Dinge darstellen.« *(8. 11. 56)*
zu Bundesminister Dr. von Brentano, CDU/CSU: »Sie verleumden genauso wie Kiesinger *(CDU/CSU, d. Hg.)*!« *(31. 1. 57)*

Dr. Mertes (Gerolstein), CDU/CSU
zu Wehner, SPD: »Sie sind nicht der Mann des Konsenses. Sie wollen dieses Land spalten: in Friedensfreunde und in kalte Krieger, in Aufrüster und Abrüster, in anständige Leute und in unanständige Leute, in Nazischützer und in Nazigegner ... Sie wollen unser Land spalten ... Ich kann nur hoffen, daß das deutsche Volk und Ihre Fraktion den schofelen Charakter dieser Ihrer Politik erkennen.« *(15. 2. 79)*

Merz, CDU/CSU
»Da sitzen im Plenum SPD-Abgeordnete und Kollegen der Grünen aus dem Haushaltsausschuß und machen hier einen großen Budenzauber ...«
Fischer (Frankfurt), B'90/Grüne: »Was, Budenzauber? Frau Präsidentin!«

Präsidentin Dr. Süssmuth, CDU/CSU: »Herr Merz, ich unterbreche Sie, weil im Parlament kein ›Budenzauber‹ stattfindet.« *(25. 10. 95)*

MICHELBACH, CDU/CSU
»Ich bin immer wieder erstaunt darüber, wie leicht Ihnen, Herr Scharping, das Wort ›Lüge‹ über die Lippen geht. Ich führe das auf Ihre gespaltene Persönlichkeit zurück.«
Vizepräsidentin Dr. Vollmer, B'90/Grüne: »Ich glaube, daß der Vorwurf einer gespaltenen Persönlichkeit auf eine Person bezogen ist und deshalb von mir gerügt werden muß. Das möchte ich damit tun.« *(17. 10. 96)*

DR. MIESSNER, NR, später FDP
zu Gengler, CDU/CSU: »Juristisch waren die Ausführungen meines Vorredners ein Skandal, das hat wohl jeder Jurist gefühlt!« *(16. 12. 49)*

MÖLLEMANN, FDP, Staatsminister im Auswärtigen Amt
zu Dr. Penner, SPD: »Wenn Sie hier von Sportsgeist reden, dann sollten Sie die Mindestregeln politischen Anstands wahren und nicht absichtsvoll Verdrehungen, Unwahrheiten und Lügen verbreiten.« *(10. 9. 87)*
zu Mann, Grüne: »Setzen Sie sich hin, Herr Kollege! Sie haben hier nicht das Wort, und Sie kriegen es von mir übrigens auch nicht.«
Mann: »Reden Sie zur Sache! Das ist eine Unverschämtheit, wie Sie hier mit dem Parlament umgehen!«
Vizepräsident Westphal, SPD: »Herr Staatsminister, die Worterteilung erfolgt durch den Präsidenten.«
Möllemann: »Herr Präsident, Sie haben recht. Ich wollte nur sagen: Sollten Sie mich fragen, ich würde diesem Schreihals nicht das Wort erteilen.«
Mann: »Sie sind ein arroganter Schnösel, Herr Möllemann, das muß ich wirklich sagen!«
Westphal: »Herr Staatsminister, ich muß Sie ermahnen. Ich muß hier für Ordnung sorgen.«
Möllemann: »Herr Präsident, ich verstehe das, halte den Begriff aber aufrecht.« *(3. 10. 86)*

DR. MOMMER, SPD
über Bundesverteidigungsminister Strauß, CDU/CSU: »Ich wiederhole: die bundesdeutsche Atomkanone Franz Josef Strauß!« *(25. 3. 58)*
zur CDU/CSU über Bundeskanzler Dr. Adenauer: »Ihr Lügenkanzler!« – *Als Dr. Mommer hierfür zur Ordnung gerufen wird, entgegnet Menzel, SPD:* »Er kann ihn doch nicht ›Wahrheitskanzler‹ nennen!« *(12. 6. 59)*
zu Schneider (Bremerhaven), DP: »Unverschämter Lümmel!« *(22. 3. 58)*

DR. MÜLLER, CDU/CSU
Frau Matthäus-Maier, SPD, zu Dr. Hennig, CDU/CSU, Parl. Staatssekretär beim Bundesminister für innerdeutsche Beziehungen: »Ferkelei! ... Ferkelei!«
Dr. Hennig: »Ich finde zunächst einmal, daß man sich für den zweimaligen Zwischenruf ›Ferkelei‹ entschuldigen sollte, der bisher überhört worden ist.«
Frau Matthäus-Maier: »Sie denken, wir erwischen Sie nicht bei den Ferkeleien!«
Vizepräsident Westphal, SPD: »Wir haben unsere Regeln, welche Zwischenrufe wir mit Ordnungsmaßnahmen versehen und welche nicht ...«
Dr. Müller »Das ist wie in einem nichtdemokratischen Parlament. So einen Präsidenten gibt es ja sonst nirgends!«
Westphal: »Ich möchte den Abgeordneten Dr. Müller zur Ordnung rufen, weil das Kritisieren eines Präsidenten, wer immer hier oben sitzt, nicht zu unseren Regeln gehört ... Insofern möchte ich sagen, daß auch der Begriff der ›Ferkelei‹ kein guter ist, daß er hier herausgehört und nicht parlamentarisch ist.«
(7. 2. 90)
zu den Grünen: »Ihr seid die Nazis von heute!«
(20. 2. 86)

MÜLLER (Berlin), CDU/CSU
zu Glombig, SPD: »Red' doch nicht so ein dummes Zeug!«
Glombig: »Werde ich hier eigentlich schon von jedermann geduzt, Herr Präsident?«
(16. 3. 78)

MÜLLER (Düsseldorf), SPD
»Sie sind weggetaucht, Herr Friedrich *(FDP, d. Hg.)*, weil Sie Schiß hatten, in Ihrer Fraktion die Wahrheit sagen zu müssen ...«
Vizepräsident Klein, CDU/CSU: »Herr Kollege, überlegen Sie sich einen anderen Ausdruck.«
Müller: »Entschuldigung, ich nehme es zurück – weil Sie aus übergeordneten Interessen, die keiner nachvollziehen kann, nicht zum Konflikt bereit waren.«
(9. 11. 95)

MÜLLER (Frankfurt), KPD
über das Kabinett von Bundeskanzler Dr. Adenauer, CDU/CSU: »Deputierte des Petersberges!« *(Das Hotel auf dem Petersberg im Siebengebirge vor den Toren der ›provisorischen Bundeshauptstadt‹ Bonn war während der Besatzungszeit der Amtssitz des amerikanischen Hochkommissars, d. Hg.; 23. 5. 51)*

zum Bundesminister für gesamtdeutsche Fragen, Kaiser, CDU/CSU: »... das verschweigen und nach Goebbels'schen-Propagandalügen-Methoden das Gegenteil behaupten!« *(12. 6. 53)*

Frau Müller (Köln), B'90/Grüne
»... immer mehr Menschen ... wehren sich gegen eine Politik der Bundesregierung, die sich weltweit an Menschenrechtsverletzungen beteiligt, Rechtsstaatlichkeit aushebelt, um an Stammtischen zu gefallen.« *(kritisiert von Vizepräsident Klose, SPD, 13. 10. 95)*
Vizepräsident Klein, CDU/CSU: »Frau Kollegin, ich entziehe Ihnen das Wort.«
Frau Müller (Köln), B'90/Grüne: »Ich habe zu den Petitionen gesprochen!«
Klein: »Nein, das war nicht zur Sache.«
Schmidt (Hitzhofen), B'90/Grüne: »Johnny Kleingeist hat zugeschlagen!« *(13. 10. 95)*

Müller (Pleisweiler), SPD
zu Lowack, CDU/CSU: »Das stimmt doch nicht! Das ist glatt gelogen!«
Vizepräsident Westphal, SPD: »Herr Abgeordneter Müller, der Zwischenruf ›gelogen› ist ein unparlamentarischer Ausdruck. Ich bitte in Zukunft zu beachten, daß wir ihn hier nicht benutzen wollen.«
Frau Schilling, Grüne: »Aber es stimmt trotzdem!«
Westphal: »Dann muß ich auch Ihr Verhalten rügen.«
Frau Schilling: »Es stimmt immer noch!« *(14. 10. 88)*

Dr. Müller-Hermann, CDU/CSU
zu Dr. Nölling, SPD: »Ihr seid zu feige, euch zu den Fehlern zu bekennen!« *(1. 12. 71)*
zu Mattick, SPD: »Eine Lumperei ist das!« *(4. 6. 70)*

Neubauer, SPD
über Dr. Kiesinger, CDU/CSU: »Ist das ein Brunnenvergifter!« *(25. 3. 58)*
über Bundeskanzler Dr. Adenauer, CDU/CSU: »Schmutzig wie immer!« *(6. 7. 56)*

Neuburger, CDU/CSU
über Dr. Dehler, FDP: »Ich erhebe den Vorwurf der bewußten Lüge gegen diesen Mann, der da oben steht. Das ist mir jetzt zuviel. Jetzt tun Sie Ihre Pflicht, Herr Präsident!« *(Und selbstverständlich tat der Präsident seine Pflicht. Er rief den Abg. Neuburger zur Ordnung, d. Hg.; 3. 12. 59)*

Frau NICKELS, B'90/Grüne
über Bundesverteidigungsminister Dr. Wörner, CDU/CSU: »Die Bürger sind empört, wenn ein Bundesminister sich nicht entblödet, von einer geistigen Verwirrung im Volk zu sprechen ...«
Vizepräsident Stücklen, CDU/CSU: »... ich rufe Sie zur Ordnung für den Ausdruck ›entblödet‹.«
Fischer (Frankfurt), Grüne: »›Entblödet‹ ist nichts Schlechtes!« *(22. 11. 83)*
zu Wolfgramm (Göttingen), FDP: »Sie sind aber ein Feigling!« *(17. 3. 89)*

NIEGEL, CDU/CSU
über den SPD-Kanzlerkandidaten von 1987: »Der vom nordrhein-westfälischen Ministerpräsidenten Johannes Rau, dem Barmer Ersatzkanzler Johannes, mit dem Aufkauf neuer Wohnungen verfolgte Zweck dient nicht dem Schutz der Mieter, wie hier immer wieder vorgegeben wird, sondern den Kassen der sogenannten gemeinwirtschaftlichen Unternehmung des DGB.« *(15. 5. 86)*

NUDING, KPD
nach einer Abstimmungsniederlage: »Darin ändert die von der äußersten Rechten bis hin zur SPD heute früh gebilligte brutale Unterdrückung der Minderheit dieses Hauses nicht einen Deut!« *(13. 6. 50)*

Frau OESTERLE-SCHWERIN, B'90/Grüne
zur CDU/CSU-FDP-Koalition: »Sie haben heute die Chance, Ihre Politik vom letzten Sommer zu revidieren. So wie ich den Laden hier kenne, fürchte ich, daß Sie das nicht tun werden.«
Vizepräsident Cronenberg, FDP: »Frau Abgeordnete Oesterle-Schwerin, Sie haben ... den Deutschen Bundestag als ›Laden‹ bezeichnet. Ich glaube, daß das nur in der Hitze des Gefechtes geschehen ist. Aber ich möchte nicht versäumen, festzustellen, daß dies unparlamentarisch und nach meiner Auffassung auch unangemessen ist.«
Conradi, SPD: »Der Ladenschluß gilt hier jedenfalls nicht!« *(23. 2. 89)*
»In Memmingen ist ein politischer Schauprozeß zu Ende gegangen.«
Präsidentin Dr. Süssmuth, CDU/CSU: »Frau Abgeordnete Oesterle-Schwerin, den Ausdruck ›Schauprozeß‹ weise ich nachdrücklich zurück, denn dies ist nicht mit einer rechtsstaatlich verfaßten Rechtsordnung in Einklang zu bringen.« *(12. 5. 89)*

OFFERGELD, SPD
über Strauß, CDU/CSU: »Man fragt sich, ob Herr Strauß oder andere, die hier systematisch staatsfeindlich operieren, tatsächlich die Rechten sind, die überall nach Verfassungsfeinden suchen müssen.« *(25. 1. 74)*

Dr. Olderog, CDU/CSU
zu Dr. Müller (Bremen), Grüne: »Sie sind ein Maulheld!«
Dr. Müller: »Na, ja, was soll's!« *(5. 6. 86)*

Frau Olms, B'90/Grüne
»Entgegen den demagogischen, nationalistischen und rassistischen Kampfbegriffen führender Unionspolitiker, die auch gerade wieder ...« *(9. 6. 88)*
»Das Gezerre innerhalb der Regierungskoalition bezüglich der Unterzeichnung der Konvention wie auch die Chile-Debatte sind die jüngsten Belege dafür, daß eine Kopf-ab-Mentalität in den Reihen der Unionsparteien nach wie vor virulent ist.«
Präsident Dr. Jenninger, CDU/CSU: »... ich muß diese Vorwürfe zurückweisen. In dieser Sprache sollte man hier nicht diskutieren.« *(14. 1. 88)*

Paterna, SPD,
Der Abg. Paterna stört durch ständige Zwischenrufe; Reddemann, CDU/CSU: »Herr Präsident, der Zwischenrufer heißt Paterna!«
Vizepräsident Cronenberg, FDP: »Herr Abgeordneter Paterna, ich lassen Sie aus dem Saal entfernen, wenn Sie weiterhin in dieser Form stören. Ich meine es ernst.« *(23. 11. 88)*

Paul, KPD
zu Bundestagsvizepräsident Dr. Schäfer, FDP: »Diktatur des Präsidenten!« *(6. 5. 53)*
über die Regierungsparteien: »Die Mehrheit des Hauses hat sich ja gestern noch ganz anders, viel flegeliger benommen!« *(28. 7. 50)*

Pfeffermann, CDU/CSU
zu Egert, SPD: »Ein schamloser Demagoge sind Sie!« *(16. 3. 78)*
zu Suhr, Grüne: »Ein boshafter Demagoge sind Sie!« *(26. 11. 86)*
zum Regierenden Bürgermeister Momper, Berlin, SPD: »Ein hemmungsloser Demagoge sind Sie!« *(15. 2. 90)*
über Hoffmann (Saarbrücken), SPD: »So eine Flegelei da vorne!« *(29. 11. 84)*
über Schröder (Hannover), SPD: »Das ist saudummes Gequatsche!« *(16. 11. 84)*
zu Müntefering, SPD: »Saudummes Geschwätz!«
Vizepräsident Westphal, SPD: »Ich muß den Abgeordneten Pfeffermann für seinen Ruf ›saudummes Geschwätz‹ rügen.«
Pfeffermann: »Trotzdem ist es ein saudummes Geschwätz!« *(17. 10. 84)*
zu Frau Dr. Sonntag-Wolgast, SPD: »Alte Giftspritze!«

Vizepräsident Cronenberg, FDP: »... erteile ich dem Abgeordneten Pfeffermann einen Ordnungsruf.«
Frau Wieczorek-Zeul, SPD: »Der müßte dem eigentlich immer erteilt werden!« *(5. 10. 89)*
zu Huonker, SPD: »Sie sind ein Gruselkomiker!« *(21. 6. 78)*
zu Frau Matthäus-Maier, SPD: »Das ist doch Quatsch, was Sie da sagen! Das ist doch Meinungsterror, was Sie da verursachen wollen!«
Präsidentin Dr. Süssmuth, CDU/CSU: »Herr Abgeordneter Pfeffermann, ich bitte Sie, sich jetzt parlamentarisch zu verhalten.«
Frau Matthäus-Maier: »Hier wird dazwischengerufen, was ich sagte, sei Meinungsterror. Ich habe das Gefühl: Was Sie machen, ist Rufterror, weil Sie immer dazwischenrufen wie ein Rüpel!« *(Die SPD-Abgeordnete bekam keinen Ordnungsruf, d. Hg.; 21. 6. 90)*
über die Grünen: »Wer sich von den Sowjets bezahlen läßt, kann nicht vor den Sowjets protestieren!« *(15. 5. 86)*
Frau Dr. Vollmer, Grüne: »Statt dessen liegt uns nun dieser Staatsvertrag *(mit der DDR, d. Hg.)* vor. Eine solche Ungeheuerlichkeit von Verteilung von Rechten und Pflichten ist, glaube ich, völkerrechtlich einmalig. Dieser Vertrag ähnelt einem Kolonialvertrag, geschrieben in Manchester, 1890.«
Pfeffermann: »Unverschämtes Weib ist das!« *(27. 4. 90)*

Pöppl, CDU/CSU
zu Heyenn, SPD: »Heuchler!« *(21. 3. 86)*

Poss, SPD
zu Thiele, FDP: »Das, was Sie hier zur ökonomischen Begründung zitiert haben ..., ist nun wirklich teilweise Voodoo-Ökonomie und teilweise – entschuldigen Sie das harte Wort – hirnrissig. *(7. 11. 96)*

Frau Potthast, B'90/Grüne
über Bundesarbeitsminister Dr. Blüm, CDU/CSU: »Das, was Sie hier geliefert haben – süße Worte, Aufwertung der Mütterlichkeit; für manche Frauen hört es sich ja reizvoll an –, ist der berühmt-berüchtigte Zuckerguß über einem riesigen Scheißhaufen.« *(12. 4. 84)*

Dr. Ramsauer, CDU/CSU
Vizepräsident Klose, SPD, zu Dr. Ramsauer, CDU/CSU, nach der Rede von Dr. Gysi, PDS: »›Fälschung‹ hätte ich durchlaufen lassen müssen. ›Fälscher‹ kann ich nicht akzeptieren.« – *Zuruf des Abg. Dr. Ramsauer.* – »Sie fragen so dezidiert nach – ich wollte das offen lassen –: Das heißt, daß Sie damit einen Ordnungsruf bekommen.« *(26. 9. 96)*

Rasner, CDU/CSU
zu Haase (Kellinghusen), SPD: »Sie erwecken den Eindruck, als sei Herr von Hassel *(CDU/CSU, Bundesverteidigungsminister, d. Hg.)* eine Rosenmontagsveranstaltung wichtiger als der Deutsche Bundestag; das finde ich schäbig!« *(24. 2. 65)*

Rauen, CDU/CSU
zur SPD: »Der Neid wird geschürt, das Märchen von der Umverteilung von unten nach oben erzählt ... wer so Menschen verhetzt, handelt mit Blick auf die Arbeitsplätze von morgen und mit Blick auf den europäischen Binnenmarkt unverantwortlich und zeigt, daß er die Materie nicht verstanden hat.«
Vizepräsident Cronenberg, FDP: »... der Ausdruck ›verhetzen‹ ist sicher nicht parlamentarisch. Ich persönlich halte ihn auch für unparlamentarisch und wäre dankbar, wenn Sie ihn in Zukunft vermeiden könnten.«
Rauen: »Werde ich beachten, Herr Präsident!« *(8. 11. 91)*

Reents, B'90/Grüne
»Aber es ist wohl auch nicht anders zu erwarten, und es ist wohl auch angemessen für einen Bundeskanzler, dessen Weg an die Spitze seiner Fraktion und seiner Partei, wie wir in diesen Tagen erfahren haben, von Flick freigekauft wurde.«
Vizepräsident Stücklen, CDU/CSU: »Für diesen ungeheuren Vorwurf schließe ich den Abgeordneten Reents von der Teilnahme an dieser Plenarsitzung aus ...« *Zum Schluß der Sitzung teilt Vizepräsident Frau Renger, SPD, dem Hohen Haus mit:* »Die gegen den Herrn Abg. Reents ausgesprochene Ordnungsmaßnahme in der heutigen Plenarsitzung wird auf weitere vier Sitzungstage ausgedehnt ...« *(18. 10. 84)*
zu Dr. Dregger, CDU/CSU: »Sie lügen einfach!«
Präsident Dr. Barzel, CDU/CSU: »Herr Kollege, ich rufe Sie zur Ordnung.«
Reents: »Aber das ändert doch nichts!« *(6. 5. 83)*

Rehs, SPD
zu Scharnberg, CDU/CSU: »... daß die Erklärung der CDU/CSU das Muster einer Vernebelung und Verschleierung des Sachverhalts darstellt, das ... durch Ihre scheinheilige Begründung zu dem Grabensystem ...« *(7. 2. 57)*

Reimann, KPD
zu Bundeskanzler Dr. Adenauer, CDU/CSU: »Es ist eine Lüge, wenn Sie das vorhin behauptet haben!« *(10. 6. 53)*
über das Kabinett Adenauer, CDU/CSU: »... und in 48 Stunden ist die ganze Marionettenregierung durch das Volk erledigt.« *(16. 12. 49)*

über Bundeskanzler Dr. Adenauer, CDU/CSU: »Wie der kleine Moritz das sieht!« *(9. 7. 52)*

Frau Rennebach, SPD

Frau Rennebach, SPD: »... die Bundesregierung ... erfindet gar noch ein Sparkonzept, das sie ›Föderales Konsolidierungsprogramm‹ nennt – ein Wort, das relativ schwer auszusprechen ist; ich hatte schon Angst, daß ich mich verhaspeln werde –«
Richter (Bremerhaven), FDP: »Üben, üben!«
Frau Rennebach: »– ja, üben, üben; aber dadurch wird das Programm nicht besser – und das unter anderen Ferkeleien ...«
Feilcke, CDU/CSU: »Ist das hier eine landwirtschaftliche Debatte, Herr Präsident?«
Vizepräsident Cronenberg, FDP: »Frau Abgeordnete Rennebach, mein Kollege Helmuth Becker hat ... den Begriff Sauerei gerügt. Mir ist natürlich bewußt, daß ein Ferkel nur eine kleine Sau ist, demgemäß also eine Ferkelei nur eine kleine Sauerei ist. Aber ich möchte Sie allen Ernstes doch bitten, diesen unparlamentarischen Ausdruck in Zukunft nicht mehr zu benutzen.«
(21. 1. 93)

Renner, KPD

über Bundeskanzler Dr. Adenauer, CDU/CSU: »Soll doch Herr Adenauer – Dr. Amerikadenauer – einmal wagen, das westdeutsche Volk zu fragen, wie es zu seinen Aufrüstungsplänen und wie es zu dem von ihm propagierten Krieg steht!« *(16. 11. 50)*
über Bundeskanzler Dr. Adenauer: »... ich will seinen imperialistischen Auftraggebern in Europa eine neue Basis für deren Angriffskrieg gegen die Friedensmacht der Sowjetunion ...« *(24. 6. 53)*
zu Strauß, CDU/CSU, der mehrfach durch Zwischenrufe störte: »Herr Strauß, Sie sollten sich auch bemühen, Ihre bayerische Überheblichkeit in einer ein bißchen konzilianteren Form hier zum Ausdruck zu bringen.«
Präsident Dr. Ehlers, CDU/CSU: »Herr Abgeordneter Renner, Sie wollen natürlich nicht die Bayern insgesamt beleidigen?«
Renner: »Nein, nur ihn!« *(21. 2. 51)*
»Die Polizei, die eine Bürgerkriegstruppe ist ...« *(20. 6. 51)*
Die Fraktionen von FDP und DP hatten sich zu einer Arbeitsgemeinschaft zusammengeschlossen, um bei der Verteilung von Ausschußsitzen stärker berücksichtigt zu werden; Renner: »Die Union der Faschisten von gestern ist fertig.« *(30. 9. 49)*
über Bundestagsvizepräsident Dr. Schäfer, FDP: »Gut, daß da oben ein Gendarm sitzt!« *(6. 5. 53)*

über Dr. Bucerius, CDU/CSU: »Ich war bisher der Auffassung, daß Abmachungen des Ältestenrates als Abmachungen unter Gentlemen gelten. Herr Dr. Bucerius hat mir heute beigebracht, daß ich mich in dieser Annahme geirrt habe.« *(1. 2. 50)*
»... daß die Hetze ..., die Basis der politischen Tätigkeit dieser Regierung und der Mehrheit in diesem Hause ist.« *(16. 2. 50)*
zu Bundesfinanzminister Dr. Schäffer, CDU/CSU: »Sie sind der Hund, der für Truman *(US-Präsident, d. Hg.)* bellt!« *(20. 4. 51)*
über die Bundesregierung: »... deren Politik gegenüber dem Volk systematisch darauf hinausläuft, den Hunger und das Elend zu vergrößern!« *(7. 6. 51)*
über die CDU/CSU-FDP-DP-Bundesregierung: »... die Interessen der amerikanischen Imperialisten und Kriegstreiber wahrzunehmen!« *(24. 6. 53)*
»Korruptionsfonds des Herrn Ministers *(Kaiser, CDU/CSU, d. Hg.)* für sogenannte gesamtdeutsche Angelegenheiten!« *(13. 6. 51)*
über Bundeskanzler Dr. Adenauer: »... mit Adenauer, dem Kriegsvorbereiter!« *(12. 12. 51)*
zu Strauß, CDU/CSU: »Mit Ihrer Politik kommt das deutsche Volk ins Massengrab!« *(5. 12. 52)*
zu Strauß, CDU/CSU: »Mit dem Maul zahlen Sie gern, mit dem Maul leisten Sie gern, mit dem Maul helfen Sie gern, aber wenn es aufs Geld ankommt, sind Sie nicht da.«
Präsident Dr. Köhler, CDU/CSU: »Herr Abgeordneter, das Wort ›Maul‹ ist so unparlamentarisch; das entspricht nicht der Qualität Ihrer Persönlichkeit.«
Renner: »Schön! Ich korrigiere mich hier: ›mit dem Munde!‹ Ich habe das Gesicht des Zwischenrufers angesehen und bin deshalb zu dem etwas deplacierten Wort gekommen. Entschuldigen Sie!« *(27. 4. 50)*
»Mögen der Herr Bundeskanzler und seine Getreuen ... hier in Deutschland die Verständigung hintertreiben, indem man in Berlin und in der Deutschen Demokratischen Republik einen Tag X organisiert, indem man Deutsche gegen Deutsche hetzt und das ganze Volk in Panikstimmung treibt.« *(24. 6. 53)*
»Immer mehr erkennen die Völker der Welt, daß der 17. Juni in Berlin von in- und ausländischen Provokateuren organisiert worden ist.« *(24. 6. 53)*
zu Meitmann, SPD: »Das sagt ihr, ihr Arbeiterschlächter!« *(1. 7. 53)*
zu Seuffert, SPD: »Nur ein Rotzjunge, ein Provokateur und Agent erlaubt sich diese Unverschämtheit, Herr Seuffert!« *(8. 5. 52)*
zur SPD über die Regierungsparteien von CDU/CSU, FDP und DP: »In dieser Beziehung sind Sie ja einig mit den Verfassungsverbrechern, die hier sitzen!« *(28. 4. 53)*
zu Bundestagspräsident Dr. Ehlers, CDU/CSU: »Über den Verrat der Saar darf hier nicht gesprochen werden!« *(3. 4. 52)*

über die Regierung Adenauer: »Alles für den Sturz dieser Regierung des Landesverrats, des Volksverrats!« *(29. 1. 53)*

Reschke, SPD
zum Bundesbauminister: »Herr Töpfer, hören Sie endlich auf, im Land Lügen zu verbreiten und Sozialmieter öffentlich als Absahner hinzustellen.«
Vizepräsident Dr. Hirsch, FDP: »Ich möchte Sie dringend ersuchen, hier keine Formulierungen zu wählen, die außerhalb dieses Hauses als Beleidigung gelten.« *(28. 11. 96)*

Reuschenbach, SPD
zu Fuchtel, CDU/CSU: »Sie sind ein Heuchler!«
Vizepräsident Klein, CDU/CSU: »Herr Kollege Reuschenbach ...«
Schreiner, SPD: »Er hat ›Schaumschläger‹ gesagt!«
Reuschenbach: »Nein ›Heuchler‹ habe ich gesagt! Ich nehme alles entgegen!«
Klein: »Herr Kollege Reuschenbach, ich habe in 16 Jahren als Abgeordneter keinen Ordnungsruf erhalten, und ich habe in den zweieinhalb Jahren als Vizepräsident auch noch keinen Ordnungsruf erteilt. Herr Kollege Reuschenbach, ich fände es gut, wenn Sie es nicht nur nicht wiederholten, sondern auch einen Weg fänden, diesen Ausdruck in eine Sprache zu bringen, die diesem Parlament angemessen ist.«
Reuschenbach: »Wenn er das auf die andere Seite schiebt, muß ich sagen, er ist ein Heuchler!«
Klein: »Dann erteile ich Ihnen hiermit einen Ordnungsruf.« *(3. 3. 93)*
zu Dr. Biedenkopf, CDU/CSU: »Lüge!«
Präsident Dr. Carstens, CDU/CSU: »Ich rüge den Zwischenruf ›Lüge‹, Herr Abgeordneter Reuschenbach.«
Reuschenbach: »Doch, er lügt, wenn er sagt, der Kanzler *(Schmidt, SPD, d. Hg.)* habe das gesagt.«
Dr. Carstens: »Herr Abgeordneter Reuschenbach, ich rufe Sie zur Ordnung, weil Sie mehrfach den Ausdruck ›Lüge‹ gebraucht haben.« *(8. 2. 79)*

Dr. Richter (alias Rößler), fraktionslos
über Dr. Seelos, BP: »Man soll Hanswursten ihre Hanswurstiaden lassen!« *(12. 7. 51)*
Die Immunität des Abg. Hedler, fraktionslos, sollte aufgehoben werden. Es hatte eine handfeste Prügelei zwischen Hedler einerseits sowie Wehner und Heiland (s. dort, d. Hg.) andererseits gegeben; Dr. Richter: »Ausgesprochene Schläger, Menschen, die wegen gefährlicher Körperverletzung verklagt sind, werden ihrer Immunität nicht beraubt, wohl aber die, die Ihnen wegen politischer Äußerungen unangenehm sind.« *(6. 6. 51)*

Dr. Riedl (München), CDU/CSU
zu Reents, Grüne: »Herr Kollege, wenn ich Sie so anschaue, kann ich mir gut vorstellen, daß Sie vom organisierten Verbrechen sehr viel verstehen.«
Vizepräsident Westphal, SPD: »... es gibt überhaupt keinen Grund, irgendeinen von uns in die Nähe von Verbrechern zu rücken ...«
Dr. Riedl: »... es wird doch noch gestattet sein, daß ich jemandem eine hohe Sachkompetenz im Bereich des organisierten Verbrechens zuspreche. Das muß doch wohl noch gestattet sein.« *(28. 11. 84)*

Rische, KPD
über Bundeskanzler Dr. Adenauer: »Sie lügen ja wie gedruckt!« *(17. 9. 52)*
über Wehner, SPD: »... der Renegat Wehner!« *(26. 4. 51)*
über Bundeskanzler Dr. Adenauer, CDU/CSU: »... betreibt die schnelle Ratifikation des Schuman-Plans auf Weisung des Herrn McCloy *(amerikanischer Hochkommissar, d. Hg.)*.« *(6. 7. 51)*
über das Kabinett Dr. Adenauer: »Heute morgen erlebten wir die ganze Würdelosigkeit dieser Regierung!« *(23. 3. 50)*

Rixe, SPD
»... der Minister *(Rüttgers, CDU/CSU, d. Hg.)* hat sich hier hingestellt und hat gelabert, sage ich mal ...«
Vizepräsident Klein, CDU/CSU: »... dies ist kein rügenswerter Ausdruck, aber er ist ziemlich unparlamentarisch.«
Rixe: »Okay, das finde ich sehr gut. Wir haben ja auch einen netten Vizepräsidenten.«
Klein: »Nicht nur Tadel, auch Lob des Präsidenten ist unzulässig.«
Rixe: »Okay. Nicht einmal das wollen Sie haben.« *(12. 9. 96)*

Rochlitz, B'90/Grüne
»... werden die Bürger nicht nur entmündigt, sondern sie müssen sich – mit Verlaub – regelrecht verarscht verkommen.«
Vizepräsident Klein, CDU/CSU: »Es ist eigentlich parlamentarischer, in einem solchen Zusammenhang von nicht ›ernstgenommen‹, ›verhöhnt‹ oder ›veräppelt‹ zu sprechen, statt den unparlamentarischen Ausdruck zu gebrauchen, den Sie gewählt haben.« *(27. 9. 96)*

Rühe, CDU/CSU
zu Voigt (Frankfurt), SPD: »Sie sind ein Verleumder!«
Vizepräsident Westphal, SPD: »Herr Abgeordneter Rühe, Sie haben zum Vorredner den Zwischenruf ›Verleumder‹ gemacht. Ich rufe Sie deswegen zur Ordnung. Sie haben jetzt das Wort.«
Voigt: »Aber nicht rumkläffen!« *(2. 10. 86)*

Dr. Rüttgers, CDU/CDU
zu Wüppesahl, fraktionslos: »Arroganter Fatzke!« *(23. 5. 90)*

Sauer (Salzgitter), CDU/CSU
Bundesverteidigungsminister Leber, SPD: »Ich habe mich, als ich jünger war, mit anderen viel damit befaßt, woran denn wohl die erste deutsche Demokratie von Weimar untergangen ist.«
Sauer (Salzgitter), CDU/CSU: »An Wehner!« *(So steht es im Wortprotokoll des Bundestages. Allerdings ist hier eine einmalige Kuriosität verzeichnet: Sauer hatte gegen den Ordnungsruf massiv beim Präsidium des Deutschen Bundestages protestiert und setzte durch, daß eine Fußnote ins Protokoll aufgenommen wurde, in der es heißt:* »Laut Mitteilung des Abg. Sauer: ›Auch Herr Wehner!‹« *(Aber bei einer Präsidentenentscheidung bleibt es in den meisten Fällen. Wie auf dem Fußballplatz gilt die ›Augenblicksentscheidung des Schiedsrichters‹; und so wurde dieser Ordnungsruf eben nicht aus der ›Sünderkartei‹ getilgt, d. Hg.; 3. 2. 77)*

Sauer (Stuttgart), CDU/CSU
über die Grünen: »Die roten Faschisten kommen!« *(21. 5. 87)*
über Frau Schoppe, Grüne: »Ein blödes Geschwätz!« *(24. 5. 84)*
»Von der Frau Ministerin Moser aus Schleswig-Holstein – ich möchte fast sagen: von der Hasch-Ministerin Moser ...«
Vizepräsident Dr. Hirsch, FDP: »Sie haben die Ministerin ... als ›Hasch-Ministerin‹ bezeichnet. Ich erteile Ihnen dafür einen Ordnungsruf.«
Sauer: »Den nehme ich gern zur Kenntnis!«
Dr. Hirsch: »Herr Kollege Sauer, ich erteile Ihnen dafür einen zweiten Ordnungsruf.« *(5. 12. 96)*

Sauermilch, B'90/Grüne
über Bundespostminister Dr. Schwarz-Schilling, CDU/CSU: »... des unverschämtesten Postministers, den es je gab ... Eine Trennungslinie zwischen den Privatinteressen dieses schamlosen Freibeuters im Ministersessel und seiner öffentlichen Aufgabe ist nicht nur unscharf ...«
Vizepräsident Westphal, SPD: »... bezogen auf eine Person, die anwesend ist, die Worte ›unverschämt‹ und ›schamlos‹ hier nacheinander verwendet. Ich rufe Sie zur Ordnung ...«
Pfeffermann, CDU/CSU: »Der ›Freibeuter‹ ist ihm durchgegangen!«
(5. 12. 84)

Dr. Schäfer (Tübingen), SPD
zu Dr. Wittmann (München), CDU/CSU: »Ist das ein dummes Zeug!«

Dr. Wittmann: »Herr Schäfer, weil Sie mich gerade mit ›dummes Zeug‹ ansprechen: Sie sollten ganz still sein im Zusammenhang mit dem Sprechen über die Vergangenheit.«
Dr. Schäfer: »Ist das ein dummes Zeug! Und das ist ein unverschämtes Geschwätz!«
Präsident Dr. Carstens, CDU/CSU: »Herr Abgeordneter Schäfer, der Ausdruck ›unverschämtes Geschwätz‹ ist unparlamentarisch.« *(7. 12. 78)*
zu Dr. Barzel, CDU/CSU: »Sie sind ein Flegel!« *(12. 2. 71)*
über Dr. Abelein, CDU/CSU: »Ein Hetzer ist das! Ein übler Hetzer und Verleumder!« *(10. 4. 75)*
zur CDU/CSU-Fraktion: »Ihr seid kluge Leute! Kluge Idioten seid Ihr!« *(17. 3. 72)*
über Niegel, CDU/CSU: »Ein Schmutzfink!« *(17. 3. 72)*
zu Dr. Kohl, CDU/CSU: »Sie sind ein Verleumder!« *(21. 6. 77)*

Dr. Scheer, SPD
zu Rühe, CDU/CSU: »Das ist eine dreckige Lüge!« *(2. 10. 86)*
zu Rühe, CDU/CSU: »Rotzjunge!« *(22. 11. 83)*
zu Bundeskanzler Dr. Kohl, CDU/CSU: »Verleumder!« *(13. 10. 82)*

Frau Schenk, B'90/Grüne
»Dies ... steht durchaus in einem inneren Zusammenhang mit der begonnenen Demontage des Sozialstaates, mit der von der etablierten Politik provozierten Zunahme rechtsradikaler Gewalt und nicht zuletzt mit einem neuen Verständnis von deutscher Außenpolitik, in der militärische, also mörderische Optionen wieder ihren Platz haben.« *(16. 6. 93)*

Frau Schilling, B'90/Grüne
»Die Industrie, insbesondere MBB und Daimler-Benz, Militärs, Verteidigungsminister und Koalitionsfraktionen können offensichtlich den Hals nicht voll genug kriegen. Bandenkriminalität, organisiertes Wirtschaftsverbrechen, maßlose Verschwendung von Steuergeldern, menschenverachtender Zynismus, Arroganz der Macht und die phallische Lust an Waffen verbinden sich bei diesen Leuten zu einem bisher einzigartigen kriminellen Akt auf offener Parlamentsbühne ... Sie *(die Mitglieder des Verteidigungsausschusses von CDU/CSU und FDP, d. Hg.)* haben sich kaufen lassen ...« *(1. 12. 88)*
»Ich will Ihnen einmal sagen, daß das einzige, was hier tieffliegen darf, vielleicht so eine Frisbeescheibe ist *(die Abg. Schilling wirft eine Frisbeescheibe durch den Plenarsaal, d. Hg.)*, aber sonst nichts.«
Vizepräsident Stücklen, CDU/CSU: »Frau Abgeordnete Schilling, auch Sie haben sich an die Ordnung dieses Hauses zu halten.«

Frau Roitzsch (Quickborn), CDU/CSU: »Die weiß gar nicht, was Ordnung ist!«
Stücklen: »Ich möchte Sie noch einmal darauf aufmerksam machen, nicht zu glauben, Sie könnten Ihre eigenen Vorstellungen ohne Rücksicht auf die Würde dieses Hauses – ich halte davon noch etwas – verwirklichen. Deshalb erteile ich Ihnen einen weiteren Ordnungsruf.« *(29. 9. 89)*
Müller (Pleisweiler), SPD, zu Lowack, CDU/CSU: »Das stimmt doch nicht! Das ist glatt gelogen!«
Vizepräsident Westphal, SPD: »Herr Abgeordneter Müller *(Pleisweiler, SPD, d. Hg.)*, der Zwischenruf ›gelogen‹ ist ein unparlamentarischer Ausdruck. Ich bitte in Zukunft zu beachten, daß wir ihn hier nicht benutzen wollen.«
Frau Schilling: »Aber es stimmt trotzdem!«
Westphal: »Dann muß ich auch Ihr Verhalten rügen.«
Frau Schilling: »Es stimmt immer noch!« *(14. 10. 88)*
Dr. Dregger, CDU/CSU: »... wir wollen Frieden, weil ein Krieg Europa zerstören würde ...«
Frau Schilling: »Aber Sie bereiten ihn vor!« *(20. 3. 87)*
»Wer sich daran noch ein bißchen erinnert oder sich einmal die Debatten und die Zwischenrufe durchliest und wer hier in dem Laden noch nicht ganz abgebrüht ist, der wird sich dessen wirklich schämen müssen.«
Vizepräsident Cronenberg, FDP: »... ich habe kein Verständnis dafür, wenn Sie den Deutschen Bundestag als ›Laden‹ bezeichnen.« *(5. 9. 90)*
zu Ronneburger, FDP: »So ein ausgemachter Quatsch!«
Vizepräsident Stücklen, CDU/CSU: »Frau Abgeordnete Schilling, haben Sie den Zwischenruf gemacht: ›Ein absoluter Quatsch!‹?
Frau Schilling: »›Ein ausgemachter Quatsch‹ habe ich gesagt.«
Stücklen: »›Ein ausgemachter Quatsch‹. Dafür rufe ich Sie zur Ordnung.
Frau Schilling: »Dann sage ich es gleich noch mal!«
Ronneburger: »Vielen Dank, Herr Präsident.«
Frau Schilling: »Noch mehr Quatsch!«
Stücklen: »Ich habe es allmählich satt, daß ich mit großer Duldsamkeit hier Ihre permanenten Zwischenrufe aus diesem Bereich mir anhöre.«
Frau Schilling: »Das werden Sie schon müssen!«
Ronneburger: »Herr Präsident, ich bin Ihnen um so dankbarer, als ich es mir versagt habe, Frau Schilling, bei Ihren Ausführungen entsprechende Zwischenrufe zu machen.«
Frau Schilling: »Ich habe ja auch nicht so einen Quatsch geredet!«
Ronneburger: »Ich wäre Ihnen dankbar, wenn auch Sie mit etwas mehr Höflichkeit reagieren könnten, die anderen Ihnen, wenn auch mühsam, entgegenbringen.«

Frau Schilling: »Ich bin nur ehrlich!«
Stücklen: »Frau Abgeordnete Schilling, ich rufe Sie zum zweiten Mal zur Ordnung.«
Frau Schilling: »Ist okay, Chef!« *(14. 12. 89)*
zu Schäfer, FDP, Staatsminister im Auswärtigen Amt: »Das ist die Höhe! Darf man hier so rumlügen, Herr Präsident?« *(20. 6. 90)*
»... Herr Stoltenberg ..., wer die Bevölkerung dermaßen verarscht und ihr vormacht, daß sich jetzt etwas ändern würde, der lügt einfach ...« *(29. 9. 89)*

Schily, B'90/Grüne, ab 1990 SPD
über Spranger, Parl. Staatssekretär beim Bundesinnenminister, CDU/CSU: »CIA-Agent Spranger!« *(10. 11. 83)*
Schily: »Vorab werde ich einen einseitigen verbalen Abrüstungsschritt vollziehen: Ich nehme den gegen den Staatssekretär Kollegen Spranger gerichteten Ausdruck ›CIA-Agent‹ zurück.« *(21. 11. 83)*
über Freiherr von Schorlemer, CDU/CSU: »Ein Lügner, wie er im Buche steht!« *(6. 11. 87)*
zu Kanzleramtsminister Bohl, CDU/CSU: »Ach, Sie kommen in die Fragestunde, ohne das zu überprüfen! Das ist eine Unverschämtheit. Eine Mißachtung des Parlaments!«
Bohl: »Es ist keine Unverschämtheit, Herr Abgeordneter Schily.«
Schily: »Doch, eine Mißachtung des Parlaments.«
Vizepräsident Klein, CDU/CSU: »Herr Kollege Schily, bitte mäßigen Sie sich in Ihrer Ausdrucksweise.« *(26. 6. 96)*
zur CDU/CSU-FDP-Bundesregierung: »... wie wollen Sie vielen unglücklichen und sozial schwachen Menschen, die mit der Legalität in Konflikt geraten sind und für die die Gesellschaft nichts Besseres zu tun hat, als sie in Gefängnisse einzusperren, wie wollen Sie denen plausibel machen, daß das gesellschaftlich gerechtfertigt und notwendig sei, wenn Sie selber Gesetze und Verfassung als Makulatur behandeln, wenn Ihre eigenen Interessen auf dem Spiel stehen.«
Präsident Dr. Barzel, CDU/CSU: »Herr Kollege Schily, ich bitte Sie, sich zu mäßigen.« *(24. 6. 83)*
zu Dr. Dregger, CDU/CSU: »Oberheuchler!« *(7. 12. 83)*

Schmidt (Hamburg), SPD
über die CDU/CSU: »... und warum der Herr Minister Blank und die Christlich-Deutschnationale Union an dieser Bestimmung festhalten.« *(6. 7. 56)*
über Dorn, FDP: »... ich bin bereit, den Ausdruck ›Falschmünzer‹ zu gebrauchen, und zwar in bezug auf Herrn Dorn!« *(30. 4. 68)*

zu Scheel, FDP: »Sie sind mir ein Gauner, Herr Kollege Scheel. Sie wollen bloß suggerieren, daß man den Barzel und den Schmidt nicht mehr unterscheiden kann!« *(6. 9. 67)*
über Dr. Jaeger, CDU/CSU: »Der Abgeordnete Jaeger betreibt eine schweinische Hetze! – Das war wiederum einc schweinische Hetze!«
Majonica, CDU/CSU: »Herr Schmidt, können Sie nicht die primitivsten Formen der Höflichkeit beachten?«
Schmidt zu Präsident D. Dr. Gerstenmaier, CDU/CSU: »Schicken Sie ihn nach Formosa zurück, da gehört er hin!« *(21. 3. 58)*
über Dr. Jaeger, CDU/CSU: »Das ist der Kriegshetzer!« *(22. 5. 57)*
über Schneider (Bremerhaven), DP: »Bei der Wahrheit bleiben und nicht lügen!« *(26. 6. 57)*
Wehner, SPD, zu Dr. Jaeger, CDU/CSU: »Verleumder, berufsmäßiger!« *Der Ordnungsruf folgt prompt. Heide, SPD:* »Aber er *(Wehner, d. Hg.)* hat doch recht!« *Auch Heide bekommmt dafür einen Ordnungsruf.*
Schmidt (Hamburg): »Der Wehner hat aber recht! Er hat aber recht!« *(Schmidt erhält darauf ebenfalls einen Ordnungsruf, d. Hg.; 21. 3. 58)*
zu Schneider (Bremerhaven), DP: »Bei der Wahrheit bleiben und nicht lügen!« *(26. 6. 57)*

SCHMIDT (Hamburg-Neustadt), B'90/Grüne
über Dr. Hirsch, FDP: »Das ist auch so ein Bombenleger, der Herr Hirsch! Der legt auch die Bomben!« *(4. 6. 86)*
»... es gibt in diesem Hause zwei Arten von Strukturen: die baulichen Strukturen für die Starken; das sieht dann so aus, daß das Fußvolk unten ist, etwas höher die Redner, ganz oben das Präsidium und hinter allem dann der Raubvogel da oben.«
Vizepräsident Westphal, SPD: »Ich rufe Sie zur Ordnung. Das ist ein Symbol des Deutschen Bundestages, von dem Sie gesprochen haben.«
Schmidt: »Es bleibt dabei, daß ein Adler ein Raubvogel ist.«
Westphal: »Nicht einmal das stimmt. Sie sollten sich einmal ein bißchen in der Natur erkundigen, bevor Sie solche Reden halten.«
Schmidt: »Also lassen wir das den Ornithologen zur Entscheidung.« *(18. 4. 85)*
zu Dr. Hirsch, FDP: »Sie sind ein bezahlter Volksverhetzer, Herr Hirsch!« *(4. 6. 86)*

Frau SCHMIDT-BOTT, B'90/Grüne
»Ja, wir rufen zum Boykott der Volkszählung auf. Wir verweigern uns der Total- und Zwangserfassung. Wir sind mündige Bürger. Unseren Widerstand

gegen den gläsernen Menschen werden wir auch nach dem 25. Mai *(1987, dem Tag der Volkszählung, d. Hg.)* fortsetzen.« *(7. 5. 87)*

Dr. Schmitt (Vockenhausen), SPD
zu Dr. Güde, CDU/CSU: »Sie sind ja ein feiner Mann!« *(28. 3. 63)*
zu Bundesverkehrsminister Dr. Seebohm, DP/FVP: »Das ist doch, parlamentarisch gesehen, grober Unfug, Herr Minister!« *(5. 6. 59)*

Schneider (Bremerhaven), DP
über die SPD: »Wenn ich dorthin schaue, dann sehe ich manchmal die Zwiebeltürme des Kreml.« *(12. 4. 56)*

Schöler, SPD
Kriedner, CDU/CSU: »...ich habe in den sechs Jahren, die ich hier sitze...«
Schöler, SPD: »Viel zu lange!«
Kriedner: »Ich muß wirklich sagen, Herr Kollege. Das ist eine böse und eine miese Art, Zwischenrufe zu machen. Sie sollten sich für einen solchen Zwischenruf wirklich entschuldigen.«
Schulze, CDU/CSU: »Benehmen ist Glückssache!«
Schöler: »Ich stelle nicht das Recht jedes Deutschen in Frage, Mitglied dieses Parlamentes zu sein, egal wie lange. Aber Abgeordneten, die draußen ›Hü!‹ und hier ›Hott!‹ abstimmen, muß man auch einmal etwas sagen können.«
Vizepräsident Klose, SPD: »Nein, Herr Kollege, das kann ich nicht akzeptieren. Ich rufe Sie zur Ordnung.« *(14. 3. 96)*

Frau Schoppe, B'90/Grüne
»Heute arbeiten Herr Kohl *(Bundeskanzler, CDU/CSU, d. Hg.)* und seine Kumpane erfolgreich daran, die Zahl der Sozialhilfeempfänger und Obdachlosen weiter zu vergrößern, und Sie behaupten gleichzeitig hier, in der größten Schwindelbude der Nation ...«
Vizepräsident Westphal, SPD: »Ich kann das Wort ›Kumpane‹ nicht zulassen; dies ist eine Abweichung von unserem parlamentarischen Verfahren. Ich rufe Sie zur Ordnung.«
Frau Schoppe: »Entschuldigung für die Kumpane. Und Sie behaupten gleichzeitig hier in der größten Schwindelbude der Nation ...«
Freiherr von Schorlemer, CDU/CSU: »Das hat bisher nur Goebbels gesagt!«
Westphal: »Wir haben hier einen Ausdruck vernommen und haben kontrolliert, ob er stimmt. ›Schwindelbude‹ kann hier nicht akzeptiert werden ... Es kommt hinzu, Frau Schoppe: dies ist der zweite Ordnungsruf in einer Debatte ...« *(24. 5. 84)*

SCHREINER, SPD
»Das ist die bittere Realität für 100 000 Menschen, die von der Bundesregierung, von dem gelegentlich amtierenden Bundeskanzler *(Dr. Kohl, CDU/ CSU, d. Hg.)* angeschwindelt worden sind.«
Vizepräsident Frau Renger, SPD: »... dieses Wort ›angeschwindelt worden‹ ist nicht sehr parlamentarisch ...«
Schreiner: »... es mag nicht der parlamentarischen Gepflogenheit entsprechen, es entspricht aber der Wahrheit.« *(10. 11. 83)*
Schreiner: »Deshalb sage ich Ihnen nochmals: Ich bin nicht bereit, auf diesem beschissenen Niveau mit dem Kollegen Müller *(Wadern, CDU/CSU, d. Hg.)* zu diskutieren.«
Vizepräsident Becker, SPD: »... muß ich den Ausdruck des Kollegen Schreiner ›beschissenes Niveau‹ zurückweisen; er ist unparlamentarisch.« *(10. 2. 93)*
»Nach der Rede des Bundesarbeitsministers *(Blüm, d. Hg.)* habe ich mich gefragt, was denn schlimmer sei: eine Hand in der Tasche oder ein Brett vor dem Kopf?«
Feilcke, CDU/CSU: »Und Sie haben kein Brett vor dem Kopf beim Reden?«
Schreiner: »Sie sind von Brettern geradezu umzingelt, Herr Kollege Feilcke.«
Vizepräsident Westphal, SPD: »Die Sache mit dem Brett vor dem Kopf fand ich auch nicht sehr parlamentarisch. Allerdings würde ich gern hinzufügen, daß eine große deutsche Schriftstellerin, Maria von Ebner-Eschenbach, zu dem Thema gesagt hat: ›Jeder Mensch hat sein Brett vor dem Kopf. Es kommt allerdings auf die Entfernung an.‹« *(8. 5. 87)*
nach Zwischenrufen aus der CDU/CSU: »Herr Präsident, die sind fortgesetzt so laut, daß ich hier kaum zur Rede komme. Könnten Sie dieses Brüllorchester hier vorne etwas mäßigen?«
Vizepräsident Westphal, SPD: »Lieber Herr Kollege Schreiner, es gibt auch beim Reden Ursache und Wirkung.«
Schreiner: »Die Frage ist, welche Reihenfolge.«
Feilcke, CDU/CSU: »Herr Kollege Schreier!«
Schreiner: »Sie sind ein Kollege Quatschkopf! Aber wirklich, das ist unglaublich.«
Westphal: »Es ist unparlamentarisch, was Sie gemacht haben.«
Schreiner: »Meinen Sie den Kollegen Feilcke?«
Westphal: »Herr Kollege Schreiner, das, was Sie zu einem anderen Kollegen gesagt haben, war unparlamentarisch. Ich finde das nicht in Ordnung. Sie sollten das aus Ihrem Wortschatz streichen.« *(8. 5. 87)*
über Rühe, CDU/CSU: »Das ist der parlamentarische Cheflügner der CDU!« *(30. 10. 90)*

zu Fuchtel, CDU/CSU: »Ein schwarzer Flegel ist das! *(9. 9. 93)*
über Hauser (Krefeld), CDU/CSU: »Wildgewordener Gartenzwerg!« *(26. 1. 90)*
Scharrenbroich, CDU/CSU, zu Heyenn, SPD: »Außer so billigen Zwischenrufen, Herr Heyenn, haben Sie im Augenblick nicht mehr viel zu sagen.«
Schreiner: »Das ist Prostitution, was Sie betreiben! ... Das ist politische Prostitution, was Sie da machen!«
Vizepräsident Stücklen, CDU/CSU: »Abgeordneter Schreiner, haben Sie den Zwischenruf gemacht: ›Sie sind ein verkommener Grüß-Gott-August!‹?«
Schreiner: »Den habe ich gemacht.«
Stücklen: »Dann erteile ich Ihnen für diesen unqualifizierten Zwischenruf einen Ordnungsruf!«
Frau Beck-Oberdorf, Grüne: »Und wie war das mit der ›Prostitution‹?«
Heyenn: »Es ist hier auch von politischer ›Prostitution‹ gesprochen worden, und das ist nicht gerügt worden.« *(11. 5. 90)*
nach einem Zwischenruf von Willner, CDU/CSU: »Halten Sie doch einmal die Gosche und hören Sie zu, Sie Kamel!«
Vizepräsidentin Dr. Vollmer, B'90/Grüne: »... rufe ich Sie zur Ordnung.«
Schreiner: »Das kann mal vorkommen, Frau Präsidentin!«
Vizepräsidentin Dr. Vollmer: »Ich weiß, Sie sammeln so etwas.« *(20. 3. 97)*
zur CDU/CSU: »Sind Sie nur willenlose Hampelmänner, die von der Regierung vorgeführt werden, oder haben Sie einen eigenen Willen ...« *(17. 3. 89)*
über Dr. Rüttgers, CDU/CSU: »Das ist ein Hanswurst!« *(19. 3. 92)*
zu Hübner, FDP: »Heuchelbruder!« *(19. 2. 92)*
zu Bundesarbeitsminister Dr. Blüm, CDU/CSU: »Heuchler! Pharisäer!« *(1. 10. 93)*
»Das einzige, was die FDP hier schützt, sind kriminelle Machenschaften. Sie sind eine Heuchlerbande.«
Fischer (Frankfurt), B'90/Grüne, zur FDP: »Sind Sie jetzt eine Heuchlerbande, oder nicht?«
Vizepräsident Klein, CDU/CSU: »Herr Kollege Werner Schulz *(B'90/Grüne, d. Hg.)*, ich wäre Ihnen dankbar, wenn Sie der Kollegin Buntenbach auf Grund Ihrer etwas längeren Erfahrung in diesem Hause erklären könnten, daß die Bezeichnung ›Heuchlergruppe‹ für eine andere Fraktion unparlamentarisch ist. Sie kennen meine Abneigung gegen Ordnungsrufe.«
Frau Buntenbach, B'90/Grüne: »Ja, da richten Sie sich an die falsche Adresse!«
Gilges, SPD: »Frau Buntenbach, Sie hätten es aber sagen können!«
Frau Dr. Babel, FDP: »Herr Schreiner sammelt Ordnungsrufe! – Das macht ihm Spaß! Ohne das kann er nicht leben!«

Schreiner: »Ja, ich war das! Ich melde mich freiwillig!«
Klein: »Frau Kollegin Buntenbach, mir ist ein Protokollauszug vorgelegt worden, demzufolge Ihnen dieses von mir vorhin angeführte Wort, zu dem sich der Kollege Schreiner allerdings sofort bekannt hat, zugerechnet wurde.«
Frau Dr. Babel: »Weil er Ordnungsrufe sammelt!«
Klein: »Verzeihung, ich habe das, Herr Kollege Schreiner, Sie wohl kennend, einfach für eine Kavaliersgeste gehalten. Aber Sie waren es wirklich. Frau Kollegin Buntenbach, das wird im Protokoll richtig erscheinen.«
Frau Buntenbach: »Das beruhigt mich!« *(28. 9. 95)*
zu Haungs, CDU/CSU: »Und gleichzeitig begrüßen Sie die Haltung der Arbeitgeber! Das ist doch hirnrissig! – Sie haben sie bedauert und gleichzeitig begrüßt! Sie sind ein Künstler! Das ist schon fast schizophren!«
Vizepräsident Klein, CDU/CSU: »Herr Kollege Schreiner, die Befassung mit der cerebralen Beschaffenheit eines Kollegen – ich meine das Wort ›hirnrissig‹ – ist nicht parlamentarisch. Der Zuruf ›Künstler‹ ist in Ordnung.« *(28. 9. 95)*
zu Scharrenbroich, CDU/CSU: »Sie sollen hier keine Kabarettrede halten, sondern etwas Ernsthaftes sagen!«
Vizepräsident Frau Renger, SPD: »Also ..., es ist gleich halb elf, und wir haben noch mehr Redebeiträge. So geht das doch nicht.«
Scharrenbroich: »Der Kasper sind Sie, Herr ›Schreiner‹!«
Frau Renger: »... die Zwischenrufe sind nicht gerade so fein, daß nicht auch einmal so etwas herausrutschen kann. Ich bitte nun wirklich um ein bißchen kollegiale Zusammenarbeit.«
Schreiner: »Er ist der Kasper vom Dienst hier!« *(16. 11. 89)*
Schreiner: »Der Kollege Füchtel«
Zuruf von der CDU/CSU: »Herr Schreier!«
Schreiner: »hat nach den Größenordnungen gefragt, ab welcher Einkommensgrenze ...« – *Fortgesetzte Zurufe.* – »Jetzt sind die schon wieder ...«
Vizepräsidentin Schmidt, SPD: »Herr Kollege Schreiner, Sie haben jetzt gerade den Namen des Kollegen Fuchtel *(CDU/CSU, d. Hg.)* verballhornt, wahrscheinlich unabsichtlich. Ich gehe einmal davon aus, weil das nämlich ein bißchen kindisch wäre.« *(25. 11. 93)*
nach einigen Zurufen von der CDU/CSU: »Wenn Sie einmal die Klappe halten würden und zuhören würden, könnten Sie reicher aus dieser Veranstaltung herausgehen...« *(25. 11. 93)*
zu Bundesarbeitsminister Dr. Blüm, CDU/CSU: »Sie können sich wahrscheinlich mit dem Titel des größten Schönredners aller Zeiten schmücken. Ihnen gelingt es sogar, ein Stück Kuhscheiße in einen Goldklumpen zu reden ...«

Vizepräsident Klein, CDU/CSU: »Herr Kollege Schreiner, vielleicht können wir das Wort im Protokoll durch ›Fladen‹ ersetzen.«
Schreiner: »Die Fülle der bayerisch-deutschen Sprache ist immer geeignet, daß man daraus etwas lernen kann. Herzlichen Dank, ich werde mich bemühen, das Wort durch ›Fladen‹ zu ersetzen, es in ›Goldfladen‹ umzuwandeln, Herr Minister.« *(10. 9. 92)*
über Spranger, CDU/CSU, Parl. Staatssekretär beim Bundesinnenminister: »Das ist ein Lügenbold. Ich lasse mir das nicht bieten. Er hat mich in der letzten Woche ...«
Vizepräsident Frau Renger, SPD: »... muß ich Ihnen einen Ordnungsruf erteilen. Es tut mir leid. Aber ich weiß, daß Sie nur darauf warten, Herr Schreiner.«
Schreiner: »Dann ist es ein weiß-blauer-Lügenbold.«
Dr. Rüttgers, CDU/CSU: »Noch einen Ordnungsruf!« *(10. 5. 90)*
über Bundeskanzler Dr. Kohl, CDU/CSU: »Lügenkanzler!« *(26. 11. 86)*
Vizepräsident Klein, CDU/CSU: »Das Wort hat der Kollege Ottmar Schreiner.« – *Der Abg. Schreiner geht mit einem Paket unter dem Arm zum Rednerpult.* »Bringen Sie Proviant mit?« – *Am Ende seiner Rede übergibt Schreiner das Paket – eine Unterschriftensammlung – Bundesarbeitsminister Dr. Blüm, CDU/CSU.* – »Herr Kollege Schreiner, ich darf Sie der Ordnung halber darauf hinweisen, daß wir in diesem Hause rhetorisch miteinander verkehren. Sie sind einer von denen, die das meisterlich beherrschen. Wir reagieren normalerweise nicht mit optischen Hilfsmitteln. Das sind eigentlich eher die Mätzchen, die den Grünen vorbehalten sind.« *(14. 6. 96)*
»Es wird sich entlang der Wortbeiträge der Koalition gleich herausstellen, ob das, was Herr Blüm geschrieben hat, ernstgenommen werden muß oder ob es sich hier um eine fast übliche Form des Maulheldentums handelt ...«
Vizepräsident Klein, CDU/CSU: »Herr Schreiner, ›Maulheldentum‹ ist nicht nett.«
Weiß (Berlin), B'90/Grüne: »Aber auch nicht schlimm!«
Schreiner: »Es ist zwar nicht nett, aber auch nicht besonders schlimm.«
Klein: »Es ist eigentlich auch nicht parlamentarisch.«
Schreiner: »Für meine Verhältnisse ist es fast schon wieder nett.«
Klein: »Für Ihre Verhältnisse zugegeben. Aber vielleicht können Sie Ihre Verhältnisse ein bißchen ändern.«
Schreiner: »Da wir dem Wochenende entgegengehen, bin ich guter Hoffnung.« *(29. 4. 94)*
zur CDU/CSU: »Haben Sie Bohnen in den Ohren? ... Sitzen Sie auf Ihren Ohren, oder was ist hier los?«
Vizepräsident Cronenberg, FDP: »Im übrigen erlaube ich mir bei der Gelegenheit den Hinweis, daß Ihre Bemerkung ›Sitzen Sie auf ihren Murmeln?‹ bei

Durchsicht des Protokolls vielleicht zweckmäßigerweise – weil unparlamentarisch – gestrichen werden kann.«
Schreiner, SPD: »Ich habe nach meiner Auffassung nicht ›Murmeln‹, sondern ›Bohnen‹ gesagt, aber wenn Sie ›Murmeln‹ sagen, bin ich auch damit einverstanden und bitte auch nicht um Streichung.« *(23. 9. 93)*
zur CDU/CSU-FDP-Koalition: »Das ist doch nichts anderes als die Organisation von purer Heuchelei und Pharisäertum, was Sie hier betreiben. Das sollte man auch mit diesen deutlichen Worten so nennen.«
Vizepräsident Frau Renger, SPD: »Das sollte man in diesem Hause nicht so nennen.«
Schreiner: »Bitte?«
Frau Renger: »Das sollte man in diesem Hause nicht so nennen.«
Schreiner: »Dann nenne ich es eben außerhalb dieses Hauses so.« *(14. 9. 89)*
Feilcke, CDU/CSU: »Sie sind ein Schreier!«
Schreiner: »Und Sie sind ein Schwachkopf!«
Vizepräsident Frau Renger, SPD: »Herr Abgeordneter, ich erteile Ihnen einen Ordnungsruf!«
Schreiner: »Dem Kollegen?«
Frau Renger: »Nein, Ihnen, Herr Kollege.«
Schreiner: »Ah so.« *(16. 10. 86)*
Vogt, CDU/CSU, Parl. Staatssekretär beim Bundesarbeitsminister: »Nein, keine Zusatzfrage, aus Zeitgründen.«
Schreiner: »Die Hosen schon wieder gestrichen voll!«
Vogt: »Nein, keine Zusatzfrage!«
Schreiner: »Ihr Mut ist grenzenlos!«
Vogt: »Sie sollten auch wissen ...«
Schreiner: »Sie sind ein wandelndes Heldenstück hier vorn!«
Vogt: »Deshalb verweise ich jetzt auf den zweiten Tatbestand.«
Schreiner: »Binden Sie die Hosen an!« ... »Ich mache einen letzten Versuch!«
– Schreiner meldet sich erneut zu einer Zwischenfrage. –
Vogt: »Im Augenblick noch nicht, weil ich nicht in der Zeit bin ...«
Schreiner: »Ich bettle hier doch nicht um Gnadenbrot! Sie können mich mal!«
Vizepräsident Westphal, SPD: »Herr Kollege Schreiner, das war nicht parlamentarisch.« *(11. 5. 90)*
»Eine seltsame Verbindung von Dummheit und Frechheit ist das! Das ist unglaublich!«
Fuchtel, CDU/CSU: »Das tut weh, Herr Schreiner, das ist klar. Sie waren gestern im Ausschuß nicht einmal in der Lage, diesem Nachtragshaushalt zuzustimmen. Sie haben ihm nicht zugestimmt.«

Schreiner: »Weil wir mehr aktive Maßnahmen gefordert haben! Ein alberner Trottel, was der da bietet! Unglaublich!«
Vizepräsidentin Schmidt, SPD: »Ich muß die Äußerung des Kollegen Schreiner als unparlamentarisch rügen ...«
Austermann, CDU/CSU: »Herr Schreiner muß fünf Minuten in die Ecke!«
Feilcke, CDU/CSU: »Eine Beleidigung durch Herrn Schreiner ist ja wie ein Lob!«
Frau Dr. Babel, FDP: »Man kann an dem Sinn dieser Aktuellen Stunde schon ein bißchen Zweifel hegen, wenn man als Sinn nicht nur unterstellt, daß Herr Schreiner sein Konto der Ordnungsrufe wieder nach oben schrauben wollte. Das gelingt ihm ja in der Regel.«
Schreiner: »Es war nur eine Rüge!« *(29. 4. 93)*
zur CDU/CSU-FDP-Koalition: »Sie haben die Gebote der Solidarität und der Solidität sträflichst verletzt.« – *Zuruf des Abg. Dr. Thomae, FDP.* – »Zu Ihrem Zwischenruf muß ich sagen: Wer glaubt, zu jedem und zu allem seinen Senf dazugeben zu müssen, den hält man bald selbst für ein kleines Würstchen ...« *(14. 3. 91)*

SCHRÖDER (Hannover), SPD
nach anhaltenden Zurufen von der CDU/CSU: »Herr Präsident, kann man denn diese pöbelnden Leute nicht zur Ruhe bringen?« *(31. 7. 84)*
über Dr. Geißler, CDU/CSU: »Ich halte solch ein Vorgehen für den Gipfel der Verkommenheit; schlimmer geht's dann wirklich nicht mehr.«
Bundesfinanzminister Dr. Stoltenberg, CDU/CSU: »Aber diese eindrucksvolle sachbezogene Rede von Heiner Geißler als den Gipfelpunkt der Verkommenheit zu bezeichnen, ist ein Tiefpunkt der politischen Kultur in diesem Hause, der kaum noch zu übertreffen ist.« *(16. 11. 84)*

SCHRÖTER (Berlin/Wilmersdorf), SPD
über Dr. Jaeger, CDU/CSU: »Der Kopfjäger von Formosa!« *(Dr. Jaeger, der sich für die Wiedereinführung der Todesstrafe einsetzte, hatte eine Informationsreise, über die die Presse ausführlich berichtete, nach Nationalchina, der Republik China auf Taiwan, auch Formosa genannt, unternommen, d. Hg.; 21. 3. 58)*
zu Schneider (Bremerhaven), DP: »Sie sind eine Wühlratte! Bei Ihnen sitzt einer *(Wittmann, DP, d. Hg.)* der wildesten ehemaligen Kommunisten!« *(12. 4. 56)*

Frau SCHULTE (Hameln), SPD
zu Bundesarbeitsminister Dr. Blüm, CDU/CSU: »Feigling!« *(23. 6. 88)*
zu Dr. Hüsch, CDU/CSU: »Schwätzer! Richtiger Schwätzer!« *(31. 10. 90)*

SCHULTE (Menden), B'90/Grüne
über Bundesinnenminister Zimmermann, CDU/CSU: »Nachdem die Statthalter der Atomindustrie, vorneweg Atomminister Zimmermann, mit ihren Beschwichtigungsversuchen keinen Erfolg des wahren Ausmaßes der Tschernobyl-Katastrophe hatten, versuchen sie nun, den Bundesbürgern weiszumachen, ein Ausstieg sei überhaupt nicht machbar. Dies ist erstunken und erlogen.« *(15. 5. 86)*
über Engelsberger, CDU/CSU: »Ich habe selten eine Rede gehört, die so strotzte von politischer Ignoranz und Dummheit ... Daß angesichts dieser Katastrophe gerade jene Politiker, die mit ihrer schadstofffreundlichen Lobby-Politik hierfür verantwortlich sind, sich heuer als Alpenretter aufspielen, muß schon als Gipfel des zynischen Heuchlertums bezeichnet werden.« *(26. 9. 86)*
zur Bundesgesundheitsministerin Dr. Süssmuth, CDU: »Krebsministerin!« *(14. 5. 86)*
zu Bundesinnenminister Zimmermann, CDU/CSU: »Eine Lüge ist das wieder! Genau das ist die Zimmermann'sche Lüge!« *(14. 5. 86)*

SCHULZ (Berlin), B'90/Grüne
»Wir von der Opposition werden nicht zulassen ..., daß sich sämtliche politischen Hasenfüße auf der Regierungsbank versammeln und zu diesem unglaublichen Vorfall schweigen ...«
Vizepräsident Klein, CDU/CSU: »... der Ausdruck ›Hasenfüße‹, Herr Kollege Schulz, war halt am Rande des parlamentarischen Sprachgebrauchs.« *(7. 9. 95)*
Schulz: »Aber vielleicht ist auch das ein Kennzeichen des Standorts Deutschland, daß die neuen Ideen beschränkt werden, während die alten Vorstellungen hier endlose Redezeit mit Schwafeln eingeräumt bekommen.«
Vizepräsident Klein, CDU/CSU: »Herr Kollege Schulz, das ist eine höchst unzulässige Bemerkung. Sie werden sich daran gewöhnen müssen, daß in einer Demokratie die Bürger entscheiden, wie viele Abgeordnete sie in ein Parlament schicken. Sie bekommen über Ihren Anteil an diesem Parlament hinaus Redezeit ...«
Schulz: »So werden wir aus dem Reformstau nie herausfinden ...«
Dr. Schäuble, CDU/CSU: »Ein strenger Präsident müßte Sie hinausschmeißen!« *(21. 10. 93)*
über Bundeskanzler Dr. Kohl, CDU/CSU: »... ich sehe gerade, der große Zampano ist soeben erschienen – ich revidiere mich: Nicht Ramba-Zamba wollen wir hier veranstalten, sondern wir möchten, daß dieser Mann hier Rede und Antwort steht.«
Präsidentin Dr. Süssmuth, CDU/CSU: »... es ist immer noch der Bundeskanzler und nicht der große Ramba-Zamba-Mann.« *(16. 1. 97)*

Dr. Schumacher, SPD
über Dr. Adenauer, CDU/CSU: »Der Bundeskanzler der Alliierten!«
(25. 11. 49)

Schüttler, CDU/CSU
Schüttler, CDU/CSU, zu Loritz, WAV: »Alter Narr!« *(10. 2. 50)*

Schwanhold, SPD
zu Dr. Schäuble, CDU/CSU: »Sie sind ein ziemlich schlimmer Hetzer! ... Herr Schäuble, Sie sollten Ihre Vorwürfe uns gegenüber zurücknehmen, sonst kann man Sie nur als den größten Hetzer hier im Saal bezeichnen!«
Vizepräsident Klein, CDU/CSU: »... dieser Ausdruck ist in einem Parlament auch konditional nicht zu verwenden. Ich würde Sie bitten, damit wir es gleich vom Tisch haben, den Ausdruck zurückzunehmen.«
Schwanhold: »Ich nehme die Formulierung ›kann man Sie nur als den größten Hetzer bezeichnen‹ zurück und sage: Herr Schäuble hat in Kenntnis anderer Tatsachen nicht die Wahrheit gesagt.«
Klein: »... wünschen Sie zu replizieren?«
Dr. Schäuble: »Nein, Herr Präsident, auf diesem Niveau diskutiere ich nicht!«
(1. 2. 96)

Dr. Seffrin, CDU/CSU
zu Schmidt (Hamburg), SPD: »Sie sind ein Totengräber der Demokratie!«
(25. 3. 58)

Dr. Seifert, PDS
»... hat sich die Koalition mit dem sogenannten Altschuldengesetz eine wahrhaft erpresserische Methode ausgedacht.«
Vizepräsident Becker, SPD: »Herr Dr. Seifert, ich weise den Ausdruck, daß hier mit erpresserischen Methoden gearbeitet wird, zurück. Wir arbeiten zusammen mit unterschiedlichen Auffassungen, aber nicht mit erpresserischen Methoden.« *(30. 9. 93)*

Seiters, CDU/CSU
Schulte (Menden), Grüne (s. dort), nennt die Bundesgesundheitsministerin Frau Dr. Rita Süssmuth, CDU/CSU, ›Krebsministerin‹; Seiters, CDU/CSU: »Sie braucht sich hier nicht alles gefallen zu lassen, das sage ich, bei diesem Pöbel!« *(14. 5. 86)*
über Dr. Vogel, SPD: »Schäbiger Verleumder – auch wenn es einen Ordnungsruf gibt!«
Dr. Vogel: »... die Verteilung von Ordnungsrufen ist vorläufig noch nicht die Sache des Herrn Seiters. Das mag noch so kommen, aber vorläufig nicht!«

Seiters: »Ich nenne Sie einen schäbigen Verleumder und möchte einen Ordnungsruf!« *(Der Abg. Seiters bekam ihn, d. Hg.; 20. 3. 86)*

SELLIN, B'90/Grüne
Präsident Dr. Jenninger, CDU/CSU: »Herr Kollege, wenn Sie eine Zwischenfrage stellen, dann nehmen Sie bitte Ihre Hände aus der Tasche! Es ist nicht üblich, daß man mit Händen in der Tasche redet. Bitte, nehmen Sie die Hand aus der Tasche. Ich bitte, diesen Anweisungen des Präsidenten zu folgen.«
Sellin: »Also, wie ich mich verhalte, das unterliegt auch noch mir.«
Dr. Jenninger: »Herr Kollege, ich bitte, diesen Anweisungen zu folgen. Ich rufe Sie zur Ordnung.«
Stratmann, Grüne: »Aber doch nicht mit solchen Methoden!«
Sellin folgt der Anweisung des Präsidenten nicht; Dr. Jenninger: »Ich rufe Sie ein zweites Mal zur Ordnung und weise Sie darauf hin, daß ich Sie dann des Saales verweisen muß.«
Sellin: »Dann verzichte ich auf die Zwischenfrage.« *(8. 5. 87)*

SENFFT, B'90/Grüne
zu Kleinert (Hannover), FDP: »Sie sind ein unglaublicher Heuchler!« ... »Eine dreckige Lüge!« *(5. 6. 86)*

SEUFFERT, SPD
über Blank, CDU/CSU: »Der ist besoffen!« *(5. 12. 52)*
zum Bundesfamilienminister: »Jedermann weiß, wer Sie sind, Herr Wuermeling *(CDU/CSU, d. Hg.):* Minister für besondere Taktlosigkeiten!« *(18. 11. 54)*

DR. SOLMS, FDP
zu Dr. Gysi, PDS: »Heuchler!« *(27. 6. 96)*
über den SPD-Spitzenkandidaten der hessischen Landtagswahl von 1987, Staatsminister Krollmann: »... heute morgen ist im Rundfunk angekündigt worden, daß der Möchtegern-Ministerpräsident von Hessen heute die Fernsehgelegenheit im Bundestag nutzen möchte und an der Debatte teilnehmen wird.« *(19. 3. 87)*
über Gansel, SPD: »Das ist ein Stinktier!« *(7. 12. 89)*

DR. SPERLING, SPD
über die CDU/CSU: »Da sind nicht Paulusse aus Saulussen geworden, sondern Pharisäer!« ... »Ich möchte, da mein Zwischenruf einen Ordnungsruf erfahren hat, den Ausdruck ›Pharisäer‹ mit dem Ausdruck des Bedauerns zurücknehmen und durch den Ausdruck ›Schriftgelehrter‹ ersetzen.«
Dr.-Ing. Kansy, CDU/CSU: »Frau Präsidentin, dieser Schriftgelehrte da!«

Vizepräsident Frau Renger, SPD: »... mir war klar, daß Herr Dr. Sperling so etwas ähnliches machen würde. Damit ist der Ordnungsruf wieder gestrichen.« *(25. 6. 87)*

Dr. Spöri, SPD
zu Dr. Lippold, CDU/CSU: »Sie Dreckschleuder!« *(19. 4. 85)*

Stahl (Kempen), SPD
zu Dr. Daniels, Grüne: »Sie sind ein ganz schlimmer Demagoge, mein lieber Dr. Daniels! Das will ich Ihnen aber sagen!« *(27. 4. 89)*
zu Hauser (Krefeld), CDU/CSU: »Dumm und frech!« *(26. 1. 90)*
über Dr. Voss, CDU/CSU, Parl. Staatssekretär beim Bundesfinanzminister: »Ein Flegel ist das!« *(26. 10. 88)*
zu Kroll-Schlüter, CDU/CSU: »Sie sind ein Schönschwätzer!« *(15. 10. 82)*

Dr. Stark (Nürtigen), CDU/CSU
»Herr Kleinert, klären Sie doch Ihren Kollegen Eimer *(beide FDP, d. Hg.)* einmal auf, der hat da vorhin so dummes Zeug gesagt ...«
Präsident Stücklen: »Herr Abgeordneter Dr. Stark, ›dummes Zeug‹ spricht ein Abgeordneter von diesem Podium nie.«
Haase (Kassel), CDU/CSU: »Grober Unfug ist das dann!«
Dr. Stark: »Herr Präsident, ich gebe das zu und nehme das zurück!« *(23. 5. 80)*
über Kleinert (Marburg), Grüne: »Das war Hetze!« *(9. 3. 89)*
zu Frau Oesterle-Schwerin, Grüne: »Sie sind eine Hetzerin!« *(15. 6. 89)*

Dr. Freiherr von Stetten, CDU/CSU
Die Abg. Fischer (Frankfurt), B'90/Grüne, und Breuer, CDU/CSU, unterhalten sich; Dr. Freiherr von Stetten: »Herr Fischer, würden Sie bitte einmal Ihr Gequatsche sein lassen.«
Vizepräsident Klose, SPD: »... das Wort ›Gequatsche‹ höre ich nicht so gerne.«
Dr. Freiherr von Stetten: »Ich nehme das Wort ›Gequatsche‹ zurück; ich bezeichne es als ein leises, nettes Säuseln.« *(8. 3. 96)*

Dr. Stoltenberg, CDU/CSU
zu Bundeskanzler Brandt, SPD: »Verleumdungen haben Sie ausgesprochen, Herr Bundeskanzler! Nichts weiter!« *(4. 6. 70)*

Sträter, SPD
zu Bundesminister Dr. Wuermeling, CDU/CSU: »Sie leiden ja an geistiger Schwäche!«
Vizepräsident Dr. Schneider, FDP: »Herr Abgeordneter Sträter, ich rufe Sie wegen dieser Bemerkung zur Ordnung.«

Zuruf von der SPD: »Was hat er denn gesagt?«
Dr. Schneider: »Er hat gesagt, der Minister leide an geistiger Schwäche, und dafür rufe ich ihn zur Ordnung.«
Dr. Bleiß, SPD: »Das kann man doch nicht verheimlichen!« *(16. 4. 57)*

Stratmann, B'90/Grüne
»Die Blockadeaktionen auf der Straße wie damals bei Rheinhausen sind notwendig. Ich hoffe, daß sie zunehmen. Ich hoffe, daß Grüne sich an diesen Blockadeaktionen beteiligen. Aber es kommt darauf an, den richtigen Gegner auszumachen. Zu diesem Gegner gehört die Bundesregierung. Es ist das Bündnis von Atomenergie, EG-Kommission und Bundesregierung, das wir mit vereinten Kräften bekämpfen müssen.«
Vizepräsident Cronenberg, FDP: »Herr Abgeordneter, ich gehe davon aus, daß es sich bei dem Aufruf zu den Blockaden nur um angemeldete Demonstrationen handeln kann. Denn andernfalls würde ich das von diesem Pult nicht dulden können.«
Stratmann: »Davon gehen Sie zu Unrecht aus!«
Cronenberg: »Dann allerdings erteile ich Ihnen einen Ordnungsruf und fordere Sie auf, derartige Aufrufe von diesem Pult aus nicht zu wiederholen.« *(11. 5. 89)*
zu Zeitlmann, CDU/CSU: »Dreckschleuder!« *(9. 10. 87)*
Stratmann: »Wenn ich aus dem nordrhein-westfälischen Vorlandtagswahlkampf nicht wüßte, daß Frau Schwaetzer *(FDP, d. Hg.)* gut verheiratet ist, würde ich sie angesichts einer solchen Aussage – keine politischen Bedingungen von Horten an die FDP – fragen, ob sie an das Dogma von der unbefleckten Empfängnis glaubt.«
Bundesfinanzminister Dr. Stoltenberg, CDU/CSU: »... zeigt die vollkommene Verwahrlosung der Grünen, daß ein solcher Beitrag noch mit Beifall bedacht wird.« *(30. 11. 84)*
Klein, CDU/CSU, Bundesminister für wirtschaftliche Zusammenarbeit, schließt seine Vereidigung mit den Worten: »Ich schwöre es, so wahr mir Gott helfe.«
Stratmann: »Gotteslästerung!«
Präsident Dr. Jenninger, CDU/CSU: »Der Abgeordnete Stratmann ... hat damit gröblich gegen die Ordnung des Hauses verstoßen. Ich schließe ihn nach Paragraph 38 unserer Geschäftsordnung für diesen und den nächsten Sitzungstag von den Verhandlungen des Deutschen Bundestages aus.« *(12. 3. 87)*
über die CDU/CSU-FDP-Bundesregierung: »Sie sind die Koalition der Polizeispitzel, aber nicht der Mitte!« *(19. 3. 87)*
zu Gerster (Mainz), CDU/CSU: »Lügner!« *(5. 10. 89)*

zu Bundesverteidigungsminister Dr. Wörner, CDU/CSU: »Minister für Verteidigungsangriff sind Sie!«
Vizepräsident Stücklen, CDU/CSU: »Herr Abgeordneter Stratmann, ich erteile Ihnen einen Ordnungsruf. Dieser Minister ist der Verteidigungsminister der Bundesrepublik Deutschland und nicht der Verteidigungsangriffsminister.«
Stratmann: »Er hat doch selbst vom Verteidigungsangriff gesprochen!«
Stücklen: »Herr Abgeordneter, ich erteile Ihnen den zweiten Ordnungsruf und mache Sie auf die Folgen eines dritten Ordnungsrufes aufmerksam.«
(4. 10. 84)
zum Staatsminister im Auswärtigen Amt, Schäfer, FDP: »Liberale Mörderkomplizen!« *(17. 1. 90)*
Vizepräsident Frau Renger, SPD: »Herr Stratmann, ich muß Ihnen einen Ordnungsruf wegen Ihrer beleidigenden Bemerkung gegenüber dem Kollegen Gerster *(Mainz)* erteilen ...« – *Zuruf Schily, Grüne.* – »Ich bitte um Zurückhaltung gegenüber dem Präsidenten.« *(7. 5. 87)*

Strauss, CDU/CSU
zu Bundeskanzler Brandt, SPD: »Das ist die glatte Unwahrheit! Wenn Sie es bewußt sagen, lügen Sie!« *(20. 10. 71)*

Ströbele, B'90/Grüne
zu Bundesaußenminister Genscher, FDP: »Ein Lügner sind Sie!« *(4. 6. 86)*
zu Bundeskanzler Dr. Kohl, CDU/CSU: »Der Kanzler ist ein Lügner, wenn Sie es hören wollen!« *(13. 11. 86)*
zu Broll, CDU/CSU: »Lüge! Sie sind ein Lügner!« *(11. 9. 86)*
»Sie finanzieren die Mörder, Herr Warnke *(Bundesminister für wirtschaftliche Zusammenarbeit, d. Hg.)*!« *(16. 5. 86)*
»Das ist ein Terrorist und bleibt einer, der *(US-Präsident, d. Hg.)* Reagan!«
Gegenruf von der CDU/CSU: »Sprach der Terrorist Ströbele!« *(16. 4. 86)*
zur CDU/CSU-FDP-Koalition: »Die Mehrheit der Umweltchaoten!«
Vizepräsident Stücklen, CDU/CSU: »Herr Abgeordneter Ströbele, ich rufe Sie zur Ordnung. Ich mache darauf aufmerksam, daß Sie nicht Abgeordnete dieses Hauses in cumulo als Chaoten bezeichnen können.« *(6. 6. 86)*
»Wir werden die Bürger dabei unterstützen in ihren Aktionen des zivilen Ungehorsams, die dieses Gesetz unterlaufen werden.«
Hornung, CDU/CSU: »Sie haben sich selbst entlarvt!«
Präsident Dr. Jenninger, CDU/CSU: »Herr Abgeordneter, es ist unzulässig, von dem Rednerpult des Deutschen Bundestages aus zum Widerstand gegen ein Gesetz aufzufordern. Ich mahne Sie zur Ordnung.«
Dr. Miltner, CDU/CSU: »Soweit sind wir schon mit den Kerlen!«

Dr.-Ing. Kansy, CDU/CSU: »Fragen Sie den doch mal, ob seine Bewährung schon abgelaufen ist!« *(28. 2. 86)*
Broll, CDU/CSU, zu Ströbele, der sich bei der Debatte um das Vermummungsverbot von – meist gewalttätigen – Demonstranten eine Sonnenbrille aufgesetzt hat: »Sie sehen mit Brille auch nicht klarer als ohne Brillc!«
Ströbele: »Wir haben hier eben von dem Kollegen gehört, daß das Anlegen einer solche Brille nicht den Tatbestand erfüllen soll, daß es sich um eine ›Aufmachung‹ handelt, ›die geeignet ist, die Feststellung der Identität zu verhindern‹. Etwas anderes haben wir dazu im Innenausschuß von dem Vertreter des Justizministeriums gehört, oder ...« – *Der Redner setzt sich außerdem noch eine Mütze auf.*
Dr. Jenninger, CDU/CSU: »Herr Abgeordneter, ich bitte, diese Dinge zu entfernen.«
Ströbele: »... ist das eine ...«
Dr. Jenninger: »Herr Abgeordneter, ich bitte, diese Dinge zu entfernen. Das entspricht nicht der Würde des Hauses.«
Ströbele: »Herr Präsident, ich werde doch die Frage stellen dürfen ...«
Dr. Jenninger: »Herr Abgeordneter, ich entziehe Ihnen das Wort.« – *Beifall bei der CDU/CSU. – Zurufe von den Grünen.* – »Herr Abgeordneter, ich bitte, den Platz zu räumen. Ich habe Sie dreimal zur Ordnung gemahnt und habe Ihnen beim dritten Mal das Wort entzogen. Ich bitte Sie, den Rednerplatz zu räumen.«
Zuruf: »Zweimal haben Sie ihn zur Ordnung gerufen!«
Dr. Jenninger: »Herr Abgeordneter, ich bitte Sie, diese Utensilien zu entfernen.«
Zuruf von der CDU/CSU: »Muß er jetzt gehen oder nicht?«
Schulte (Menden), Grüne: »Entschuldigen Sie sich!« *Der Redner entfernt die Mütze.*
Dr. Jenninger: »Bitte, Herr Abgeordneter, fahren Sie fort.« *(Alles in allem ein einmaliger – und auch unglaublicher – Vorgang. Ein Redner, dem längst das Wort entzogen war, durfte trotzdem weiterreden, d. Hg.; 28. 6. 85)*

Dr. Struck, SPD
van Essen, FDP, über Dr. Struck: »Wie heuchlerisch er hier argumentiert hat, ergibt sich zum anderen aus der Tatsache, daß er in den Verhandlungen bereit war, auf die übrigen Tagesordnungspunkte zu verzichten. Auch das muß hier angesprochen werden.«
Dr. Struck: »Das ist eine Lüge! Nehmen Sie das zurück! Das ist eine Lüge! Sie sind ein Lügner!«
Präsidentin Dr. Süssmuth, CDU/CSU: »... muß ich dem Kollegen Struck einen Ordnungsruf erteilen. Er hat ausweislich des Protokolls den Kollegen van

Essen mit den Worten angeredet: Sie sind ein Lügner. Dies muß ich zurückweisen und mit einem Ordnungsruf belegen.«
Dr. Struck: »Ich nehme es mit Demut entgegen!« *(9. 2. 96)*

Suhr, B'90/Grüne
über die Bundesregierung: »Diese Bakschischregierung gehört in den vorzeitigen Ruhestand versetzt.« *(13. 6. 85)*
zu Dr. Waigel, CDU/CSU: »Sie Heuchler!« *(10. 9. 86)*
über Politiker der CDU/CSU-FDP-Koalition: »Sie versprechen auf Ihren Plakaten stabile Preise, sichere Renten und mehr Arbeitsplätze. Was Sie hier im Wahlkampf inszenieren ist ein Theaterstück mit mehreren Schurken. Einmal Finanzminister Schuldenberg – Stoltenberg – ... Der nächste Schurke in dem Stück ist Norbert Blüm, Inhaber der Abbruchfirma ›Soziale Sicherung‹ ... Der nächste Schurke in dem Wahlkampfstück ist Friedrich Zimmermann ... Rita Süssmuth, die Wahlkampflokomotive der Union für die emanzipierte Frau, muß dagegen leider etwas Dampf ablassen ... Kommen wir zum nächsten Ganoven im dem Schurkenstück: Martin Bangemann ...« *(9. 9. 86)*
»... denn es gibt eine Menge Menschen, in diesem Land, die sich von dieser Regierung nicht vertreten, sondern höchstens verarscht fühlen.« *(27. 6. 85)*

Tenhagen, SPD
Tenhagen, SPD, über die Politik von Bundesfamilienminister Dr. Wuermeling, CDU/CSU: »Wer kümmert sich um die ›Wuermelinge‹?« *(1. 4. 54)*

von Thadden, fraktionslos
über die Politik der CDU/CSU-FDP-DP-Bundesregierung: »Das sind nicht die Zusatzverträge mit allen möglichen Schweinigeleien ...!« *(27. 11. 52)*

Frau Thiele, KPD
über Blank, CDU/CSU: »Wenn Herr Blank auch nur einen Funken Ehr- und Schamgefühl hätte, würde er es nicht wagen, eine Mutter zu beleidigen!« *(8. 2. 52)*

Dr. Thomae, FDP
zu Dreßler, SPD: »Sie lügen bewußt!«
Vizepräsident Dr. Hirsch, FDP: »Nun möchte ich angesichts der Schärfe der Formulierungen, deren sich der Kollege Dreßler befleißigt, davon absehen, Ihnen einen formalen Ordnungsruf zu erteilen. Aber ich bitte alle Kollegen des Hauses sehr darum, sich hier keiner Ausdrucksweise zu bedienen, die den Tatbestand der Beleidigung erfüllen. Das ist unparlamentarisch und gilt für alle Seiten ...« *(15. 11. 96)*

Tietjen, SPD
zu Wüppesahl, Grüne: »Herr Abgeordneter, wenn ich Ihnen zum wiederholten Male zuhöre, stellt sich mir als Ihrem – ich muß das bedauern – ehemaligen Berufskollege *(Tietjen und Wüppesahl sind beide Kriminalbeamte, d. Hg.)* die Frage, wie Sie Ihr ganzes Gequäke gegen diesen Rechtsstaat eigentlich in Einklang bringen wollen mit Ihrem Diensteid, den Sie seinerzeit einmal in einem Bundesland in der Bundesrepublik Deutschland geleistet haben?«
Vizepräsident Frau Renger, SPD: »Darf ich einmal sagen, daß ›Gequäke‹ kein schöner Ausdruck ist? Ich rüge dieses.« *(7. 5. 87)*

Frau Titze-Stecher, SPD
»Sie nicken, Herr Hoffacker *(CDU/CSU, d. Hg.)*. Nur, was Sie da tun, ist eine haushaltspolitische und ordnungspolitische Schweinerei ...«
Vizepräsident Klein, CDU/CSU: »Hier sind die Sitten in letzter Zeit etwas strenger geworden, und wir gehen mit dem parlamentarischen Vokabular etwas behutsamer um. Ich fände es gut, wenn Sie diesen Ausdruck etwas relativieren könnten.«
Jungmann (Wittmoldt), SPD: »Na, sagen wir ›Ferkelei‹!«
Frau Titze-Stecher: »Eine ordnungspolitische und haushaltspolitische Mogelei ...«
Sauer (Stuttgart), CDU/CSU: »Nun kommen Sie mit den Vokabeln ›Schweinerei‹ usw. Ich glaube, das ist unseren Beratungen nicht ganz angemessen.«
Dr. Küster, SPD: »Zurückgenommen!«
Sauer: »Zurückgenommen, okay. Flegeleien hieß es dann.«
Zuruf von der CDU/CSU: »Mogeleien!«
Sauer: »Mogeleien. Auch dies, glaube ich, ist nicht angemessen.«
(25. 11. 93)

Dr. Todenhöfer, CDU/CSU
Dr. Todenhöfer erhält das Wort und geht zum Rednerpult. Wehner, SPD: »Jetzt kommt der Wurmfortsatz!«
Dr. Todenhöfer: »Ich kann mich hier nicht auf die pornographische Sprache des Herrn Wehner einlassen.« *(11. 5. 76)*
über die SPD: »Da drüben sitzen doch Trunkenbolde!« *(11. 5. 76)*

Topmann, SPD
Dr. Geißler, CDU/CSU, zur SPD: »Ja, Sie sind tief getroffen, ich merke dies. Sie sind tief getroffen.«
Topmann: »Wer fühlt sich durch Heuchler nicht getroffen!«

Vizepräsident Windelen, CDU/CSU: »Herr Abgeordneter, Sie haben eben das Wort ›Heuchler‹ gebraucht. Ich rufe Sie deswegen zur Ordnung.« *(4. 3. 82)*

Frau Unruh, B'90/Grüne und fraktionslos
über den Abtreibungsprozeß in Memmingen: »Das war eine Schau! Ist denn der Staatsanwalt, der seine Freundin hat abtreiben lassen, noch in Diensten?«
Präsidentin Dr. Süssmuth, CDU/CSU: »Ich rufe Sie zur Ordnung, Frau Abgeordnete Unruh.«
Frau Unruh: »Oder der Richter sogar? Ist ja noch schlimmer!« *(12. 5. 89)*
»Wenn diese Rentenreform durchkäme, Herr Dr. Vogel«
Dr. Vogel, SPD: »Ja?«
Frau Unruh: » – ja, ich setze ein Stück Hoffnung auf ihn, ob es euch paßt oder nicht –, wenn diese Rentenreform mit den vorgesehenen Kürzungen durchkäme, was die Banausen *(von der CDU/CSU-FDP-Koalition, d. Hg.)* wollen ...« *(24. 11. 88)*
zu Voigt (Frankfurt), SPD: »Halt die Klappe! Ich mache das, was ich will, verehrter SPD-Freund.«
Vizepräsident Westphal, SPD: »›Halt die Klappe‹, Frau Unruh, war nicht gerade parlamentarisch.« *(23. 8. 90)*
zu Dr. Bötsch, CDU/CSU: »Lüge!« *(2. 4. 87)*
Dr. Langner, CDU/CSU: »Die Eulenspiegeleien der Grünen kann man ja gerade noch pubertätsangemessen ertragen ...«
Frau Unruh: »Unverschämter Lümmel!«
Vizepräsident Cronenberg, FDP: »... muß ich einen Ordnungsruf erteilen. Frau Unruh hat ... den Abgeordneten Langner als unverschämten Lümmel bezeichnet.« – *Heiterkeit. – Beifall bei den Grünen.* – »Ersparen Sie mir, diesen Beifall jetzt auch noch zum Anlaß zu nehmen, erneut einen Ordnungsruf zu erteilen. Jetzt müßte ich fast sagen: in pauschaler Form den Resten der anwesenden grünen Fraktion ... Das ist wirklich unparlamentarisches Verhalten. Ich halte diesen Zwischenruf für unerträglich und erteile der Frau Abgeordneten Unruh allen Ernstes einen Ordnungsruf.« *(26. 2. 88)*
»Sie züchten in unserem Land einen Generationenhaß, im wesentlichen veranlaßt von der FDP. Es ist für mich untragbar, wenn ich das höre. Das soll sich dann liberal schimpfen. Das ist ja wohl mehr als ungewöhnlich, Herr Mischnick.«
Mischnick, FDP: »Dunkel ist der Rede Sinn!«
Frau Unruh: »Herr Mischnick, wenn ich Sie so reden höre und mir vor Augen halte, was die Liberalen alles gewollt haben und wo Sie versagt haben.«
Zuruf von der CDU/CSU: »Sie sind ein Lackschuh-Panther!«
Frau Unruh: »Das tut schon weh. Ich war einmal eine Sozialliberale. Aber was sind Sie heute? Pfui Deibel! Das kann ich nicht verstehen.« *(9. 11. 89)*

URBANIAK, SPD
Rind, FDP: »Es tut mir leid. Ich möchte keine weiteren Zwischenfragen mehr zulassen ...«
Urbaniak: »Feigling!« *(4. 12. 87)*
zu Fritz, CDU/CSU: »Quatschkopf!« *(11. 3. 93)*

VAHLBERG, SPD
»Friedrich Zimmermann, der Verkehrsminister, ersetzt die fehlende verkehrspolitische Konzeption durch Drohungen an unsere Nachbarn und entwickelt sich – Pardon! – zum Erpressungsminister.«
Vizepräsident Westphal, SPD: »Herr Kollege Vahlberg, das von Ihnen verwendete Wort ›Erpressungsminister‹ wird auch dadurch nicht parlamentarisch erträglicher, daß Sie vorher ›Pardon‹ gesagt haben.« *(22. 6. 89)*

Frau VENNEGERTS, B'90/Grüne
»Herr Stoltenberg *(Bundesfinanzminister, CDU/CSU, d. Hg.)*, vielleicht sollten Sie jetzt einmal herausschauen. Ihre Handlung ist vergleichbar mit der eines politischen Steuerbetrügers.« *(19. 3. 87)*

VERHEUGEN, SPD
»... so erkennbar es auch seinen angestrebten politischen Zweck verfehlen muß, ist ganz ernst gemeint, und so offenbart sich bei dem Bundesjustizminister *(Dr. Schmidt-Jortzig, FDP, d. Hg.)* nicht eine köstliche List, sondern eine ganz gewöhnliche politische Charakterschwäche.«
Vizepräsident Klose, SPD: »Ich finde, die persönliche Kennzeichnung mit ›Charakterschwäche‹ und ähnlichem paßt nicht ins Parlament.«
Verheugen: »Ich muß das akzeptieren ..., obwohl ich gesagt habe, eine politische ›Charakterschwäche‹.« *(8. 3. 96)*
zu Klein (München), CDU/CSU: »Flegel!« *(4. 12. 86)*
zu Dr. Hornhues, CDU/CSU: »Heuchler!«
Dr. Hornhues: »Herr Präsident, Kollege Verheugen meinte, dies sei, auf mich bezogen, nicht nur heuchlerisch, sondern ich sei ein Heuchler ...«
Vizepräsident Klein, CDU/CSU: »Wenn der Zwischenruf ›Heuchler‹ gefallen ist ...«
Verheugen: »Tut mir leid, Herr Präsident!«
Klein: »Herr Kollege Hornhues, nehmen Sie die Entschuldigung an?«
Dr. Hornhues: »Ja, natürlich!« *(21. 4. 93)*
Reddemann, CDU/CSU: »Als er noch in der Partei dort drüben *(FDP, d. Hg.)* war, hat einer seiner Parteivorsitzenden gesagt, das jugoslawische Modell sei praktisch das Ärgernis des Kapitalismus und des Sozialismus zusammen. Wir wollen darüber keine Diskussionen führen.«

Verheugen: »Ich habe gesagt, daß die Linke das gut fand! Ich habe nicht gesagt, daß ich das gut fand! Sie sind immer ein alter Verleumder!« *(21. 2. 91)*

Vogel (München), B'90/Grüne
zu Dr. Weng (Gerlingen), FDP: »Sie sind ein unverschämter Verleumder!« *(19. 6. 86)*

Dr. Vogel, CDU/CSU
zu Bazille, SPD: »Das ist wieder eine infame Unterstellung ...« *(22. 1. 64)*

Dr. Vogel, SPD
nach anhaltenden Zurufen von der CDU/CSU: »Herr Präsident, es drängt sich die Frage auf, ob man diese Meute eigentlich gelegentlich einmal zum Schweigen bringen kann ...« *Dr. Vogel etwas später:* »Ich habe in Richtung auf eine Gruppe lärmender Zwischenrufer vorhin den Begriff ›Meute‹ gebraucht. Das Lied, auf das ich dabei Bezug genommen habe, findet sich in einem evangelischen Gesangbuch. Der betreffende Vers lautet: ›Fährt der böse Geist in den Betrieb, dann ducken sich die Leute. Am Fließband hängt der Segen schief, ist das ein Elend heute. Fährt der böse Geist ins Parlament, dann ducken sich die Leute. Im Parlament hängt der Segen schief. Gegängelt kläfft die Meute‹. Ich möcht klarstellen, daß ich als Meute in diesem Sinne nicht die Union als Partei oder als Fraktion, sondern die Schreier verstehe, die ihnen nicht genehme Meinungen nicht mit einzelnen Zwischenrufen, sondern mit ununterbrochenem und unartikuliertem Gebrüll begleiten.«
Präsident Dr. Jenninger, CDU/CSU: »Herr Abgeordneter Vogel, ich bin trotzdem der Auffassung, daß der Ausdruck Meute für den politischen Gegner nicht im Parlament benützt werden sollte.« *(26. 6. 86)*

Vogt (Kaiserslautern), B'90/Grüne
über Bundeskanzler Dr. Kohl, CDU/CSU: »Kanzler der Geschmierten! Kanzler der Geschmierten!« *(24. 5. 84)*
zur CDU/CSU-FDP-Koalition: »Im Volksmund nennt man das, was Sie hier ... gemacht haben, nichts anderes als – mit Verlaub, Herr Präsident – Verarschung.«
Präsident Dr. Barzel, CDU/CSU: »Herr Kollege, ich bitte Sie, sich doch zu mäßigen. Der Präsident hat bisher solche Dinge, wie Sie sie behaupten, im Zusammenhang mit der Anwendung der Geschäftsordnung nicht feststellen können.« *(11. 11. 83)*
Bundesaußenminister Genscher, FDP, über die Grünen und die mit ihnen sympathisierenden Demonstranten: »Diejenigen, die im Augenblick mit Gewalt versuchen, die Beratungen dieses frei gewählten Parlaments unmöglich zu machen, haben diese Fähigkeit zum Frieden verloren; sie gefährden den inneren Frieden.«

Vogt: »Sie sind ein Verleumder, Herr Genscher!«
Wegen Kritik am Präsidenten erhält der Abg. Vogt etwas später den zweiten Ordnungsruf; Vogt: »... hier sozusagen schon eine Majestätsbeleidigung des Präsidenten ist, wo kommen wir denn da hin!«
Es folgt der dritte Ordnungsruf, der den Ausschluß zur Folge hätte haben müssen. Aber Vizepräsident Westphal, SPD, scheint mit dem Zählen nicht so ganz mitgekommen zu sein: »Herr Kollege Vogt, ich muß Sie erneut zur Ordnung rufen. Sie wissen, daß der zweite Ordnungsruf mit der Ankündigung verbunden ist, daß ein dritter Ordnungsruf dazu führt, daß Ihnen für diese Aussprache nicht mehr das Wort erteilt werden kann.« *(21. 11. 83)*

Frau Dr. Vollmer, B'90/Grüne
zu Jäger (Wangen), CDU/CSU: »Heuchler!« *(3. 5. 84)*

Vollmer, B'90/Grüne
über Klein, CDU/CSU, Bundesminister für wirtschaftliche Zusammenarbeit: »Ich kann hier eines sagen: Der einzige Radaubruder sitzt auf der Regierungsbank.«
Präsident Dr. Jenninger, CDU/CSU: »Herr Abgeordneter, ich muß diese Vorwürfe zurückweisen. So sollte man im Parlament nicht miteinander reden.«
Vollmer: »Der Herr Bundesminister hat uns vorgeworfen, wir wollten Krawall machen. Ich kann sagen: Wenn jemand Krawall macht – wir sind es nicht.« *(9. 6. 88)*
nach einem Zwischenruf von Dr. Pinger, CDU/CSU: »Ausgerechnet der Vertreter einer Bundestagsfraktion, die öfter nachgewiesen hat, daß sie nur über ein vordemokratisches Bewußtsein verfügt, deren Mitglieder hier durch rassistische Zwischenrufe aufgefallen sind, will Nachhilfeunterricht in Demokratie geben.« *(23. 6. 89)*

Wacher, CDU/CSU
über Schmidt (Hamburg), SPD: »Billiger Jakob!« *(25. 3. 58)*
zu Schmidt (Hamburg), SPD: »Das ist wieder eine infame Unterstellung, mit der Sie jetzt anfangen!« *(25. 3. 58)*

Wagner, SPD
»Da hat er *(Bundeswirtschaftsminister Dr. Rexrodt, FDP, d. Hg.)* damals schon gelogen!« *(29. 4. 94)*

Dr. Waigel, CDU/CSU
»Auch die Deutschen bedürfen wie die anderen Völker Europas eines geläuterten Nationalbewußtseins und einer Identifikation mit ihrer Geschichte.«

Frau Hensel, Grüne: »Ist ja unglaublich!«
Dr. Waigel: »Was für Sie unglaublich ist, ist für mich völlig uninteressant. Wenn man historisch so dumm ist wie Sie, dann ist jeder Zwischenruf ebenfalls nur ein Ausdruck Ihres Unvermögens, überhaupt in geschichtlichen Kategorien zu denken.«
Kleinert (Marburg), Grüne: »Sie sind ein Superhistoriker, ein verhinderter Staatsmann!«
Vizepräsident Cronenberg, FDP: »Herr Abgeordneter Dr. Waigel, die Bezeichnung ›historisch dumm‹ bezogen auf eine Abgeordnete des Hauses bedarf einer Rüge.«
Dr. Bötsch, CDU/CSU: »Dann lassen wir das Wort ›historisch‹ weg!«
(18. 3. 87)

WALTEMATHE, SPD
»Sie sollen doch antworten! Sagen Sie doch mal die Wahrheit!«
Bundesfinanzminister Dr. Stoltenberg, CDU/CSU: »Wissen Sie, Sie können nicht so mit mir verfahren, und so können wir in diesem Hohen Hause überhaupt nicht miteinander umgehen, daß ein Redner dem anderen sagt: Nun kommen Sie mal hierher und sagen ja und nein! Das sind volksdemokratische Methoden und keine demokratischen Methoden im frei gewählten Parlament der Bundesrepublik Deutschland.« *(9. 9. 87)*
Vizepräsident Frau Renger, SPD: »Herr Bundesminister Stoltenberg, ich bitte Sie einen Moment um Gehör. Mir liegt gerade das Sitzungsprotokoll der gestrigen Sitzung vor. Danach haben Sie einen Teil des Hauses volksdemokratischer Methoden bezichtigt. Ich könnte das genau vorlesen, aber Sie dürfen es auch nachlesen. Ich muß dies für dieses Haus ausdrücklich zurückweisen.« *(10. 9. 87)*

WALTHER, SPD
über Bundesfinanzminister Dr. Waigel, CDU/CSU: »Er hat das deutsche Volk belogen! Ja, angelogen hat er es!«
Vizepräsident Westphal, SPD: »Aber den Ausdruck ›belügen‹ muß ich rügen.«
Walther: »Er hat das deutsche Parlament hinter die Fichte geführt!« *(25. 10. 90)*

DR. WARNKE, CDU/CSU
»Wer sind denn die ›Deppen‹?«
Präsident Stücklen: »Herr Abgeordneter Dr. Warnke, ich würde empfehlen, daß wir die Frage, wer die ›Deppen‹ sind, ungeklärt lassen.« *(12. 12. 79)*

WARTENBERG (Berlin), SPD
»Der Fakt ist, daß das, was dort im Forschungsausschuß von, ich sage einmal: einigen Dummbolzen beschlossen worden ist, ein Rohrkrepierer geworden ist, daß der Beschluß der Realität nicht entsprochen hat.« *(4. 10. 89)*
»Nun, Frau Rönsch *(CDU/CSU, d. Hg.)*, muß ich Ihnen noch einmal eine wirkliche Dusseligkeit, die Sie hier vorgetragen haben, nachweisen.«
Kittelmann, CDU/CSU: »Was haben Sie für eine Kinderstube?«
Wartenberg: »Ja, eine Dusseligkeit!«
Feilcke, CDU/CSU: »Ein geistiger Gartenzwerg!« *(25. 6. 87)*
»Alle Bundesländer haben diesem Gesetz zugestimmt. Sind die denn nun alle bekloppt, haben nur Sie Hanseln hier die Weisheit gepachtet?« *(12. 12. 91)*

DR. WEBER (Köln), SPD
zur CDU/CSU: »Sie haben in den letzten Tagen und Wochen doch nichts anderes zu tun gehabt, als sich an diesen Äußerungen aufzugeilen. Da kommt die Erklärung ...«
Vizepräsident Dr. Schmitt-Vockenhausen, SPD: »Herr Kollege, die deutsche Sprache ist so reich, daß Sie sicher einen besseren Ausdruck finden.«
Dr. Weber: »Herr Präsident, ich nehme diesen Ausdruck zurück, wobei ich allerdings feststelle, daß es der Opposition offenbar biologisch nicht mehr möglich ist, so zu verfahren, wie es eben beschreiben habe.« *(16. 2. 78)*

WEHNER, SPD
zu Sauer (Salzgitter), CDU/CSU: »Sie sind nämlich nicht Parlamentarier, sondern Sie sind das Abscheu-Bild eines Quasi-Parlamentariers.« *(20. 3. 80)*
zur CDU/CSU: »Im übrigen sage ich Ihnen: Sie haben ... Spott und Hohn über Anstrengungen auszugießen, auszupissen versucht. Jawohl, sage ich Ihnen! Auf einen Schelmen anderthalbe!« *(19. 12. 74)*
zu Dr. Wittmann (München): »Daß Sie beschränkt sind, sieht man Ihnen an!«
Dr. Wittmann: »Herr Wehner, Sie werden mir gestatten, daß ich darauf nicht eingehe.«
Wehner: »Ich gestatte Ihnen alles!« *(10. 5. 79)*
zu Dr. Jahn (Münster), CDU/CSU: »Sie sind doch ein mißlungener Conférencier!« *(10. 11. 77)*
zu Dr. Wörner, CDU/CSU: »Hören Sie auf, Sie Denunziant!« *(8. 3. 79)*
zu Dr. Abelein, CDU/CSU: »Halten Sie doch den Mund! Professoraler Dummkopf!« *(15. 2. 79)*
zu Schneider (Bremerhaven), DP: »Er *(Kurt Schumacher, d. Hg.)* nannte Sie nur ›Ehrabschneider‹ *(Bremerhaven)!*« *(21. 3. 58)*

Dr. Riedl (München), CDU/CSU, zitiert das SPD-Wahlprogramm von 1980.
Wehner: »Mich wundert, daß Sie überhaupt noch lesen können!«
Dr. Riedl: »Ach, Lesen ist kein großes Problem. Nur: sich daran halten, Herr Wehner, das ist das Problem!«
Wehner: »Sie haben wohl zuviel Alkohol getrunken!«
Dr. Riedl: »Herr Wehner, machen Sie ruhig so weiter! Dann kriegen Sie heute Ihren 76. Ordnungsruf. Auf den würde ich mich schon freuen ...«
Wehner: »Sie verwechseln wohl den Bundestag mit der Oktoberwiesn, Sie Flaschenkopf!«
Haase (Kassel), CDU/CSU: »Herr Präsident, er hat ›Quatschkopf‹ gesagt!«
Präsident Stücklen, CDU/CSU: »Ich muß auf Grund des Stenographischen Berichts feststellen, daß der Herr Abgeordnete Wehner den Herrn Abgeordneten Dr. Riedl als ›Flaschenkopf‹ bezeichnet hat. Ich erteile Herrn Abgeordneten Wehner für *diesen unparlamentarischen Ausdruck einen Ordnungsruf.«*
Haase (Kassel), CDU/CSU: »Der 101. Ordnungsruf! Er hat Jubiläum, Herr Präsident, wegen Rüpelei hat er heute Jubiläum!« *(12. 11. 81)*
zu Dr. Kohl, CDU/CSU: »Sie sind ein Flegel!« *(21. 6. 77)*
zu Dr. Zimmermann, CDU/CSU: »Schämen Sie sich, Sie Frühstücksverleumder!« *(28. 11. 79)*
zu Wohlrabe, CDU/CSU: »Das ist Ganoventon! Das ist Ganoventon, der hier eingeführt wird! Sie sind eine Sumpfblüte!« *(24. 6. 76)*
Franke (Osnabrück), CDU/CSU: »Wer hat Ihnen das alles aufgeschrieben?«
Wüster, SPD: »Ja, Sie werden staunen. Trotz achtjähriger Volksschule mache ich meine Reden immer selber, Herr Franke. Bei Ihnen scheint das nicht der Fall zu sein.«
Wehner: »Man soll sich von einem Gauch nicht provozieren lassen!«
(18. 1. 79)
Dr. Jenninger, CDU/CSU: »Sie sagen die Wahrheit nicht!«
Wehner: »Mann, hampeln Sie doch nicht so herum, Sie sind doch Geschäftsführer und nicht Geschwätzführer!« *(16. 2. 78)*
über Mitglieder aus dem Kabinett Adenauer: »Abgeordnete sind nur ihrem Gewissen unterworfen! Dies gilt nicht für Minister, die haben keines!«
(4. 5. 56)
Rühe, CDU/CSU: »Richtig ist doch, daß eine gute Schule sowohl fördern, und zwar in erster Linie, Herr Wehner ...«
Wehner: »Lassen Sie mich doch in Ruhe, Sie Gnom!« *(8. 11. 79)*
Franke (Osnabrück), CDU/CSU, über die SPD: »Sie gehen mit der sozialistischen Heckenschere an das Problem heran, und Sie werden es dennoch nicht lösen.«
Wehner: »Sie sind ein Heckenschütze!«

Franke: »Herr Wehner, Sie haben gerade das Wort Heckenschütze gebraucht, ich weiß das wohl.«
Vizepräsident Dr. Schmitt-Vockenhausen, SPD: »Herr Abgeordneter Wehner, ich rüge den Zuruf ›Heckenschütze‹.«
Wehner: »Ja, ja, ich bedanke mich für diese Unparteilichkeit!«
Dr. Schmitt-Vockenhausen: »Herr Kollege Wehner, ich muß Sie dafür erneut rügen.« *(16. 3. 78)*
zu Dr. Gruhl, CDU/CSU: »Sie sind eine Karikatur!« *(12. 2. 71)*
Frau Dr. Lepsius, SPD, über die CDU/CSU: »Sie fordern all dies unter Berufung auf sozialistische Vorbilder, Gesellschaftssysteme, die Sie sonst so bekämpfen, und uns Sozialdemokraten und Freie Demokraten denunzieren Sie im gleichen Atemzug der Verstaatlichung und der Zerstörung der Familie.«
Präsident Dr. Carstens, CDU/CSU: »Ich rüge den Ausdruck ›denunzieren‹. Ich bitte Sie noch einmal, Ihre Ausdrucksweise zu mäßigen.«
Wehner: »Unglaublich, Herr Präsident! Unglaublich, Herr Präsident! Unglaublich, Herr Präsident! Unglaublich!«
Dr. Carstens: »Herr Abgeordneter Wehner, ich rufe Sie wegen Ihres Zwischenrufes zu Ordnung.«
Wehner: »Ich danke Ihnen dafür! Ich danke Ihnen dafür! Sie Kavalier!«
(15. 3. 79)
Wenige Tage vor dem Beginn des SPD-Bundesparteitages in Berlin; Dr. Zimmermann, CDU/CSU, nach mehreren lautstarken Zwischenrufen von Wehner: »... debattieren, Herr Wehner, heißt nicht Gebrüll und heißt nicht Geschrei. Auf Ihrem Parteitag könnten Sie jemanden, der in dieser Sache so deutlich spricht wie ich, gut gebrauchen.«
Wehner: »Dann wissen die Leute, wo der Zimmermann sein Loch hat!«
Dr. Barzel, CDU/CSU: »Herr Wehner hat heute morgen die Zeitungen mit den Berichten über den Zustand der SPD gelesen!«
Wehner: »Suchen Sie eine andere Heimat oder was?« *(28. 11. 79)*
zu Euler, FDP: »Das ist eine Lüge!« – *Präsident D. Dr. Gerstenmaier ruft Wehner zur Ordnung.* – »Es ist dennoch eine Lüge!«
Dr. Gerstenmaier: »Ich rufe Sie zum zweitenmal zur Ordnung, Herr Abgeordneter,«
Wehner: »Rufen Sie den Abgeordneten Euler auch zur Ordnung!«
Dr. Gerstenmaier: »und mache Sie auf die Folgen eines dritten Ordnungsrufes aufmerksam.«
Wehner: »Der Mann kann dort oben das Gegenteil der Wahrheit behaupten!«
(22. 3. 55)
über Zurufe von Glos, CDU/CSU: »Ist es möglich, daß ein solcher Lümmel eine Rede kaputtmacht?!« *(25. 1. 79)*

Reddemann, CDU/CSU, zu Bundeskanzler Brandt, SPD: »Wenn man als ehemaliger Journalist eine Zeitung ein Pamphlet nennt, so macht man sich nachträglich selbst zum Pamphletisten!«
Brandt: »Wissen Sie ...«
Wehner: »Lassen Sie sich doch von diesem Lümmel nicht aus der Ruhe bringen!«
Vizepräsident Dr. Schmitt-Vockenhausen, SPD: »Herr Abgeordneter Wehner, ich rüge das Wort ›Lümmel‹!«
Wehner: »Schönen Dank, Herr Präsident, daß Sie erwacht sind!« *(6. 4. 73)*
Franke (Osnabrück), CDU/CSU: »... weil der Kanzler *(Schmidt, SPD, d. Hg.)* zu feige ist, das durchzusetzen.«
Wehner: »Soll das hier Brauch werden, Sie Lümmel!« *(15. 3. 79)*
zu Spranger, CDU/CSU: »Sie sind ein Lump!« *(16. 3. 77)*
Zuruf von der SPD über Franke (Osnabrück), CDU/CSU: »So redet ein Moralist!«
Wehner: »Nein, ein Manneken-Pis!« *(15. 3. 79)*
zur CDU/CSU: »Ich frage Sie: Wo und wie wollen Sie das denn verantworten, Sie feixende Meute – ja, das sind Sie! –, all diese Punkte ganz einfach zu übergehen!« *(1. 6. 78)*
zu Bundesinnenminister Höcherl, CDU/CSU: »Dürfen Abgeordnete mithören, Herr Mithörminister?« *(7. 2. 64)*
zu Euler, FDP: »Sie sind ein Nazi-Advokat!« *(16. 2. 50)*
über Dr. Barzel, CDU/CSU: »NS-Schulungsredner!« *(11. 6. 59)*
zur CDU/CSU: »Da feixen Sie, Patent-C-Träger, da feixen Sie!« *(17. 12. 76)*
über Dr. Barzel, CDU/CSU: »Ein einstudierter Pharisäer!« *(24. 4. 58)*
nach mehreren Zurufen von der CDU/CSU: »Kann man diesen Pöbel nicht einmal zu Ruhe bringen?« *(16. 3. 78)*
über die CDU/CSU: »Ein nihilistischer Pöbelhaufen ist das!« *(30. 11. 65)*
zu Dr. Luda, CDU/CSU: »Sie sind ein Quatschkopf, weiter gar nichts!«
Dr. Luda: »Herr Präsident, ich bin von Herrn Wehner ›Quatschkopf‹ genannt worden. Ich bin nicht damit einverstanden, daß so etwas hier passiert.«
Vizepräsident Dr. Schmid, SPD: »Das habe ich nicht gehört. Herr Abgeordneter Wehner, bekennen Sie sich dazu?«
Wehner: »Aber mit Vergnügen!« *(17. 2. 66)*
zu Rawe, CDU/CSU: »Sie sind doch keine Maus, sondern eine Ratte!«
(22. 1. 76)
zu Abgeordneten der CDU/CSU: »Benehmen Sie sich doch nicht wie ein Sauhaufen!« *(27./28. 6. 63)*
Dr. Barzel, CDU/CSU: »Ich habe nicht die Absicht, einen Pappkameraden hier aufzubauen, wie Sie das nannten.«

Wehner: »Sie sind ja selber einer!«
Vizepräsident Dr. Schmitt-Vockenhausen, SPD: »Herr Abgeordneter Wehner, haben Sie den Herrn Abgeordneten Barzel eben als Pappkameraden bezeichnet?«
Wehner: »Lesen Sie das bitte im Protokoll nach, Herr Präsident!«
Dr. Barzel: »Bleiben wir also bei den Pappkameraden.«
Wehner: »Schleimer wäre richtiger!« *(15. 4. 70)*
über die CDU/CSU: »Schmutzfinken!« *(23. 1. 75)*
zu Wohlrabe, CDU/CSU: »Sie sind ein Schwein, wissen Sie das?« *(21. 5. 74)*
zur CDU/CSU: »Denn Ihr Lachen wird auch Sie selbst nicht dauernd selbst befriedigen, obwohl Sie sonst Selbstbefriediger sind.« *(24. 1. 74)*
Hedler, fraktionslos, zuvor WAV, war von den Beratungen des Bundestages ausgeschlossen, da er in Kiel angeklagt war, zum Haß gegen die Juden aufgewiegelt und die SPD und ihren Vorsitzenden Kurt Schumacher beleidigt zu haben. Trotzdem hielt sich Hedler im Herrenruheraum des Bundestages auf. Die SPD-Abgeordneten Wehner und Heiland forderten Hedler auf, die Räumlichkeiten des Parlamentes zu verlassen. Als dieser der Aufforderung nicht nachkam, stürzten sich die Genossen auf ihn, verprügelten ihn und warfen ihn durch die geschlossene Glastür nach draußen. Hedler trug eine Gehirnerschütterung, Brustkorbprellungen, eine Nierenschwellung und angeschlagene Rippen davon. Wehner und Heiland wurden daraufhin ebenfalls für einige Sitzungstage von den parlamentarischen Beratungen ausgeschlossen. (6. 6. 51)
zur CDU/CSU: »Sie sind also Staatszerstörer und nicht Staatsförderer.« *(12. 11. 81)*
zu Rasner, CDU/CSU: »Sie sind ein Strolch, Herr Rasner, nehmen Sie das zur Kenntnis!«
Rasner: »Ich glaube Ihnen auch das nicht!«
Wehner: »Lasse ich mich von diesen Leuten beschimpfen, besudeln?« *(18. 2. 60)*
Wohlrabe, CDU/CSU: »Wer dabei wie die SPD hemmungslos die Staatskasse einsetzt, zerstört die Gleichheit der Wahlchancen.«
Wehner: »Sumpfblüte!«
Wohlrabe: »Wir werden dies immer wieder anprangern und lehnen es ab.«
Wehner: »Sie sind eine Sumpfblüte!« *(24. 6. 76)*
über Wohlrabe, CDU/CSU: »Übelkrähe!« *(14. 10. 70)*
zu Möller (Lübeck), CDU/CSU: »Waschen Sie sich erst einmal! Sie sehen so ungewaschen aus!« *(20. 3. 75)*
Vizepräsident Dr. Jaeger, CDU/CSU, zu Fartmann, SPD, der auf Zwischenrufe der CDU/CSU polemisch reagiert: »Herr Abgeordneter, ich bitte,

sich bei der Qualifikation der Zwischenrufe von Kollegen etwas zurückzuhalten.«
Wehner: »Nur so kann man Ungeziefer abwehren, Herr Präsident!«
(12. 12. 73)
Lemmrich, CDU/CSU: »Die Forderung nach der Wiedervereinigung Deutschlands ... ist ein ganz normales Menschenrecht.«
Wehner: »... andere zu verleumden!« *(9. 3. 78)*
zu Dr. Jaeger, CDU/CSU: »Verleumder, berufsmäßiger!« *Der Ordnungsruf folgt prompt. Heide, SPD:* »Aber er *(Wehner, d. Hg.)* hat doch recht!« *Auch Heide bekommt dafür einen Ordnungsruf. Jetzt Schmidt (Hamburg), SPD:* »Der Wehner hat aber recht! Er hat aber recht!« *(Schmidt erhält ebenfalls einen Ordnungsruf, d. Hg.; 21. 3. 58)*
zu Dr. Zimmermann, CDU/CSU: »Wollen Sie diese Schmähschrift aufrechterhalten, Herr Verleumder?«
Präsident Stücklen, CDU/CSU: »Herr Abgeordneter Wehner, Sie haben ein Mitglied dieses Hauses als Verleumder bezeichnet. Ich rufe Sie zur Ordnung.«
Wehner: »Ich nehme den Ordnungsruf entgegen und werde ihn solange wieder so nennen, solange ich weiter als Landesverräter bezeichnet werde.«
Stücklen: »Herr Abgeordneter Wehner, Sie wissen, daß eine Diskussion über Ordnungsmaßnahmen des Präsidenten nicht ...«
Brandt, SPD: »Mit dem, was er gemeint hat, hat der Vorsitzende der SPD-Fraktion recht, Herr Präsident!«
Stücklen: »Auch Herr Abgeordneter Brandt: Wir müssen uns in dieser Frage an die Geschäftsordnung halten.«
Wehner: »Ja, und die müssen sich an den Anstand halten!« *(26. 11. 80)*
Dr. Friedmann, CDU/CSU: »Ihnen ist das Schicksal der Arbeitslosen wurscht. Das ist der wahre Grund.«
Wehner: »Sie sind ein Verleumder!«
Vizepräsident Leber, SPD: »Herr Abgeordneter Wehner, Sie haben dem Herrn Abgeordneten Friedmann eben zugerufen: Sie sind ein Verleumder! Ich rufe Sie deswegen zur Ordnung.«
Wehner: »Jawohl, und dabei bleibe ich!« *(14. 5. 81)*
Vizepräsident Stücklen, CDU/CSU: »Ich darf zuvor bekanntgeben, daß interfraktionell vereinbart worden ist, daß die Mittagspause ausfällt. Die Debatte wird also bis zum Ende durchgeführt.«
Wehner: »Vereinbart ist es nicht! Aber wir haben es gehört!«
Stücklen: »Herr Abgeordneter Wehner, Ihre Parlamentarischen Geschäftsführer«

Wehner: »Ich habe nur gesagt: Es ist nicht interfraktionell vereinbart! Aber wir haben uns zu fügen, wie das hier üblich ist.«
Stücklen: »haben das dem Präsidium mitgeteilt.«
Wehner: »Und ich teile Ihnen mit, wie das wirklich ist! Weil hier einer verrückt spielt und eineinhalb Stunden redet, haben wir uns danach zu richten, was Sie hier vorschlagen!« *Beifall bei der SPD. – Zurufe von der CDU/CSU:* »Unglaublich!« – *Weitere Zurufe von der CDU/CSU.* – »Herr Abgeordneter Wehner, ich rufe Sie zur Ordnung.«
Wehner: »Das war gut!« *(1. 6. 78)*
über Dr. Todenhöfer, CDU/CSU: »Jetzt kommt der Wurmfortsatz!« *(11. 5. 76)*

Weiss (Berlin), B'90/Grüne
»Mit einer Chuzpe sondergleichen hat der Bundeskanzler die internationale Öffentlichkeit, die Menschen, die in Afrika, Asien und Südamerika auf Hilfe hoffen, enttäuscht, belogen und betrogen. Diese Art Außenpolitik macht Deutschland unglaubwürdig und schadet uns zutiefst.« *(8. 9. 93)*
Zuruf des Abg. Gres, CDU/CSU. – Gegenruf Weiß: »Halten Sie doch einmal den dummen Mund!« – *Gegenruf des Abg. Gres. – Weiß:* »Arrogantes Schwein!«
Schwalbe, CDU/CSU: »Der Konrad Weiß hat den Abgeordneten Gres ›arrogantes Schwein‹ genannt! Das kann man nicht dulden!«
Weiß: »... ich bitte zu Protokoll zu nehmen, daß ich den Ausdruck ›arrogantes Schwein‹ gegenüber einem Kollegen dieses Hauses in höchster Erregung ausgestoßen habe ...«
Vizepräsident Cronenberg, FDP: »... ich erteile Ihnen nichtsdestotrotz wegen dieses mehr als unparlamentarischen Verhaltens eine scharfe Rüge und bitte jetzt, diese Debatte nicht in dieser Form fortzusetzen.« *(23. 6. 94)*

Weisskirchen (Wiesloch), SPD
zu Dr. Dregger, CDU/CSU: »Lügner!« *(14. 3. 84)*
Bundeskanzler Dr. Kohl, CDU/CSU: »Ich würde als Sozialdemokrat in dieser Debatte das Wort Arbeitslosigkeit wirklich nicht in den Mund nehmen. Denn was haben Sie denn getan in den letzten 13 Jahren in der Strukturpolitik ...«
Weisskirchen: »Sie Schwätzer!« *(7. 12. 83)*

Welke, SPD
zu Schneider (Bremerhaven), DP: »Sie können uns überhaupt nichts bescheinigen! Sie sind ein Lügner und Verleumder!« *(6. 7. 56)*
zu Bundesfamilienminister Dr. Wuermeling, CDU/CSU: »Sie sind ja unanständig!« *(18. 11. 54)*

Frau Dr. Wex, CDU/CSU
über die Rede von Frau Dr. Lepsius, SPD, die mehrfach wegen ihrer unparlamentarischen Ausdrucksweise vom amtierenden Präsidenten ermahnt wurde: »Die Rede ... war reine Demagogie, aber keine grundsätzliche Darlegung.« *(15. 3. 79)*

Wieczorek (Duisburg), SPD
über das Kabinett Kohl: »Scheiß-Regierung!«
Vizepräsident Becker, SPD: »... ich erteile dem Kollegen Helmut Wieczorek für den gemachten Zwischenruf einen Ordnungsruf.« *(21. 1. 93)*

Frau Wieczorek-Zeul, SPD
»Ich finde, ein Teil der Diskussionsbeiträge aus den Regierungsparteien zeigt jetzt ein hohes Maß an Heuchelei.«
Vizepräsident Dr. Hirsch, FDP: »Frau Kollegin Wieczorek-Zeul, das Wort ›Heuchelei‹ ist oft genug als unparlamentarisch beanstandet worden.«
Glos, CDU/CSU: »Frau Süssmuth pflegt die Leute zu rügen!«
Hirsch: »Wir sollten uns trotz aller Leidenschaften bemühen, es aus dem parlamentarischen Sprachgebrauch nach Möglichkeit herauszuhalten.«
(10. 2. 95)
»... mache diesen Vorwurf ... einem Finanzminister *(Dr. Waigel, CDU/CSU, d. Hg.)*, der zugestimmt hat und, weil er bayerische Wahlen vor sich hat, nicht zu seinem Wort stehen will. Der ist ein unanständiger Finanzminister, der so etwas macht.«
Vizepräsident Klein, CDU/CSU: »Frau Kollegin, das ist nicht sehr parlamentarisch.« *(27. 5. 94)*

Wilhelm (Mainz), CDU/CSU
»Das, was damit zum Ausdruck kommt, ist eine Infamie und zwar eine kalkulierte Infamie. Nehmen Sie mir ab, ich weiß, wovon ich spreche.«
Duve, SPD: »Bei dem Wort Infamie weiß Herr Wilhelm, wovon er spricht!«
Vizepräsidentin Dr. Vollmer, B'90/Grüne: »... ich glaube, daß auch ›Infamie‹ kein parlamentarischer Ausdruck ist.«
Fischer (Frankfurt), B'90/Grüne: »Ich habe wegen ganz anderer Sachen Ermahnungen bekommen!« *(8. 2. 95)*

Frau Wilms-Kegel, B'90/Grüne
über Bundesarbeitsminister Dr. Blüm, CDU/CSU: »Der Gesetzentwurf zu einer angeblichen Reform des Gesundheitswesens ist nicht dazu angetan, in der Maske eines biederen Clowns billige Sprüche und abfällige Bemerkungen über die Versicherten und Verharmlosungen über die Zwei-Klassen-Medizin der Zukunft vorzutragen.« *Es folgt eine Rüge von Vizepräsident Westphal, SPD.*

Frau Unruh, Grüne: »Ich finde, ›Clown‹ ist keine Beleidigung. Überlegen Sie wirklich einmal, Herr Minister, wie Clowns unsere Welt schöner machen, wie Clowns uns in irgendeine Phantasiewelt hineinversetzen. Sie aber machen Gespenstergeschichten.« *(25. 11. 88)*

Dr. Wittmann, CDU/CSU
zu Möhring, SPD: »Sprechen Sie für die SPD oder die SED?« *(19. 6. 75)*
zu Frau Schilling, Grüne: »Terroristin!«
Vizepräsident Cronenberg, FDP: »... möchte ich dem Abgeordneten Wimmer *(Neuss, d. Hg.)* wegen seines Zwischenrufes einen Ordnungsruf erteilen.«
Dr. Wittmann: »Nein! Ich war das!«
Cronenberg: »Entschuldigung.«
Wimmer (Neuss), CDU/CSU: »Aber Sie können mich auch nehmen!«
Cronenberg: »Nein. Machen Sie es mir nicht schwerer; sonst müßte ich zwei Ordnungsrufe erteilen. Der Ordnungsruf ist also dem Abgeordneten Dr. Wittmann erteilt.« *(10. 12. 87)*

Frau Wohlleben, SPD
»Herr Spranger *(Bundesentwicklungshilfeminister, CDU/CSU, d. Hg.)*, kommen Sie denn nicht auf die Idee, daß Sie, statt rassistische Äußerungen zu machen, mehr für die Gesundheit in den Entwicklungsländern tun müssen, mehr für die Prävention tun müssen.«
Vizepräsident Klein, CDU/CSU: »Ich würde mit der Qualifikation ›rassistische‹ Äußerungen nicht so leicht umgehen und das sehr viel sorgfältiger prüfen, bevor ich sie benutze.« *(14. 1. 93)*

Wohlrabe, CDU/CSU
über Dr. Ehmke (Bonn), SPD: »Das ist ein Lügner! Der hat keine Ahnung!« *(6. 6. 74)*

Dr. Wolf, PDS
»Der Satz des französischen Sonnenkönigs ›L'état c'est moi!‹ wird hier von Betonbolschewisten wie dem Kollegen Fischer *(Hamburg, CDU/CSU, d. Hg.)*, vor mir dem Senator Haase *(Berlin, d. Hg.)* und nach mir dem Minister Wissmann *(CDU/CSU, d. Hg.)* mit ›Den Bedarf bestimmen wir selbst‹ aktualisiert.« *(12. 10. 95)*

Frau Wolf (Frankfurt), B'90/Grüne
zu Rossmanith (CDU/CSU): »Wenn Sie ›Volkswagen‹ sagen – so haben Sie sich gerade geoutet –, denkt man tatsächlich an völkisch.«

Präsidentin Dr. Süssmuth, CDU/CSU: »... bringen wir niemanden aus unserem Parlament in die Nähe des völkischen Denkens. Das sollten wir überwunden haben.« *(12. 9. 96)*

Frau Wolff (Berlin), SPD
»Ich bewundere den traurigen Mut des Herrn Bundesverteidigungsministers *(Blank, CDU/CSU, d. Hg.)* ...« *(4. 7. 56)*

Dr. Wuermeling, CDU/CSU
Bundesinnenminister Höcherl, CDU/CSU redet, da ertönt von der Besuchertribüne eine Trillerpfeife; Wuermeling: »Die Hilfstruppen der SPD!« *(16. 6. 65)*
zu Agatz, KPD: »Wir sind hier nicht in SEDsien!« *(16. 7. 53)*

Wüppesahl, B'90/Grüne, später fraktionslos
»Teilt die Bundesregierung *(CDU/CSU-FDP, d. Hg.)* die Einschätzung, daß ... die Interessenlage fast gleich groß ist bei dem rechtsradikalen, sehr stark dem Alkohol zuneigenden Generalbundesanwalt *(Rebmann, d. Hg.) ...« (22. 9. 88)*
über den SPD-Partei- und Fraktionsvorsitzenden Dr. Vogel: »Statt dessen fahren unsere Bonzen rülpsend nach drüben, machen eine Lagerbeobachtung, und anschließend geht es zurück an die Fleischtöpfe hier.« *(4. 9. 89)*
über die Volkszählung von 1987: »Noch besteht die Chance zur Einsicht: Nur Schafe werden gezählt. Boykott ist und bleibt Ehrensache.« *(19. 3. 87)*
»Bei den Grünen herrscht ein imperatives Mandat, das teilweise auf perfide Art und Weise ausgeübt wird,«
Kuhlwein, SPD: »Das hast du früher mit beschlossen!«
Wüppesahl: »z. B. gegen meine Person. Und bei Ihnen kennen wir eine andere Spielart eines imperativen Mandats, nämlich z. B. den Fraktionszwang und das Abgeben des Gewissens bei bestimmten Entscheidungen und anderes mehr.«
Präsident Dr. Jenninger, CDU/CSU: »... muß ich den Vorwurf eines Fraktionszwanges in diesem Hause zurückweisen.« *(27. 10. 88)*
»Was hierbei ein besonderes Schlaglicht auf die aus meiner Sicht verkommene parlamentarische Kultur in Bonn wirft ...« *(4. 10. 90)*
über Bundesfinanzminister Dr. Stoltenberg, CDU/CSU: »... kann man in der Tat zu dem Ergebnis kommen und die Behauptung aufstellen, daß Sie der größte Wirtschaftskriminelle sind, der in diesem Lande existiert.«
Vizepräsident Westphal, SPD: »Herr Abgeordneter, das nehmen Sie bitte zurück. Ich erteile Ihnen einen Ordnungsruf.« *(21. 4. 88)*

Frau Würfel, FDP
Hornung, CDU/CSU: »Die Ferkelerzeuger wissen nicht, wohin sie mit ihren Schweinen gehen sollen ...«
Frau Würfel: »So eine Sauerei!«
Vizepräsident Klein, CDU/CSU: »Frau Kollegin Würfel, Ihr Zwischenruf war zwar themenkonform, aber nicht ganz parlamentarisch.«
Frau Würfel: »Wie recht Sie haben, Herr Präsident!«
Dr. Küster, SPD: »Tiefe Reue!« *(13. 4. 94)*

Dr. Zeitel, CDU/CSU
über Bundeskanzler Schmidt, SPD: »Während der Sommerpause hat dann aber unser Staatsschauspieler ein 13-Milliarden-Programm aufgelegt.« *(15. 3. 79)*

Dr. Zimmermann, CDU/CSU
zu Schäfer (Offenburg), SPD: »Ein purer Demagoge sind Sie, sonst nichts!« *(5. 5. 83)*

Zwerenz, PDS
Raidel, CDU/CSU: »Daß sich hier die PDS aufzwängt, ist fast normal. Aber daß gerade SPD und Grüne Kommunisten ein Forum bieten,«
Zwerenz: »Wenn ich ein Kommunist bin, sind Sie ein Faschist!«
Raidel: »ist schon eine beachtenswerte politische Fehlleistung ...«
Zwerenz: »Wenn ich ein Kommunist bin, sind Sie ein Nazi!«
Vizepräsident Dr. Hirsch, FDP: »Herr Abgeordneter Zwerenz, Sie haben ein Mitglied dieses Hauses als Faschisten bezeichnet. Ich rufe Sie zur Ordnung.« *(13. 6. 96)*
zu Geis, CDU/CSU: »Sie würden den Krieg heute noch weiterführen.« *(16. 3. 95)*

Zywietz, FDP
zur CDU/CSU: »Seien Sie nicht so heuchlerisch!« *(1. 12. 78)*

Warnungen und nette Ermahnungen

Sie ist eine ebenso streitbare wie politisch konsequente Dame – die FDP-Politikerin Hildegard Hamm-Brücher. Die politische »Wende« vom 1. Oktober 1982 mochte die Linksliberale nicht mittragen und verlor ihren Posten als Staatsministerin im Auswärtigen Amt, obwohl ihr Minister, der FDP-Vorsitzende Hans-Dietrich Genscher, als Träger und Motor des Wechsels noch viele Jahre im Amt blieb.

Nach dem Bonner Regierungswechsel hat sie sich vorgenommen, die Arbeit des Parlaments zu reformieren. So notwendig diese Aufgabe auch ist, da hat die Abgeordnete jedoch im Spätsommer des Jahres 1988 ganz kräftig auf die Sahne gehauen – und so ziemlich alle bespritzt, die den Weg mit ihr gehen wollten. Eine von ihr vorgelegte Studie wies aus, die Arbeitsbelastung der Abgeordneten des Bundestages sei geringer als die in anderen vergleichbaren Parlamenten westlicher Demokratien; der Bundestag komme am seltensten zu Plenarsitzungen zusammen.

Das brachte Präsident Jenninger – und den gesamten Ältestenrat – in Harnisch. Man warf der Abgeordneten vor, sie habe nur die Plenarsitzungen berücksichtigt, die regulären Sitzungen der Bundestagsausschüsse, der Fraktionen, der Arbeitsgruppen oder -kreise, Expertengremien, Anhörungen usw. aber schlicht vergessen. Statt der von Frau Hamm-Brücher errechneten 17,5 Stunden kam der Ältestenrat einmütig auf eine realistische wöchentliche Arbeitszeitbelastung unserer Parlamentarier von 80 Stunden – auch außerhalb der Sitzungswochen.

Im Plenum selbst geht es meist friedlich zu; doch es gibt auch so manchen Dialog zwischen den Abgeordneten und den amtierenden Präsidenten.

Vizepräsident Cronenberg, FDP: »Die Geschäftsführer haben mir mitgeteilt, daß alle Fraktionen und Gruppen ihre Reden zu Protokoll gegeben haben. Ist das Haus mit diesem Verfahren einverstanden?«
Gilges, SPD: »Nein!«
Dr. Rüttgers, CDU/CSU: »Der Mann ist schlichtweg abartig!«
Gilges: »Ich will nicht reden, ich will zuhören!«

Cronenberg: »Da es ... an der ersten Voraussetzung fehlt, nämlich den Rednern, kann Ihrem Wunsch nicht entsprochen werden.« *(20. 5. 94)*

Grünbeck, FDP, zu den Grünen: »Eigentlich wäre ja die Frage zu beantworten – und ich will dies einmal versuchen –, warum Sie in rechtswidriger Art und Weise diese Aktuelle Stunde hier aufziehen ... Vielleicht könnten Sie mir, Frau Präsidentin, die Redezeit ein paar Minuten verlängern, damit ich mir die Zwischenrufe alle anhören kann.«
Präsidentin Süssmuth, CDU/CSU: »Da Sie meinen, in einer rechtswidrigen Aktuellen Stunde zu sprechen, ist diese Bitte eigentlich nicht recht verständlich.« *(28. 4. 89)*

Dr. Hornhues, CDU/CSU: »Wenn Sie mit Ihrer Rede fertig sind, gehen Sie nach Hause!«
Frau Lederer, PDS: »Wenn Sie zuhören, bin ich schneller fertig.«
Dr. Hornhues: »Das ist ein Angebot!« – *Nach der Rede der Abg. Lederer; Dr. Hornhues:* »Herr Präsident, die Frau Kollegin verläßt den Saal, kaum daß sie geredet hat. Das ist richtig typisch!« *(24. 6. 92)*

Vizepräsident Stücklen, CDU/CSU: »Herr Abgeordneter, gestatten Sie eine Zwischenfrage?«
Steiner, SPD: »Es wird ja nicht angerechnet. Darf ich davon ausgehen?«
Stücklen: »Daß es angerechnet wird?«
Steiner: »Nein, nicht.«
Stücklen: »Wenn Sie dies wünschen, selbstverständlich nicht.« *(22. 6. 89)*

Vizepräsident Cronenberg, FDP: »Das Wort hat der Abgeordnete Dr. Briefs *(Grüne, d. Hg.)*. Ich hoffe, daß er weniger gestört wird als der Vorredner.«
Straßmeir, CDU/CSU: »Wieso? Der kann sich doch nicht selber anschreien!«
Dr. Probst, CDU/CSU: »Doch, mit Echo wäre das möglich!«
etwas später; Cronenberg: »Herr Abgeordneter Dr. Briefs, Sie haben nun das Wort.«
Kittelmann, CDU/CSU: »Was denn? Noch mal? Sie haben doch schon eine Vorlesung gehalten!«
Cronenberg: »Auch dies ist völlig korrekt. Ich bitte, den Redner besser zu behandeln, als er die anderen Redner behandelt hat.«
Dr. Briefs, Grüne: »Kommen Sie! Dazu sage ich Ihnen gleich mal etwas, Herr Kollege Cronenberg.« *(4. 10. 89)*

Vizepräsident Klein, CDU/CSU: »Wenn sich die Bewegung auf der Regierungsbank etwas gelegt hat ...«
Dr. Küster, SPD: »Wo ist denn da Bewegung?«

Klein: »Können bitte die Besprechungen von der Regierungsbank nach draußen verlegt werden?«
Dr. Meyer (Ulm), SPD: »Die zweite Reihe raus!«
Gansel, SPD: »Es ist doch schön, daß die noch miteinander reden!«
Frau Schmidt (Nürnberg), SPD: »Es ist unerträglich!«
Dr. Meyer (Ulm): »Mein Gott, wie ist das organisiert!«
Weiterer Zuruf von der SPD: »Die klauen uns die Zeit!«
Klein: »Vielleicht finden die höheren Damen und Herren der Ministerien Gelegenheit, mit ihren Ministern und Staatssekretären im Hause zu sprechen.« – *Heiterkeit und Beifall bei der SPD.* – »Dafür wollte ich nun nicht gerade Applaus von der Opposition bekommen.« *(3. 2. 93)*

Vizepräsident Klein, CDU/CSU, zur SPD: »Die Art und Weise, wie Sie den Ministerpräsidenten *(Dr. Stoiber, Bayern, CSU, d. Hg.)* bei der Rede vorhin begleitet haben, war nun auch nicht die ganz feine englische Art.« *(11. 11. 93)*

Kreuzeder, Grüne: »8 000 DM sind 8 000 DM. Dabei handelt es sich nicht um Lire, sondern um D-Mark.« – *Heiterkeit bei allen Fraktionen.* – »Herr Präsident, schlagen Sie einmal den Aufstand nieder.«
Vizepräsident Cronenberg, FDP: »Unter ›Aufstand‹ verstehen wir schon etwas anderes. Aber der Bitte des Redners, ihn in Ruhe ausreden zu lassen, komme ich schon gerne nach.« *(31. 5. 90)*

Dr. Vogel, SPD: »Herr Präsident, Ihre Bemühungen sind wirklich dankenswert, aber daß Sie mir jetzt schon das rote Licht geben, ist zuviel Liebenswürdigkeit.«
Vizepräsident Stücklen, CDU/CSU: »Herr Dr. Vogel, das Licht ist nicht rot.«
Dr. Vogel: »Ich empfinde das, Herr Präsident, als Zeichen der Sympathie, daß Sie mir die rote Farbe zeigen.«
Stücklen: »Herr Abgeordneter Dr. Vogel, das war nicht rot, das war gelb.«
Dr. Vogel: »Herr Präsident, wenn Sie erlauben, ich könnte Ihnen hier einen sehr guten Augenarzt empfehlen, der für Farbenblindheit ausgezeichnete Rezepte verfügbar hat.« *(18. 3. 87)*

Vizepräsident Cronenberg, FDP: »Nun hat der Abgeordnete Günter Rixe das Wort.«
Zuruf von der SPD: »Mikrophon ausschalten!«
Rixe, SPD: »Eine Kollegin hat gesagt, Sie sollen das Mikrophon ausschalten, weil ich immer so laut bin ...«
Cronenberg: »Das war doch kein Ratschlag für den neuen Bundestag.«
Rixe: »Frau Kollegin Schmitt-Funke-Rink ...«
Frau Dr. Funke-Schmitt-Rink, FDP: »Funke-Schmitt-Rink!«

Rixe: »Habe ich es wieder falsch gesagt? Ob ich das noch einmal lerne?«
Cronenberg: »Das ist ein Ausbildungsproblem.« *(30. 4. 93)*

Zuruf des Abg. Dr. Altherr, CDU/CSU. – Präsidentin Dr. Süssmuth, CDU/CSU: »Jetzt ist Ihre Redezeit zu Ende.«
Frau Titze-Stecher, SPD: »Lassen Sie mich bitte mal ausreden!«
Präsidentin Dr. Süssmuth: »Diese Warnung gilt Ihnen.«
Frau Titze-Stecher: »Entschuldigung, Frau Präsidentin, das ging nicht nach hinten, sondern nach vorne.« *(12. 3. 93)*

Vizepräsident Klein, CDU/CSU: »Zusatzfrage dazu?«
Dr. Weng (Gerlingen), FDP: »Das war ausreichend, Herr Präsident!«
Klein: »Herr Parlamentarischer Staatssekretär *(Wilz, CDU/CSU, Verteidigungsministerium)*, das war auch ein Kompliment.« *(28. 4. 93)*

Staatsminister Krollmann, SPD, Hessen, zu Dr. Bötsch, CDU/CSU: »Sie sind in meinen Augen ein falsch gesetzter Back-bencher.«
Dr. Bötsch: »Ich glaube, Sie sind nicht ganz bei Trost!«
Vizepräsident Stücklen, CDU/CSU: »Herr Staatsminister, es besteht nicht völlige Klarheit, was dieser Ausdruck bedeuten soll.«
Staatsminister Krollmann: »Ein Back-bencher ist jemand, der von seiner Fraktion in die hinteren Reihen des Parlaments gesetzt wird, weil er nur dort die Fraktion mitträgt.« *(19. 3. 87)*

Augustinowitz, CDU/CSU: »Der Bürger hat nicht nur Rechte, der Bürger hat auch Pflichten.«
Zuruf von der SPD: »Hurra!«
Augustinowitz: »Schön, daß auch die Sozialdemokraten dem zustimmen.«
Dr. Elmer, SPD: »Kommen noch mehr solche Banalitäten?«
Augustinowitz: »Hören Sie gut zu, Sie haben einiges zu lernen ..., daß es eine der grundlegenden Pflichten des Staates ist, seine Bürger vor äußeren Gefahren zu schützen.«
Dr. Elmer: »Vor allem den Freunden überall um uns herum gegenüber!«
Vizepräsident Klein, CDU/CSU: »Jetzt dürfen Sie das Wort ›Banalität‹ aber nicht mehr in den Mund nehmen!« *(28. 10. 93)*

Präsidentin Dr. Süssmuth, CDU/CSU: »Herr Gysi *(PDS, d. Hg.)*, Ihre Redezeit ist beendet.«
Glos, CDU/CSU: »Gott sei Dank!« *(27. 5. 93)*

Vizepräsident Klein, CDU/CSU: »Herr Haungs, Sie haben das Wort zur Erwiderung, falls Sie es wünschen.«

Haungs, CDU/CSU: »Das muß aber nicht sein!«
Klein: »Es muß nicht sein. Wir begrüßen jede Wortmeldung, die nicht erfolgt.« *(28. 9. 95)*

Frau Roitzsch (Quickborn), CDU/CSU, nach der Rede von Dr. Heuer, PDS: »Kein Beifall von der PDS! Aber es ist ja auch niemand da!«
Zuruf von der FDP: »Da rührt sich keine Hand!«
Dr. Heuer, der inzwischen wieder Platz genommen hat, spendet Beifall.
Zuruf von der FDP: »Das hat er früher auch gemacht!«
Frau Michalk, CDU/CSU: »Das gehört in die Rubrik ›Karikatur‹ des Deutschen Bundestages!« *(12 .3. 92)*

Dr. Friedrich, CDU/CSU: »Es ist den Leuten vielleicht nicht aufgefallen: Sie haben schlicht vergessen, wenn man SPD-Minister lobt, Beifall zu klatschen.«
Duve, SPD: »Mein Beifall gehört mir!« *(23. 9. 93)*

Frau Dr. Wegner, SPD: »Herr Präsident, bitte bewahren Sie mich einmal vor überzogenem Beifall meiner eigenen Fraktion! Das nimmt mir nämlich die Zeit weg.« *(25. 11. 93)*

Beifall bei Abgeordneten der CDU/CSU und der FDP. – Dr. Kohl, Bundeskanzler, CDU/CSU: »In Ihren Beifall hinein will ich allerdings auch selbstkritisch sagen ...«
Dr. Struck, SPD: »So toll war der Beifall ja nun nicht!«
Dr. Kohl: »Nun gut, ich weiß, Sie sind mit Beifall nicht verwöhnt; das verstehe ich auch.« *(27. 5. 94)*

Vogel (Ennepetal), CDU/CSU: »Da ich mich entschieden habe, im Oktober nicht mehr zu kandidieren, wird dies wohl meine letzte Rede im Deutschen Bundestag sein.«
Bindig, SPD: »Wenn Sie gut reden, kriegen Sie Beifall!«
Vogel: »Das sowieso, Herr Bindig, auch wenn Sie nicht Beifall geben sollten.« *(23. 6. 94)*

Frau Augustin, CDU/CSU: »In einer Minute werden wir weltweit 180 Menschen mehr sein. Wenn ich meinen fünfminütigen Beitrag beendet habe, sind wir netto 900 Menschen mehr auf dieser Welt.«
Vizepräsident Cronenberg, FDP: »Frau Abgeordnete Augustin, wenn Ihre imponierende Rechnung von eben stimmen soll, müssen Sie jetzt freundlicherweise aufhören. Oder Sie berechnen neu.« *(3. 6. 92)*

Schneider (Berlin), AL/Grüne: »... daß ich als junger Mensch unglaublich viel, eigentlich totale Kritik an dem Staat der DDR gehabt habe. Ich habe auch heute ...«
Böhm (Melsungen), CDU/CSU: »Dann können Sie ja jetzt wieder zurückgehen!«
Dr. Ehmke (Bonn), SPD: »So was Blödes. Da muß man so dumm sein wie du, so etwas zu sagen! Bescheuert! Ein Geisteskranker!«
Sauer (Salzgitter), CDU/CSU: »Warum wird das Wort ›bescheuert‹ nicht gerügt?«
Dr. Ehmke: »›Bescheuert‹ ist gar kein Wort!«
Gegenruf von der CDU/CSU: »Sie sind bescheuert!«
Vizepräsident Stücklen, CDU/CSU: »Das Wort hat der Herr Abgeordnete Ronneburger!«
Sauer (Salzgitter): »Der Ausdruck ›bescheuert‹ wird hier nicht mehr gerügt?«
Dr. Ehmke: »Es ist noch ein Kompliment, ›bescheuert‹ zu sagen!«
Stücklen: »Herr Abgeordneter Sauer, ich kann nur die Zwischenrufe mit Ordnungsrufen belegen, die ich gehört habe.«
Dr. Ehmke: »Ich habe gesagt, er sei bescheuert!«
Stücklen: »Andernfalls muß ich das nachlesen.«
Sauer (Salzgitter): »Jetzt hat er es doch laut genug gesagt!« *(27. 11. 84)*

Unertl, CDU/CSU: »Es wird geschrieben, er sei der Initiator eines Gesetzentwurfs zur Änderung des Maß- und Gewichtsgesetzes und man wolle sich den Spaß nicht entgehen lassen, wenn Unertl den Unterschied zwischen einer deutschen ⅓ l-Bierflasche und einer ausländischen 32/100 l-Flasche erläutern müsse ... ich habe gar nicht vor, den Unterschied hier zu erläutern; denn es ist ja ... nicht erlaubt, daß der Abgeordnete Bierflaschen mit hierherbringt. Denn nur dann, wenn ich diese Flaschen, um die es da geht – es geht ja um die europäischen Flaschen; die sollen den deutschen Flaschen angepaßt werden – hätte hierher bringen können, wäre es möglich, den Unterschied vorzuführen. Ich werde mir aber erlauben, zu gegebener Zeit ...«
Präsident D. Dr. Gerstenmaier, CDU/CSU: »Herr Abgeordneter, die Würde des Hauses würde es ertragen, daß Sie bei einer so wichtigen Vorlage eine so sinnfällige Demonstration in diesem Hause vornehmen.«
Unertl: »Sehen Sie, meine sehr verehrten Damen und Herren, was selbst der Herr Präsident des Deutschen Bundestages und auch der Herr Vizepräsident diesen Flaschen eigentlich alles zugute halten ... Der Sonderausschuß ist in diesem Falle nicht der Wirtshaus-, sondern der Wirtschaftsausschuß; den anderen müßten wir erst erfinden. Ich bin dann gern bereit, bei den Ausschußberatungen, wenn es verlangt wird, diese ungleichen Flaschentypen einmal vorzuführen.«

Präsident D. Dr. Gerstenmaier: »Vorgeschlagen ist die Überweisung, nicht an den Wirtsausschuß, wie ich hier gehört habe, sondern an den Wirtschaftsausschuß.« *(20. 2. 64)*

Bohl, CDU/CSU, zur PDS: »Abschließend darf ich darauf hinweisen, daß Sie auch bei der Redezeit – daran wird das exemplarisch deutlich – so gestellt werden, wie es angemessen ist: Sie sollen bei einer vereinbarten Debattendauer von einer Stunde fünf Minuten Redezeit bekommen; sieben Minuten hat die Fraktion der Grünen/Bündnis 90. Das zeigt, daß wir den richtigen Weg gehen. Ich darf darauf hinweisen, daß die ›Bonner Stunde‹ damit in Zukunft nicht nur 61 Minuten, sondern 66 Minuten beträgt.« *(24. 10. 90)*

Vizepräsident Cronenberg, FDP: »Wer für die Debattenbegrenzung auf eine ›Bonner Stunde‹, also eine Stunde und ein paar Minuten ist ...« *(23. 9. 93)*

Wüppesahl, fraktionslos: »Ich bin mir auch ... sicher, daß jeder draußen verstehen wird, daß sich die Bonzen, die sich acht Jahre hier *(im Bundestag, d. Hg.)* den Hintern blank sitzen, auch noch in diesem Maße selbst bedienen.«
Vizepräsident Stücklen, CDU/CSU: »... ich lasse mir das Protokoll kommen und werde danach meine Ordnungsmaßnahmen, wenn sie nötig sind, treffen.«
Er traf sie dann allerdings nicht. (6. 10. 89)

Zurufe von der CDU/CSU und FDP. – Frau Lederer, PDS: »Können Sie eigentlich auch zuhören oder nur brüllen?«
Vizepräsident Klein, CDU/CSU: »Zwischenrufe sind natürlich gestattet, soweit sie nicht überhandnehmen.«
Würzbach, CDU/CSU: »Sie stören beim Vorlesen des Textes!«
Dr. Weng (Gerlingen), FDP: »Gelassene Redner nehmen sie gerne auf!« *(23. 4. 93)*

Grill, CDU/CSU, nach einer Reihe von Zwischenrufen: »Herr Fischer, wenn Sie eine Rede halten wollen, kommen Sie doch nach vorne und melden sich an.«
Fischer, B'90/Grüne: »Wenn Sie mir CDU-Redezeit geben, mache ich das!« *(27. 1. 95)*

Vizepräsident Klein, CDU/CSU: »Ich erteile das Wort dem Stellvertreter des Hessischen Ministerpräsidenten, dem Minister für Umwelt, Energie und Bundesangelegenheiten, Staatsminister Joseph Fischer.«
Schmidtz (Baesweiler), CDU/CSU: »Minister für Chaos!«
Staatsminister Fischer, B'90/Grüne: »Vielen Dank, Herr Präsident, für die umfängliche, ausführliche und präzise Vorstellung.«

Dr. Rüttgers, CDU/CSU: »Das war auch notwendig!«
Spilker, CDU/CSU: »Viele kennen Sie noch nicht!« *(13. 1. 93)*

Dr. Penner, SPD, über Bundesbildungsminister Möllemann: »Jedenfalls soll die immer noch ungeklärte Reise in einem Abteil der 1. Klasse der chinesischen Staatsbahn bei allem Sinn Möllemanns für Öffentlichkeitsarbeit verhüllt bleiben.«
Bundesbildungsminister Möllemann, FDP: »Herr Präsident, wenn Herr Kollege Penner hier – ich weiß gar nicht, was er damit meint – von einer Reise in einer chinesischen Staatsbahn spricht – ich bin noch nie mit einer chinesischen Staatsbahn gefahren –, dann kann ich nur vermuten, daß er entweder lügt oder nicht ganz bei Sinnen ist. Da ich letzteres zu behaupten mich niemals erdreisten würde, habe ich zu seinen Gunsten das erstere angenommen.« *(10. 9. 87)*

Möllemann: »Ich sehe, daß der Kollege Penner sich von seinem Tiefschlaf im Abteil 1. Klasse der chinesischen Staatsbahn erholt hat und eine Zwischenfrage stellen will.«
Penner, SPD: »Trifft es denn nicht zu, Herr Möllemann, daß Sie zu Beginn der siebziger Jahre Mitglied einer Bundestagsdelegation unter Führung des damaligen Kollegen Jaeger waren, die sehr wohl eine Reise mit der chinesischen Staatsbahn von Hongkong nach Kanton gemacht hat?« *(17. 9. 87)*

Vizepräsident Klein, CDU/CSU: »Es gibt Situationen, in denen ich mir wirklich wünsche, daß es nicht nur eine Bonner Redner-, sondern auch eine Bonner Zuhörerschule gäbe. Es muß doch möglich sein, daß die Rednerin zumindest verstanden wird. Zurufe sind in Ordnung, aber Chöre von Zurufen sind nicht in Ordnung.« *(25. 11. 94)*

Schulte (Menden), Grüne: »Herr Präsident, ich bitte auch zu würdigen, daß ich diesmal nicht zur Demonstration in Brokdorf aufgerufen habe.«
Ströbele, Grüne: »Schäm dich!«
Vizepräsident Stücklen, CDU/CSU: »Das möchte ich Ihnen auch geraten haben!« *(6. 6. 86)*

Schreiner, SPD, zu Dr. Stavenhagen, CDU/CSU, Staatsminister im Bundeskanzleramt: »Das ist grober Unfug!«
Vizepräsident Frau Renger, SPD: »Sie machen es einem immer schwer. Der eine ruft ›Quatsch›, der andere sagt ›Unfug‹. Können wir uns da nicht wenigstens etwas gewählter ausdrücken?«
Dr. Stavenhagen: »Wenn ich das zurückgeben dürfte, Frau Präsidentin, dann wären wir quitt?«

Dr. Rüttgers, CDU/CSU: »Aber das war jetzt gewählt ausgedrückt!«
Frau Renger: »Okay. Aber, Herr Staatsminister, Sie können ja denken, was Sie wollen.« *(8. 2. 90)*

Vizepräsident Klein, CDU/CSU: »Ich wollte Sie nur ... mit einem Hinweis unterbrechen, den ich für die Debatte insgesamt gern machen würde, um ihr den Charakter einer gehobenen Ausschußsitzung zu nehmen. Da ist beispielsweise der Begriff NGO.«
Schmidt (Dresden), FDP: »Nichtregierungsorganisation!«
Klein: »NGO heißt non-governmental organisation. Zunächst einmal ist es die Abkürzung des englischen Begriffs. Es gibt auch einen deutschen Ausdruck dafür.«
Schmidt: »Herr Präsident, da muß ich Sie unterbrechen. Sie sind ja noch schlimmer als ich.«
Klein: »Entschuldigung, Sie haben die Abkürzung des englischen Begriffs gebraucht. Ich bin nicht schlimmer als Sie, sondern genauer als Sie. Zweiterns bitte ich hier Begriffe zu verwenden, die unsere Bürgerinnen und Bürger auch verstehen.«
Frau Wohlleben, SPD: »Solange das so bleibt, sind unsere Maßnahmen zur Hilfe für die Menschen in den Entwicklungsländern Peanuts. Das muß sich ändern.«
Klein: »... in der Zwischenzeit hat sich die CDU/CSU-Fraktion bei mir beschwert, daß ich bei dem Gebrauch des Worts ›Peanuts‹ ... nicht eingegriffen habe. Ich darf aber, sozusagen für das Protokoll, erklären: Die korrekte Übersetzung des Worts heißt: ›Erdnüsse‹. Es wird im amerikanischen Sprachgebrauch allerdings so genutzt, daß es einen geringen Wert – etwa wie bei uns ›Pfifferlinge‹ – andeuten soll.«
Dr. Ruck, CDU/CSU: »... die zu Umsetzung von Rio so dringend benötigten Mittel der IDA – ›IDA‹ heißt International Development Agency, Herr Präsident – aufzustocken. Ich gehe davon aus, daß der Präsident das ins Deutsche übersetzen kann.«
Klein: »Verzeihung, Herr Kollege, jetzt muß ich doch einschreiten. Ich bitte sehr herzlich, die Funktion des Präsidenten nicht mit der eines Dolmetschers zu verwechseln.«
Toetemeyer, SPD: »Wer hat das angefangen?« *(14. 1. 93)*

Vizepräsident Westphal, SPD: »Das Wort hat der Abgeordnete Kühbacher.«
Kühbacher, SPD: »Ich fange an? Das stand nicht im Drehbuch!«
Westphal: »So ist es. Wir haben das bereits vor einigen Minuten der Fraktion mitgeteilt: Der Abgeordnete Kühbacher ist der erste.«
Kühbacher: »Herr Präsident, dann stelle ich mich also der Verantwortung, anfangen zu müssen.« *(19. 6. 86)*

Grünbeck, FDP, nach Zwischenrufen von Schreiner, SPD: »Herr Präsident, sobald Herr Schreiner lauter wird, als ich am Mikrophon sein kann, unterbreche ich die Rede, und ich bitte Sie, mir dies nicht anzurechnen.«
Vizepräsident Klein, CDU/CSU: »Jetzt unterbreche ich Ihre Redezeit. Diese individuelle Auslegung der Geschäftsordnung kann ich leider nicht nachvollziehen.«
Grünbeck: »Dann habe ich die kollegiale Bitte: Lassen Sie mich durchreden!« *(3. 3. 93)*

Frau Lengsfeld, B'90/Grüne: »Es ist ein Gesetz ..., das noch auf altem preußischen Recht beruht, nach dem Motto ›Hinter der Hacke ist es duster‹ gemacht wurde ...«
Vizepräsident Dr. Hirsch, FDP: »Es heißt bei den Bergleuten nicht, daß es ›hinter‹, sondern daß es ›vor‹ der Hacke duster ist.« *(7. 3. 96)*

Vizepräsident Stücklen, CDU/CSU: »Das Wort hat der Herr Abgeordnete Waltemathe.«
Waltemathe, SPD: »Herr Präsident! Jetzt sind wir beide schon wieder auf einem Bild. Ich hoffe, es ist nicht unehrenhaft für Sie.«
Stücklen: »Nein, keinesfalls. Wieso?«
Waltemathe: »Wir sind heute in einer Bonner Zeitung abgebildet.«
Stücklen: »Hoffentlich in ehrenvollen Positionen.«
Waltemathe: »Jawohl.« *(26. 11. 87)*

Vizepräsident Klein, CDU/CSU, zu Frau Nickels, B'90/Grüne: »Frau Kollegin, fangen Sie doch erst mit den Zwischenrufen an, wenn etwas gesagt worden ist und nicht gleich bei ein paar einleitenden Sätzen.« *(17. 2. 95)*

Frau Dr. Bergmann-Pohl, Parl. Staatssekretärin, CDU/CSU: »Die Kameras sind abgeschaltet, und ich möchte den Leidensdruck nicht erhöhen. Auf Wunsch eines einzelnen Herrn möchte ich meine Rede gern zu Protokoll geben.«
Vizepräsident Klein, CDU/CSU: »Der einzelne Herr war ich.« *(8. 2. 96)*

Dr. Waigel, Bundesfinanzminister, CDU/CSU, zu Dr. Diederich (Berlin), SPD: »Die Frage ist nicht zulässig!«
Präsidentin Dr. Süssmuth, CDU/CSU: »Das entscheide noch immer ich, Herr Bundesminister.«
Dr. Waigel: »Sie haben recht, Frau Präsidentin!« *(26. 11. 92)*

Vizepräsident Cronenberg, FDP, zu Bundeswirtschaftsminister Dr. Bangemann, FDP: »Gestatten Sie eine Zwischenfrage des Abgeordneten Jens?«

Dr. Bangemann: »Ich nehme an, Herr Präsident, daß Herr Jens immer noch nicht genug belehrt ist. Deswegen möchte ich ihm die Chance nicht rauben, heute morgen noch mehr zu erfahren.« *(20. 2. 86)*

Vizepräsident Dr. Hirsch, FDP: »Herr Kollege Schmitt *(Langenfeld, B'90/ Grüne, d. Hg.)*, das war Ihre erste Rede in diesem Haus. Deswegen möchte ich Ihnen dazu traditionsgemäß gratulieren.«
Feilcke, CDU/CSU: »Und ›just married‹!«
Dr. Hirsch: »Das ist natürlich ein besonderer Anlaß, Ihnen die Glückwünsche dieses Hauses auszusprechen.«
Feilcke: »Er steht unter einem doppelten Erfolgsdruck!« *(1. 6. 95)*

Vizepräsident Cronenberg, FDP, zu Bundesgesundheitsminister Seehofer, CDU/CSU: »Herr Minister, ich möchte Sie daran erinnern, daß es Zeiten gegeben hat, wo Sie sich gelegentlich geärgert haben, wenn ein Minister die Redezeit auf Kosten der Fraktion überschritten hat.« *(28. 10 93)*

Vizepräsident Klein, CDU/CSU, zu Bundesforschungsminister Dr. Rüttgers, CDU/CSU: »Ich will ... nur sagen, daß ich Sie gar nicht unterbrechen kann, um zu fragen, ob Sie eine Zwischenfrage zulassen, weil Ihre Redezeit eh schon erschöpft ist.« *(7. 9. 95)*

Schreiner, SPD: »Frau Präsidentin, ich bin erschöpft.«
Vizepräsidentin Schmidt, SPD: »Ob Sie erschöpft sind, Herr Kollege Schreiner, kann ich nicht beurteilen. Aber Ihr Fragevolumen ist erschöpft.« *(24. 3. 93)*

Vizepräsident Klein, CDU/CSU: »Ihre Redezeit ist endgültig zu Ende.«
Schreiner, SPD: »Dann schönen Dank für die Aufmerksamkeit. Ihnen ist manches erspart geblieben.« *(16. 12. 94)*

Frau Seiler-Albring, FDP: »Herr Präsident, hier blinkt es. Kann man das bitte einmal abstellen.«
Dr. Ehmke (Bonn), SPD: »Es blinkt, weil das, was Sie da soeben gesagt haben, falsch war!« *(10. 9. 86)*

Jung, FDP: »Ich sehe bereits die rote Glocke.« – *Heiterkeit.* –
Vizepräsident Stücklen, CDU/CSU: »Die rote Lampe.«
Jung: »Die rote Lampe! Das war eine kleine Fehlleistung, weil zur gleichen Zeit die Glocke klingelte. Ich habe beides zusammengefaßt.« *(8. 12. 77)*

Dr. Riedl, CDU/CSU, Parl. Staatssekretär beim Bundeswirtschaftsminister: »Herr Präsident, ich weise einen Zwischenruf aus den Reihen der CDU/CSU zurück, die Bundesregierung möge alle Flaschen zählen.«

Vizepräsident Stücklen: »Herr Parlamentarischer Staatssekretär, ich möchte Sie dringend davor warnen, auf Zwischenrufe aus dem Plenum zu antworten; denn dann werden Sie nicht fertig.« *(29. 3. 90)*

Vizepräsident Becker, SPD: »... zum Schluß der Debatte erteile ich jetzt dem Herrn Parlamentarischen Staatssekretär Rudolf Kraus das Wort.«
Schreiner, SPD: »Ist das die Jungfernrede? Dann sind wir freundlich!« *(24. 6. 92)*

Vizepräsident Klein, CDU/CSU: »Im übrigen ist es ja, wie Sie wissen, in der Politik kein Novum, daß Fragen nach etwas gestellt werden, was bereits behandelt worden ist, weil der Fragesteller ein bißchen spät dran war.«
Möllemann, Bundesminister für Wirtschaft, FDP: »Das lag wahrscheinlich mehr daran, daß ich zu früh da war.«
Klein: »Das müßte ich jetzt weiter kommentieren.«
Müntefering, SPD: »Mancher wird dafür bestraft, weil er zu früh kommt!« *(23. 9. 92)*

7.58 Uhr im Plenarsaal, Vizepräsident Stücklen, CDU/CSU: »Die Sitzung ist eröffnet. Nach einer internationalen Vereinbarung ...« – *Heiterkeit.* – »Das kommt davon, wenn man zwei Minuten zu früh anfängt. Der Eifer des Parlaments ist nicht mehr zu überbieten.«
Dr. Schäuble, CDU/CSU: »Morgen fangen wir um 7 Uhr an!«
Stücklen: »Morgen bin ich nicht als erster *(amtierender Präsident, d. Hg.)* eingeteilt.« *(4. 10. 84)*

Vizepräsidentin Schmidt, SPD: »Herr Kollege Singer *(SPD, d. Hg.)*, die Präsidentin hat Ihnen eine Minute und zehn Sekunden zum Geburtstag geschenkt und beglückwünscht Sie zu demselbigen Geburtstag.« *(4. 6. 92)*

Dr. Stark (Nürtingen), CDU/CSU: »Ich möchte von dem in der Geschäftsordnung gegebenen Recht Gebrauch machen, frei und ohne Unterlagen zu sprechen. Falls dazu eine Genehmigung notwendig ist, bitte ich, die zu erteilen.« *(5. 12. 86)*

Vizepräsident Dr. Hirsch, FDP: »Herr Friedrich *(FDP, d. Hg.)*, es handelt sich um die Beantwortung Ihrer Frage. Hier ist es üblich, daß man die Antwort stehend entgegennimmt.«
Fischer (Frankfurt), B'90/Grüne: »Herr Friedrich, stellen Sie sich gefälligst gerade hin!« *(12. 10. 95)*

Frau Fuchs (Köln), SPD, fragt Bundeswirtschaftsminister Dr. Bangemann, FDP: »Wie lange reden Sie noch?«

Bundesminister Dr. Bangemann: »Ich werde so lange reden, bis ich bei Ihnen die ersten Zeichen der Besserung erkenne.«
Vizepräsident Westphal, SPD: »Herr Bundesminister, selbst die beste und freieste Geschäftsordnung für Minister läßt das nicht zu.« *(13. 9. 84)*

Vizepräsident Cronenberg, FDP: »Frau Abgeordnete, Sie haben geschickterweise Ihr Manuskript auf das Zeichen ›Präsident‹ gelegt, damit Sie sich durch mich nicht stören lassen. Aber mich befreit das nicht davon, Sie darauf aufmerksam zu machen, daß Ihre Redezeit mehr als überschritten ist.«
Frau Bulmahn, SPD: »Herr Präsident, ich danke für Ihre Großzügigkeit. Ich werde jetzt auch ganz geschickt zum Ende kommen.« *(6. 9. 89)*

Vizepräsident Klein, CDU/CSU: »Ich möchte die Kolleginnen und Kollegen in den letzten Reihen beim Bündnis 90 bitten, wenn sie eine interne Konferenz haben,«
Sielaff, SPD: »Die machen eine Sitzung!«
Klein: »sie nach draußen zu verlegen oder, wenn dem nicht so ist, wieder dem Redner die Aufmerksamkeit zu schenken.«
Carstensen (Nordstrand), CDU/CSU: »Schmeißt das Gesindel raus!«
Fischer (Frankfurt), B'90/Grüne: »Eine schwarz-grüne Versammlung, Herr Präsident! Vorsicht!«
Klein: »Das ist ja noch schlimmer, Herr Kollege Fischer.« *(9. 2. 95)*

Anhaltende Unruhe; Vizepräsident Westphal, SPD: »... ich darf bitten, daß der Rednerin besser zugehört wird. Dazu tragen solche Gespräche, wie ich sie hier sehe, nicht bei.« *(11. 9. 86)*

Schily, SPD, zu Funke, Parl. Staatssekretär bei der Bundesjustizministerin, FDP: »Also, das war eine girlandenförmige Antwort!«
Vizepräsident Klein, CDU/CSU: »Es werden die Antworten in der Fragestunde nicht kommentiert, Herr Kollege Schily.« – *Weitere Zurufe des Abg. Schily.* – »Bitte lesen Sie das Regelwerk des Deutschen Bundestages. Sie sind Jurist. Kein Disput mit dem Präsidenten!«
Schily: »Offenbar dürfen nur Dankadressen abgegeben werden!« *(19. 1. 94)*

Vizepräsidentin Schmidt, SPD: »Ich habe vorhin die Uhr nicht wieder eingeschaltet. Darum werde ich Ihnen jetzt eine halbe Minute anrechnen und die andere halbe Minute nicht.«
Pützhofen, CDU/CSU: »Frau Präsidentin, Sie sind«
Frau Schmidt: »Zu gütig, nicht?«
Pützhofen: »großartig. Ich werde Sie auf allen Plätzen und Straßen dieser Republik loben.« *(26. 11. 92)*

Dr. Penner, SPD, in der Rentendebatte: »Herr Kollege Becker, würden Sie bitte die Gratulation der SPD-Bundestagsfraktion freundlich zur Kenntnis nehmen, nämlich deswegen, weil Sie heute Großvater geworden sind?«
Vizepräsident Frau Renger, SPD: »Das hat allerdings gar nichts mit der Berechnung der späteren Rente zu tun.« – *Heiterkeit.* –
Dr. Penner: »Das weiß ich doch!«
Becker (Nienberge), SPD: »Ich bedanke mich sehr. Aber ... das, was wir hier beschließen wollen, hat auf meinen Enkel heute noch keine Auswirkungen.« *(14. 9. 89)*

Peter (Kassel), SPD: »... auch ich werde mein Manuskript zu Protokoll geben.«
Göttsching, CDU/CSU: »Warum reden Sie denn dann?«
Peter: »Allerdings muß ich mich im vorhinein bei dem Stenographischen Dienst des Deutschen Bundestages für meine Handschrift entschuldigen. Ich tue es hiermit und bitte Sie ... Verständnis dafür zu haben, daß ich Ihren Händen zwar eine Entlastung zumute, Ihren Augen aber nicht.«
Zuruf von der CDU/CSU: »Wir stellen einen Übersetzer!«
Koppelin, FDP: »Lassen Sie die Handschrift sehen!«
Vizepräsident Klein, CDU/CSU: »Sie haben doch ... keine graphologischen Motive.« *(21. 10. 93)*

Frau Janz, SPD: »Guten Morgen, Herr Präsident!«
Vizepräsident Klein, CDU/CSU: »Sie haben mit den Worten ›Guten Morgen, Herr Präsident!‹ im Blick auf die frühe Stunde, in der diese Debatte stattfindet, angefangen. Wenn das aber ein Unbefangener liest, könnte es sein, daß er auf die Idee kommt, Sie hätten mich aufwecken müssen.«
Frau Janz: »Ich kann für das Protokoll bestätigen: Herr Präsident, Sie sind hellwach.« *(29. 3. 95)*

Frau Wieczorek-Zeul, SPD: »Nein danke, der Herr Irmer *(FDP, d. Hg.)* kann sich wieder setzen.«
Vizepräsidentin Dr. Vollmer, B'90/Grüne: »Gestatten Sie eine Zwischenfrage des Abgeordneten Günther *(Duisburg, CDU/CSU, d. Hg.)*?«
Frau Wieczorek-Zeul: »Nein, auch nicht.«
Frau Dr. Vollmer: »Gestatten Sie gar keine Zwischenfragen?«
Frau Wieczorek-Zeul: »Das kommt drauf an. Vielleicht kommt noch etwas Interessanteres an Rückfragen.« *(23. 11 94)*

Menzel, SPD, wendet sich an die amtierende Präsidentin: »Das grüne Lämpchen leuchtet. Wieviel Zeit habe ich noch?«
Dr.-Ing. Kansy, CDU/CSU: »Das bedeutet nicht, die Internationale zu singen, sondern zum Ende zu kommen!«

Vizepräsident Frau Renger, SPD: »Eigentlich nur noch eine halbe Minute.« *(8. 12. 88)*

Vizepräsident Westphal, SPD: »Hierzu liegt ... ein Änderungsantrag der Fraktion Die Grünen vor. Wer stimmt für diesen Antrag?«
Dr. Kunz (Weiden), CDU/CSU: »Vier!«
Sauer (Salzgitter), CDU/CSU: »Eine kleine radikale Minderheit!«
Westphal: »Wer stimmt dagegen?«
Frau Vennegerts, Grüne: »Eine große irrende Mehrheit!« *(25. 11. 87)*

Vizepräsident Klein, CDU/CSU, nach der Rede von Tauss, SPD: »Ich glaube, ich sollte dem Haus sagen, was mir die Kollegin Doris Odenthal *(SPD, d. Hg.)* zugeraunt hat: Der Kollege Tauss sei zwar keine Jungfrau, dies aber sei seine Jungfernrede gewesen.« *(1. 6. 95)*

Frau Dr. Höll, PDS: »Das war mein letzter Satz. Ich glaube, wir haben hier alle gemeinsam viel zu tun.«
Vizepräsident Klein, CDU/CSU: »Das rote Licht ist nämlich plötzlich kaputt.«
Kuhlwein, SPD: »Da haben Sie auf den falschen Knopf gedrückt!«
Schmidt (Salzgitter), SPD: »Das hat die Frau Höll kaputtgeredet!« *(1. 7. 93)*

Vizepräsident Stücklen, CDU/CSU: »Das Wort hat Herr Abgeordneter Mischnick.« – *Zuruf des Abg. Mischnick, FDP.* –
Stücklen: »Entschuldigung, mir ist Herr Mischnick gemeldet worden.«
Hüser, Grüne: »Frau Renger hatte mich gefragt, ob ich Herrn Mischnick vorlasse!«
Dr. Vogel, SPD: »Können wir die Sitzung jetzt fortsetzen?«
Jahn (Marburg), SPD: »Herr Präsident, können wir nicht knobeln lassen?« *(10. 5. 90)*

Vizepräsident Klein, CDU/CSU: »Das ist echte Kollegialität, Herr Kollege Deres. Der Kollege Wagner *(SPD, d. Hg.)* hat die Zeit, um die Sie überzogen hatten, wieder hereingeholt.«
Deres, CDU/CSU: »So machen wir das!« *(24. 6. 92)*

Präsidentin Dr. Süssmuth, CDU/CSU: »Das Wort hat die Kollegin Editha Limbach.«
Zuruf von der SPD: »Ohne Redekonzept? Respekt!«
Frau Limbach, CDU/CSU: »Nicht ohne Konzept, aber ohne schriftliches Konzept.« *(27. 2. 97)*

Sielaff, SPD, zu Frau Dr. Segall, FDP: »Was ist der Verbraucher doch dumm!« – *Weitere Zurufe von der SPD und von den Grünen.* –
Frau Dr. Segall: »Herr Präsident, könnten Sie mir mal ein bißchen Ruhe verschaffen!«
Präsident Dr. Jenninger, CDU/CSU: »... ich bitte die Zwischenrufer doch um Verständnis dafür, daß sich die Rednerin mit ihrer Stimme nicht mehr durchsetzen kann.«
Berger, CDU/CSU: »Das sind Krakeeler, keine Zwischenrufer!« *(18. 4. 86)*

Vizepräsident Cronenberg, FDP: »Frau Abgeordnete, Sie als altgediente Parlamentarierin dieses Hauses wissen, daß ich gezwungen bin, bei der Aktuellen Stunde auf die Redezeit besonders zu achten. Ich wäre dankbar, wenn Sie zum Schluß kämen.«
Frau Wieczorek-Zeul, SPD: »Das ist wunderbar, Herr Präsident, außer daß ich natürlich den Hinweis auf ›altgedient‹ in aller Schärfe zurückweisen muß.« – *Heiterkeit des Vizepräsidenten.* – »Er lacht auch noch hinter mir.« *(20. 10. 93)*

Präsidentin Dr. Süssmuth, CDU/CSU: »Frau Homburger, darf ich Sie bitten, etwas langsamer zu sprechen?«
Frau Homburger, FDP: »Ja, Frau Präsidentin. Wenn Sie mich so freundlich bitten, immer.«
Dr. Weng (Gerlingen), FDP: »Dann braucht sie mehr Redezeit, Frau Präsidentin!«
Frau Homburger: »Darüber könnte man natürlich verhandeln.«
Frau Dr. Süssmuth: »Heute nicht.« *(23. 6. 95)*

Präsidentin Dr. Süssmuth, CDU/CSU: »Frau Dr. Höll, Ihre Redezeit ist abgelaufen.«
Frau Dr. Höll, PDS: »Ich bin immer wieder unterbrochen worden.«
Frau Dr. Süssmuth: »Dann kommen Sie bitte rasch zu Ende.«
Dr. Faltlhauser, CDU/CSU: »Sie kriegt einen Lärmzuschlag!« *(26. 6. 92)*

Dr. Kohl, CDU/CSU: »Bitte lauter, ich höre nichts!«
Präsident Stücklen, CDU/CSU: »Ist es nicht laut genug? Ich bitte, den Ton etwas lauter, aber nicht schärfer zu stellen ...« *(28. 11. 80)*

Vizepräsidentin Schmidt, SPD: »... wenn Sie ein bißchen leiser sprechen würden, dann würden die Kollegen vielleicht auch nicht so laut dazwischenrufen, und dann hätten wir einen einigermaßen vernünftigen Tonfall.«
Wieczorek (Duisburg), SPD: »Es gibt keine Regel für die Lautstärke!«
Schreiner, SPD: »Die eigene Lautstärke ist immer auch ein Reflex für den Klamauk hier vorn in den Rängen.«

Wieczorek: »Im übrigen darfst du so laut reden, wie du willst!«
Frau Schmidt: »... gestatten Sie noch eine Zwischenfrage der Kollegin Baumeister?«
Schreiner: »Wenn sie nicht so laut ist: Ja.«
Frau Baumeister, CDU/CSU: »... im Normalfall pflege ich mich etwas gemäßigter zu unterhalten als Sie. Aber das lassen wir nun einmal dahingestellt.«
Wieczorek: »Er unterhält sich ja nicht; er redet!«
Frau Albowitz, FDP: »Er schreit!« *(25. 11. 93)*

Vizepräsdent Klein, CDU/CSU: »... ich möchte an die Adresse des Kollegen Fischer sagen: Das Wort hat der Ministerpräsident Stoiber.«
Fischer (Frankfurt), B'90/Grüne: »Ja, leider!« *(8. 2. 95)*

Präsident Dr. Jenninger, CDU/CSU: »... gestatten Sie eine Zwischenfrage des Abgeordneten Dr. Apel *(SPD, d. Hg.)*?«
Dr. Grünewald, CDU/CSU: »Ganz herzlich gern. Wissen Sie, wer viel fragt, hat auch den ernsten Willen, etwas zu lernen.«
Dr. Jenninger: »Eine neue Begründung für die Fragestunde.« *(4. 12. 87)*

Vizepräsident Klein, CDU/CSU: »Gestatten Sie eine Zwischenfrage?«
Großmann, SPD: »Nein, ich möchte im Kontext reden.«
Dr. Weng (Gerlingen), FDP: »Nein, lesen!« *(13. 3. 92)*

Vizepräsident Klein, CDU/CSU: »Herr Bundesminister, ich weiß, wie unsympathisch Ihnen das rote Licht ist, aber es blinkt schon seit einer Weile.«
Dr. Waigel, Bundesfinanzminister, CDU/CSU: »Herr Präsident, ich verstehe zwar nicht, warum Sie es angestellt haben, aber auch ich habe es gesehen ...«
Klein: »Weil nicht so viel Redezeit angemeldet ist.« *(5. 3. 93)*

Dr. Schockenhoff, CDU/CSU: »Herr Präsident, ich habe noch zwei Minuten *(Redezeit, d. Hg.)*, die ich an das Plenum zurückgebe.«
Vizepräsidentin Schmidt, SPD: »Der Herr Präsident ist nun leider Gottes eine Frau Präsidentin – oder Gott sei Dank, wie immer man das will.« *(20. 10. 93)*

Präsidentin Dr. Süssmuth, CDU/CSU: »Das Wort hat die Abgeordnete Struck.« *– Heiterkeit – Zuruf von der SPD:* »Dame mit Bart!«
Dr. Struck, SPD: »Frau Präsident, ich lege Wert auf die Feststellung, daß ich männlichen Geschlechts bin.« *(8. 12. 88)*

Präsidentin Dr. Süssmuth, CDU/CSU: »Es beginnt die Kollegin Rainder Steenblock – Entschuldigung: der Kollege Steenblock.«
Fischer (Frankfurt), B'90/Grüne: »Der Feminismus ist etwas weit gediehen!«

Steenblock, B'90/Grüne: »Frau Präsidentin, wir sind mit dem Feminismus in unserer Fraktion gut vertraut; ich habe da keine Probleme.« *(18. 1. 96)*

Vizepräsident Klein, CDU/CSU: »Im übrigen darf ich darauf hinweisen, daß im neuen Plenarsaal am neuen Rednerpult die Farben der Lichter die gleiche Funktion haben wie im alten Plenarsaal. Gelb heißt: noch eine Minute. Wenn es rot aufleuchtet, bedeutet das nur noch einen Satz, aber keinen Schlangensatz.«
Reuschenbach, SPD: »Wenn es rot wird, legen wir erst richtig los!«
Vizepräsident Klein: »Sie haben es gerade nötig, Herr Reuschenbach.« *(29. 9. 93)*

Vizepräsident Stücklen, CDU/CSU, zu Frau Bulmahn, SPD: »Frau Bulmahn, Sie haben mit so großem Geschick Ihr Manuskript auf die rote Lampe gelegt, so daß es für Sie nicht möglich war, die korrigierenden Eingriffe des Präsidenten im Hinblick auf die Zeit zu beachten.«
Dr. Hoffacker, CDU/CSU: »So macht man sich blind für die Wirklichkeit!« *(29. 3. 90)*

Dr. Hoyer, FDP: »Von diesem an der Sache orientierten Weg läßt sich die Koalition durch durchsichtige Geschäftsordnungsmätzchen nicht abbringen.«
Kuhlwein, SPD: »Wieso sind das Mätzchen?«
Dr. Rüttgers, CDU/CSU: »Weil das dumm ist!«
Dr. Hoyer: »Mit Ihrer lärmigen und im Ergebnis ineffizienten politischen Auseinandersetzung werden Sie Ihre Glaubwürdigkeit in der Öffentlichkeit kaum erhöhen.« *(14. 1. 93)*

Dr. Riedl, Parl. Staatssekretär beim Bundesminister für Wirtschaft, CDU/CSU: »Herr Präsident, da ich sehe, daß die Koalition im Augenblick eine satte Mehrheit hat, möchte ich mir erlauben, meine Rede zu Protokoll zu geben, und den Herrn Präsidenten bitten, abstimmen zu lassen.« *(4. 6. 92)*

Präsidentin Dr. Süssmuth, CDU/CSU: »Was die Mikrophone betrifft, ist unser Kollege Vizepräsident Johnny Klein völlig rehabilitiert, denn daß durch Ablage seiner Akten oder gar falsches Knopfdrücken die Mikrophonanlage ausgefallen sei, hat sich inzwischen als völlig irrig erwiesen.« *(22. 9. 93)*

Vizepräsident Klein, CDU/CSU: »Ich muß nur an die Adresse des Kollegen Faltlhauser *(CDU/CSU, d. Hg.)* sagen, er möge bitte aufhören, am Mikrophon herumzuschrauben. Dann bin ich es wieder gewesen.« *(3. 3. 94)*

Vizepräsidentin Schmidt, SPD, nach der Rede von Zywietz, FDP: »Das waren zwei Minuten. Eine halbe Minute ist ja in Ordnung, aber zwei Minuten nicht.

Bei einer Redezeit von sieben Minuten machen zwei Minuten etwa 30 % aus. Nun hat der Kollege Dietmar Keller *(PDS, d. Hg.)* das Wort.«
Dr. Weng (Gerlingen), FDP: »Der kann ja zwei Minuten weniger machen! Das stört nicht!« *(23. 11. 93)*

Vizepräsident Frau Renger, SPD, nach anhaltenden Zurufen von Frau Dr. Vollmer, Grüne: »Verehrte Frau Kollegin, hier spricht ein Redner. Sie stören diese Rede. Halten Sie sich bitte zurück.«
Frau Nickels, Grüne: »Frau Renger, Sie sind heute aber sehr empfindlich!«
Frau Renger: »Das ist meine Sache. Ihre moralische Entrüstung können Sie sich sparen. Wir haben selbst unsere Moral.« *(30. 11. 89)*

Anhaltende Zurufe von der SPD. – Glos, CDU/CSU: »Ich habe genausowenig ausgeschlafen wie Sie alle hier.«
Frau Matthäus-Maier, SPD: »Das merken wir auch so!«
Präsidentin Dr. Süssmuth, CDU/CSU: »Ich stelle fest, daß trotzdem große Munterkeit herrscht.« *(27. 5. 93)*

Duve, SPD: »Herr Bundesminister ...« – *Der Redner ist nicht über die Lautsprecheranlage zu hören. –*
Vizepräsident Klein, CDU/CSU: »Herr Kollege Duve, gerade bei Ihnen sage ich es nicht gern, aber der Hinweis des Kollegen Lambinus *(SPD, d. Hg.)* war eigentlich ganz schlau: Das Warten auf das Blinken am Mikrophon gibt uns Gelegenheit, vor dem Sprechen nachzudenken.«
Duve: »An sich soll man Gedanken auch beim Sprechen verfertigen können.« *(12. 11. 92)*

Präsident Stücklen, CDU/CSU: »Herr Bundesminister, es haben sich drei Abgeordnete gemeldet, die Zwischenfragen stellen wollen.«
Bundesfinanzminister Matthöfer, SPD: »Ich wäre nur dankbar, wenn nacheinander gefragt würde.«
Stücklen: »Ja, nacheinander, das wäre sehr zu empfehlen.« *(12. 12. 79)*

Vizepräsident Frau Renger, SPD: »Ihre Redezeit ist zu Ende. Ich bitte Sie, zum Schluß zu kommen, Herr Kollege.«
Hinsken, CDU/CSU: »Frau Präsidentin, Sie haben mehrmals selbst das Wort ergriffen und mir zwei Minuten von meiner Zeit genommen.«
Frau Renger: »Ich werde nie wieder den Versuch machen, Ihnen Ruhe zu verschaffen, Herr Kollege!«
Hinsken: »Da ich Sie zwischenzeitlich als nachsichtige Frau schätzengelernt habe, gehe ich davon aus, daß ich meine drei Minuten noch sprechen kann.« *(10. 12. 87)*

Vizepräsident Cronenberg, FDP: »... haben wir mit der Technik alle unsere Probleme. Ich kann Sie aber beruhigen: Eine fürsorgliche Verwaltung hat für den Fall, daß die Anlage ausfällt, für einen entsprechenden Ersatz gesorgt. Eine Katastrophe wird es also nicht geben ... Erst dann, wenn das rote Licht dauerhaft erscheint, ist das Mikrophon aufnahmebereit. Bitte also abwarten, bis das rote Licht aufhört zu blinken. Das kann, wie mir gesagt wird, etliche Sekunden dauern. Ein wiederholtes Drücken auf diesen Knopf führt auch zum Gegenteil des gewünschten Effekts, dann bricht nämlich die ganze Anlage zusammen. Hüten Sie sich also davor.«
Gansel, SPD: »Wo muß man denn den Nippel durch die Lasche ziehen!«
(4. 11. 92)

Vizepräsident Klein, CDU/CSU: »... daß hier seit einigen Stunden die normale Lautsprecheranlage wieder einmal nicht funktioniert. Wir benutzen also die Notanlage.«
Dr. Diederich (Berlin), SPD: »Der Normalzustand ist hergestellt!«
Klein: »Hebt euch eure humorigen Bemerkungen für später auf!« *(25. 11. 93)*

Wehner, SPD, über Bundestagsvizepräsident Wurbs, FDP: »Der Mann ist eine völlige Null!« *(14. 12. 82)*

Borchert, CDU/CSU: »Herr Präsident, ich schlage dem Kollegen Walther vor, diese Diskussion in aller Ausführlichkeit im Haushaltsausschuß fortzusetzen.«
Walther, SPD: »Ich kann das ja nicht verhindern! Aber ich hätte gern hier in der Öffentlichkeit klargestellt, daß das, was der Kollege Borchert sagt, falsch ist!«
Vizepräsident Cronenberg, FDP: »Für die nötige Öffentlichkeit werden Sie ja dann schon sorgen.« *(4. 9. 89)*

Vizepräsident Cronenberg, FDP: »... ich möchte Sie eindringlich bitten, ein Minimum an Ruhe herzustellen, damit der Redner seine Ausführungen beenden kann. Ich weiß, daß das immer wieder vergeblich ist. Aber ich will es trotzdem noch einmal versuchen.«
Gröbl, CDU/CSU, Parl. Staatssekretär beim Bundesumweltminister: »Noch dazu, Herr Präsident, wo doch alle gekommen sind, um meine Rede zu hören.«
Cronenberg: »Ihr Wort in der Abgeordneten Ohr.«
Such, Grüne: »Deswegen hören die auch alle zu!« *(15. 3. 90)*

Vizepräsident Klein, CDU/CSU: »Ich wäre jedoch dankbar, wenn wir es künftig vermeiden könnten, daß zwei Minister nacheinander sprechen.«

Frau Schulte (Hameln), SPD: »Zunächst einmal bedanke ich mich ganz herzlich beim Präsidenten, daß er die Rechte des Parlaments auch gegenüber der Regierung wahrzunehmen versucht.«
Klein: »Frau Kollegin ... Entscheidungen des Präsidenten sollen auch nicht positiv kommentiert werden.«
Frau Matthäus-Maier, SPD: »Dann nehmen wir den Dank zurück!« *(13. 1. 94)*

Dr. Vogel, SPD: »Frau Präsidentin, da kommt ein Vorschlag!« – *Die Parlamentarischen Geschäftsführer der Fraktionen beraten neben dem Rednerpult im Bundestag.*
Vizepräsident Frau Renger, SPD: »Wie das bei uns üblich ist, müssen sich erst die Parlamentarischen Geschäftsführer beraten. Dafür bitte ich um Geduld. Es ist immer gut, wenn man sich einigt. – Ich frage mich langsam, was der Parlamentspräsident hier eigentlich noch machen soll.« *(25. 11. 88)*

Vizepräsident Klose, SPD: »Herr Kollege Rixe, Sie sind so gut in Fahrt.«
Rixe, SPD: »Ich bin immer in Fahrt.«
Klose: »Das weiß ich. Ich muß Sie aber fragen, ob Sie eine Zwischenfrage zulassen.«
Rixe: »Ja, sicher. Natürlich.«
Klose: »Bitte schön, Herr Kollege Meckelburg.«
Rixe: »Ich kann ja zwischendurch etwas trinken.«
Meckelburg, CDU/CSU: »Ich wollte Ihnen eine Pause gönnen, Herr Rixe, damit Sie gleich engagiert weitermachen können.« *(18. 4. 96)*

Bundesfinanzminister Dr. Waigel, CDU/CSU, nach einer Zwischenfrage und einer darauf folgenden Serie von Zwischenrufen von Frau Matthäus-Maier, SPD: »Kommt zunächst die Frage und dann die Antwort? Oder darf die Fragestellerin während der Antwort permanent den Beantworter unterbrechen?«
Vizepräsident Frau Renger, SPD: »Also so pingelig sind wir hier noch nie gewesen, Herr Bundesminister.« *(4. 9. 89)*

Scheffler, SPD, meldet sich zu einer Zwischenfrage. – Vosen, SPD: »Bitte schön, Herr Kollege.« – *Heiterkeit* – »Entschuldigung, Herr Präsident, ich wollte nur mein Einverständnis signalisieren.«
Vizepräsident Klein, CDU/CSU: »Aber das Wort erteilt der amtierende Präsident.«
Vosen: »So ist es.«
Klein: »Bitte, Herr Kollege Scheffler.«
Vosen: »Das ist ein sehr sympathischer Präsident.«
Klein: »Küß die Hand.«
Scheffler: »Vielen Dank, Herr Präsident.« *(10. 3. 94)*

Gattermann, FDP: »Geschätzte neue finanzpolitische Sprecherin der SPD-Fraktion *(Frau Matthäus-Meier, von 1976 bis 1982 FDP-Abgeordnete, d. Hg.)*, meinen Glückwunsch!«
Faltlhauser, CDU/CSU: »Aber nicht zu der Rede, bitte!«
Gattermann: »Nein, zum Amt. Wem Gott ein Amt gibt, dem gibt er auch Verstand, also können wir noch viel erwarten.«
Vizepräsident Westphal, SPD: »Es ist immer klüger, den lieben Gott aus unseren Debatten herauszuhalten, Herr Gattermann.«
Gattermann: »Auch in dieser Formulierung? – Dann streichen Sie es bitte im Protokoll.« *(12. 10. 88)*

Kühbacher, SPD: »Herr Kollege Funke, hätten Sie, wenn Sie vorhin mitbekommen hätten, daß einer Ihrer Kollegen unseren ehrenwerten Kollegen Wieczorek während Ihrer Rede einen ›Quatschkopf‹ genannt hat, das zurückgewiesen?«
Funke, FDP: »Nur, Herr Kollege Wieczorek selbst hat zu meinen Ausführungen ›Quatsch‹ gesagt. Er ist in keiner Weise besser als der Kollege, der das geäußert hatte.«
Vizepräsident Stücklen, CDU/CSU: »Herr Abgeordneter Kühbacher, das ist eine ganz neue Methode in diesem Hause, daß Sie etwas auffangen, was im Protokoll überhaupt nicht festgehalten ist und das als eine fremde Meinung wiedergeben, wobei Sie für alle erkennbar, das unterstreichen, was Sie als fremde Meinung vorgetragen haben.«
Kühbacher: »Herr Präsident, ich entschuldige mich ausdrücklich, falls Sie das als Kritik an Ihrer Präsidentschaft verstanden haben sollten.« *(26. 10. 89)*

Schwenninger, Grüne, der seine Redezeit längst überschritten hat: »Wir haben Spielfeste, alternative Spiel- und Sporttage organisiert. In diese Richtung müßte der Sport weitergehen. Ich komme langsam zum Schluß.«
Vizepräsident Stücklen, CDU/CSU: »Herr Abgeordnter, langsam geht es jetzt nicht mehr. Sie haben 10 Prozent Rabatt von mir.«
Schwenninger: »Man wird ja hier gehetzt. Das ist ja schlimmer als auf der Aschenbahn.« *(12. 4. 84)*

Vizepräsident Klein, CDU/CSU: »Aber das Prinzip ›Die Freiheit des einen ist dort eingegrenzt, wo die Freiheit des anderen beginnt‹ gilt natürlich auch für Redezeiten.«
Kleinert (Hannover), FDP: »Wäre es nicht, Herr Präsident, eine Erwägung wert, einen Rabatt für freie Rede zu geben, statt über Parlamentsreform zu reden?«

Klein: »Herr Kollege Kleinert, wenn es Sie beruhigt, ich habe meiner Schriftführerin gesagt: Respekt, was der aus drei Wörtern Notizen hier an Rede hält.« *(20. 5. 94)*

Dr. Struck, SPD: »Es steht einem Abgeordneten nicht zu, den Präsidenten zu kritisieren. Bei Ihnen, Herr Präsident, würde ich mir das schon nie erlauben.«
Vizepräsident Klein, CDU/CSU: »Das würde ich Ihnen auch nicht raten.« *(11. 12. 92)*

Vizepräsidentin Schmidt, SPD: »Ich möchte noch einmal auf dieses kleine rechte rote Lämpchen hinweisen, das hin und wieder blinkt.«
Bernrath, SPD: »Habe ich überzogen?«
Frau Schmidt: »Beinahe zwei Minuten, Herr Kollege Bernrath.«
Bernrath: »Ist das an derselben Stelle?«
Frau Schmidt: »Ja, es ist an derselben Stelle und leuchtet auch genauso wie bisher.«
Bernrath: »Nein, es war bisher links, Frau Präsidentin! Das habe ich übersehen!«
Frau Schmidt: »Ach so, dann darf ich insbesondere auch meine Fraktion darum bitten, einmal den Blick auch kurz nach rechts zu wenden, aber nur kurz, nur ganz kurz!« *(6. 11. 92)*

Vizepräsident Leber, SPD: »Erlauben Sie eine Zwischenfrage des Herrn Abgeordneten Pfeffermann?«
Merker, FDP: »Ja, sonst kriege ich meine Redezeit nicht voll.« *(2. 12. 81)*

Frau Dr. Leonhard-Schmid, SPD: »Herr Präsident: Heute können Sie unbesorgt sein. Ich habe sogar meinen Kollegen von der Landwirtschaft eine Minute meiner Redezeit abgetreten.«
etwas später; Vizepräsident Klein, CDU/CSU: »Frau Kollegin, das kann ich mir jetzt natürlich nicht verkneifen: Sie haben mir zwar keine Sorgen gemacht, aber Sie haben sich weder an die Vereinbarung noch an Ihre eigene Ankündigung gehalten.«
Sielaff, SPD: »Sie schenkt uns eine Minute und nimmt gleich zwei zurück!«
Hornung, CDU/CSU: »Das ist nicht das erste Mal!« *(11. 12. 92)*

Vizepräsidentin Dr. Vollmer, B'90/Grüne: »Das Wort hat der Abgeordnete Fischer *(Frankfurt, d. Hg.)*.«
Hornung, CDU/CSU: »Der hat doch schon die ganze Zeit geredet!«
Oswald, CDU/CSU: »Seine Zwischenrufe müssen auf seine Redezeit angerechnet werden!« *(8. 2. 95)*

Vizepräsident Klein, CDU/CSU: »Kollege Bernd Henn, Sie haben das Wort.«
Henn, PDS: »Ich hatte mich zwar nicht angemeldet ...«
Klein: »Dann hat Ihre Gruppe Sie angemeldet.«
Henn: »Das muß ein Versehen sein. Ich dachte, das entscheide ich noch selber.«
Zuruf von der CDU/CSU: »Sie müssen doch nicht reden, Herr Henn!«
Klein: »Es besteht hier kein Redezwang.«
Henn: »Aber ich will doch ein paar Bemerkungen machen, wenn ich schon dazu aufgefordert werden. Warum auch nicht?« *(21. 10. 93)*

Fischer (Frankfurt), B'90/Grüne, nach einigen von der Bundesregierung nicht beantworteten Fragen: »Frau Präsidentin, es fällt mir schwer, die parlamentarischen Regeln zu beachten!« *(25. 1. 95)*

Vizepräsident Dr. Hirsch, FDP: »Herr Bundesfinanzminister *(Dr. Waigel, CDU/CSU, d. Hg.)*, ich muß Sie darauf aufmerksam machen, daß Sie zwar jederzeit reden können, daß aber Zurufe von der Regierungsbank nicht zulässig sind.«
Oswald, CDU/CSU: »Herr Präsident, unsere Fraktion übernimmt den Zwischenruf!« *(21. 9. 95)*

Vizepräsident Cronenberg, FDP: »Sind Sie zum Schluß noch bereit, eine Frage des Abgeordneten Kubatschka *(SPD, d. Hg.)* zu beantworten, Frau Kollegin Homburger *(FDP, d. Hg.)*?«
Dr. Weng (Gerlingen), FDP: »Das würde ich machen, dann kann man ihm noch einen reinwürgen!« *(16. 6. 94)*

Vizepräsident Klein, CDU/CSU: »Frau Kollegin Blunck, wenn Sie liebenswürdigerweise vielleicht den Herrn Bundesgesundheitsminister nicht zu sehr reizen; er macht sonst Zwischenrufe, und ich habe keine Ordnungsgewalt über ihn.«
Seehofer, Bundesgesundheitsminister, CDU/CSU: »Das hätten Sie mir früher sagen sollen!«
Frau Blunck (Uetersen), SPD: »Soll ich ihm jetzt Dispens erteilen, daß er bei mir gerne Zwischenrufe machen kann, wenn Sie es erlauben?« *(13. 4. 94)*

Vizepräsidentin Dr. Vollmer, B'90/Grüne: »Die Zurücküberweisung ist damit gegen die Stimmen von Bündnis 90/Die Grünen und PDS mit den Stimmen des ganzen Hauses abgelehnt.«
Fischer (Frankfurt), B'90/Grüne: »Des Restes des Hauses!«
Frau Dr. Vollmer: »Mit den Stimmen des restlichen Hauses, was eine bedeutende Anzahl ist.« *(21. 9. 95)*

Vizepräsident Cronenberg, FDP: »Ich mache Sie seit geraumer Zeit darauf aufmerksam, daß Ihre Redezeit deutlich überschritten ist. Kommen Sie bitte zum Ende!«
Neumann (Bremen), CDU/CSU: »Ich sehe hier das rote Licht, aber das Rote übersehe ich gelegentlich – auch aus Bremer Erfahrung.«
Duve, SPD: »Großer Fehler!« *(31. 10. 90)*

Vizepräsident Cronenberg, FDP: »Das Wort hat der Herr Parlamentarische Staatssekretär. – Oh, Entschuldigung, zunächst hat der Abgeordnete Wetzel das Wort.«
Wetzel, Grüne: »Ich bin es noch nicht!«
Kastning, SPD: »Über das ›noch‹ reden wir auch noch!«
Vizepräsident Cronenberg: »Ihren Optimismus in Gottes und des Wählers Ohr!«
Wetzel: »Herr Vorsitzender! Meine Damen und Herren! Das war übrigens eine Bemerkung, die Ihnen nicht zusteht, Herr Präsident!«
Dr. Weng (Gerlingen), FDP: »Es steht Ihnen nicht zu, das Präsidium zu rügen!«
Vizepräsident Cronenberg: »Ich kann Ihnen nicht widersprechen.« *(25. 4. 90)*

Frau Vennegerts, Grüne/Bündnis 90, zu Bohl, CDU/CSU: »Sie kennen die Geschäftsordnung nicht, Herr Bohl. Ruhe!«
Vizepräsident Westphal, SPD: »Für Ruhe sorgen muß ich hier oben, Frau Abgeordnete.« *(30. 10. 90)*

Schreiner, SPD, über Scharrenbroich, CDU/CSU: »So ein Lügenbold!«
Vizepräsident Cronenberg, FDP: »Herr Abgeordneter Schreiner, ich möchte Sie doch allen Ernstes bitten, nicht zu übertreiben. Es war eben, als Sie nicht im Saal waren, bei Ihrer Fraktion wesentlich sachlicher und ruhiger als jetzt.« *(17. 3. 89)*

Vizepräsidentin Schmidt, SPD, zu Haungs, CDU/CSU: »Sie haben meine Großzügigkeit schamlos mißbraucht.«
Dr. Faltlhauser, CDU/CSU: »Intelligent mißbraucht, bitte schön, nicht schamlos!« *(17. 6. 93)*

Nolting, FDP: »Damit komme ich zum Abschluß: Das wissen auch Sie als SPD, und ...«
Vizepräsident Westphal, SPD: »... man kann auch über längere Zeit zum Schluß kommen, bloß Sie müssen es kürzer tun.« *(25. 6. 87)*

Schreiner, SPD, zu Scharrenbroich, CDU/CSU: »Kommen Sie zum Schluß! Wir wollen nach Hause!«

Vizepräsident Cronenberg, FDP: »Herr Abgeordneter Schreiner, wenn Sie sich etwas mehr zurückhalten würden, dann würde diesem Ihrem Wunsche eher Rechnung getragen.« *(17. 3. 89)*

Vizepräsident Westphal, SPD, zu Frau Seiler-Albring, FDP: »Frau Kollegin, es sind immer viele Abgeordnete, die zum Schluß kommen wollen. Bloß, ob sie zur rechten Zeit ankommen, das ist immer das Problem.« *(30. 11. 89)*

Dr. Mayer (Siegertsbrunn), CDU/CSU: »Nicht so schnell, Herr Gautier!«
Dr. Gautier, SPD: »Ich muß ja schnell reden, weil ich so wenig Zeit habe.« *(5. 3. 93)*

Vizepräsident Frau Renger, SPD: »Das Wort hat der Abgeordnete Funke *(FDP, d. Hg.)*.«
Paterna, SPD: »Rainer, denk daran, es ist schon spät! Sprich schneller!« *(28. 11. 89)*

Dr. Schäuble, CDU/CSU, nach Zwischenrufen von Fischer (Frankfurt), B'90/ Grüne: »Herr Präsident, könnten Sie diesen Schreihals einmal abstellen?« *(30. 3. 95)*

Vizepräsident Cronenberg, FDP: »... sind Sie bereit, eine Zwischenfrage der Abgeordneten Frau Dr. Babel zu beantworten?«
Schreiner, SPD: »Wenn sie sinnvoll ist, Herr Präsident!«
Dr. Warrikoff, CDU/CSU: »Ich sollte gefragt werden, ob ich eine Zwischenfrage zulasse. Wenn ich gefragt worden wäre, hätte ich gesagt: Herr Kollege Schreiner, ich lasse eine Zwischenfrage auch dann zu, wenn sie nicht sinnvoll ist.«
Frau Dr. Babel, FDP: »Die kann bei Herrn Schreiner gar nicht sinnvoll sein!«
Feilcke, CDU/CSU: »Das ist ja zu erwarten!« *(15. 10. 92)*

Vizepräsident Westphal, SPD, abends um 23.05 Uhr: »Dann muß ich Ihnen eine traurige Mitteilung machen: Wir müssen in ein paar Stunden schon wieder hier sein.« – *Heiterkeit.* – »Die Sitzung ist geschlossen.« *(11. 5. 89)*

Präsidentin Dr. Süssmuth, CDU/CSU: »Ich gehe zunächst einmal davon aus, daß dies ja wohl – nach dem, was ich höre – die letzte Sitzung in dieser Wahlperiode ist.«
Frau Roitzsch (Quickborn), CDU/CSU: »Bei der SPD weiß man das nie!« *(22. 11. 90)*

Vizepräsident Klein, CDU/CSU: »Herr Kollege, gehen Sie bitte auf keinen Zwischenruf mehr ein. Ihre Redezeit ist abgelaufen.«

Meckelburg, CDU/CSU: »Danke schön. Ich habe auch festgestellt, daß der Sitzungspräsident gewechselt hat. Der jetzige ist etwas rigoroser.«
Dr.-Ing. Jork, CDU/CSU: »Das war nicht richtig, mein lieber Freund!«
Klein: »Die Bemerkung gegen den Präsidenten ist leicht verziehen, aber eine Minute Überschreitung *(der Redezeit, d. Hg.)* ist nicht so leicht verziehen.« *(30. 4. 93)*

Vizepräsident Cronenberg, FDP: »Ich wünsche Ihnen und, ehrlich gesagt, auch mir, keine Sondersitzung während der Sommerpause und gute Erholung. Ich wünsche allen nur Sommertheater, die Ihnen Freude und Spaß bereiten und nicht das Gegenteil.« *(2. 7. 93)*

In der spätabendlichen Filmdebatte; Vizepräsident Westphal, SPD: »Das Wort hat der Abgeordnete Weirich.«
Roth, SPD: »Der Medien-Rambo!«
Weirich, CDU/CSU: »Liebe Besucher der Spätvorstellung!« *(16. 10. 86)*

Vizepräsidentin Schmidt, SPD: »Ich bitte dann die Herren Geschäftsführer, die amtierende Präsidentin über eine Vereinbarung zu informieren. In meinem Sprechzettel steht, daß keine Aussprache stattfinden soll.«
Dr. Rüttgers, CDU/CSU: »... lassen Sie mich bitte nur feststellen, daß weder die Fraktionen noch die Geschäftsführer dafür zuständig sind, was auf den Sprechzetteln steht und vorgelesen wird.« *(27. 5. 93)*

Frau Homburger, FDP, zur SPD: »So treiben Sie die Staatsverschuldung oder die Steuerlast hoch. Eine sich selbst tragende Erneuerung schaffen Sie damit jedenfalls nicht.«
Fischer (Frankfurt), B'90/Grüne: »Sehr gut! Endlich sagt es mal eine den Sozialdemokraten! Das mußte schon immer gesagt werden! Diese Staats-Sozis!«
Vizepräsident Klein, CDU/CSU: »Ein Zwischenruf ist ja etwas völlig Normales. Aber wir werden gelegentlich im Protokoll eine zweite Spalte brauchen: in der linken der Redebeitrag, in der rechten der Fischersche Kommentar. Vielleicht können wir das ein bißchen reduzieren.« *(20. 1. 95)*

Dr. Möller, CDU/CSU: »Haben Sie Erbarmen mit den Stenographen!«
Frau Nickels, Grüne: »Herr Präsident, ich kann mich nicht konzentrieren, wenn immer dazwischengerufen wird. Dann müssen Sie mir jetzt noch ein paar Minuten hinzugeben.«
Vizepräsident Westphal, SPD: »Frau Nickels, ich gebe Ihnen ja ein paar Sekunden mehr. Aber meine Ohren sind nicht so schnell wie Ihr Mund. Insofern

müßten Sie eigentlich in fünf Minuten viel mehr unterbringen als wir alle. Aber bitte, fahren Sie fort. Ich gebe Ihnen ein bißchen mehr Zeit.« *(20. 4. 89)*

Anhaltende Unruhe. – Vizepräsident Cronenberg, FDP: »... ich habe dem Abgeordneten Fuhrmann das Wort erteilt. Ich habe das Gefühl, daß jetzt mehrere Kollegen das Bedürfnis haben, hier reden zu müssen. Trotz der späten Stunde wäre ich Ihnen sehr dankbar, wenn Sie sich der Mühe unterziehen würden, dem Redner zuzuhören oder den Saal zu verlassen.«
Fuhrmann, SPD: »Das finde ich auch. Also, ihr seid jetzt entweder still oder geht einen trinken. Jedenfalls rede ich jetzt das zu Ende, was ich begonnen habe.« *(24. 11. 92)*

Vizepräsident Klein, CDU/CSU: »Frau Kollegin Enkelmann *(PDS, d. Hg.)*, vielleicht können Sie etwas leiser sprechen, Sie stören den Kollegen Voigt *(Frankfurt, SPD, d. Hg.)* bei seiner Unterhaltung.« *(24. 3. 93)*

Unruhe. – Zumkley, SPD: »Ich hoffe, daß ich mit meiner Rede die Gespräche nicht störe. Ich will dann gern weitermachen.« *(29. 9. 88)*

Vizepräsident Westphal, SPD, zu Ebermann, Grüne: »Ich weiß zwar nicht, was Sie in Ihren Taschen haben, aber Sie brauchen das nicht zu schützen.« *(2. 4. 87)*

Sellin, Grüne: »Da kommen einem ja die Tränen!«
Lüder, FDP: »Herr Präsident, darf ich bitten, daß Sie Herrn Sellin mal Taschentücher geben, wenn ihm die Tränen kommen. Er macht das bei jeder Rede, und deswegen war ich vorbereitet.« *(9. 12. 88)*

Duve, SPD: »Eltern müssen frühzeitig die Rechte erwerben, weil kostenfreies Spielen nur noch in geschlossenen Räumen erlaubt ist.«
Vizepräsident Westphal, SPD: »Herr Kollege, wissen Sie, wieviel Geld es kostet, hier weiter reden zu dürfen?«
Dr. de With, SPD: »Nur im Bundestag ist alles frei! Deswegen hört auch keiner auf uns!«
Westphal: »Sie sind über die Redezeit hinweg, und je mehr Sekunden das dauert, desto teurer wird es.« *(8. 2. 90)*

Vizepräsident Klein, CDU/CSU: »Ich erteile dem Stellvertreter des hessischen Ministerpräsidenten, Staatsminister für Umwelt, Energie und Bundesangelegenheiten, Joseph Fischer *(B'90/Grüne, d. Hg.)*, das Wort.«
Dr. Rüttgers, CDU/CSU: »Das ist aber ein langer Titel, Herr Präsident!«
Staatsminister Fischer: »Heute morgen geht es ja wirklich hochherrschaftlich bei der Ansage der Rednerinnen und Redner zu.«
Dr. Rüttgers: »Ja, wir haben Stil!« *(16. 10. 92)*

Vizepräsident Klein, CDU/CSU, nach einer Reihe von Zwischenrufen des Abg. Andres, SPD: »Die Tonlage im Plenum ist immer ein bißchen abhängig vom Grad des Engagements des Redners. Das entspricht sich. Nur sollten Sie sich wenigstens so verhalten, daß Sie hören, wogegen Sie protestieren.«
(22. 10. 93)

Dr. Waigel, Bundesminister der Finanzen, CDU/CSU: »Herr Präsident! Meine lieben Kolleginnen und Kollegen!« – *Keine Tonübertragung.* –
Walther (Zierenberg), SPD: »Theo du hast keinen Saft!« – *Weitere Zurufe.* –
Vizepräsident Klein, CDU/CSU: »... darf ich den Herrn Bundesminister fragen, ob er bereit ist, vom Platz aus zu sprechen.« – *Zustimmung von Dr. Waigel.* – »Dann ziehen Sie bitte das Mikrophon hoch, drücken auf den Knopf und warten drei Sekunden. Das ist die moderne Technik, die uns hier geliefert wurde!«
Dr. Waigel: »Herr Präsident!« – *Keine Tonübertragung.* – »Dieses Mikrophon geht auch nicht.«
Klein: »Ich bekomme soeben die Mitteilung, daß die Anlage zusammengebrochen ist und kein zusätzliches Mikrophon zugeschaltet werden kann. Unter diesen Umständen unterbreche ich die Sitzung erneut für eine Stunde.«
(24. 11. 92)

Frau Hasselfeldt, CDU/CSU: »Herr Schreiner *(SPD, d. Hg.)*, es würde Ihnen bessertun, wenn Sie ein bißchen zuhören und nicht immer dazwischenquatschen.«
Fritz, CDU/CSU: »Wer kläfft denn da?«
Vizepräsident Klein, CDU/CSU: »... eine gewisse Lebendigkeit und ein Echo auf den Redner beleben die Debatten. Der Kollege Schreiner hat vorhin auf einen einzigen Zwischenruf mit Pause reagiert.«
Heyenn, SPD: »Er ist sensibel. Das zeichnet ihn aus!«
Vizepräsident Klein: »Jetzt haben wir einen Zwischenrufchor. Vielleicht könnten wir das so weit mildern, daß die Rednerin noch zu hören ist. Wie gesagt: nichts gegen die Lebendigkeit.«
Andres, SPD: »Das war gerade so schauerlich, Herr Präsident!« *(25. 3. 93)*

Frau Titze, SPD: »Zum Schluß möchte ich der Hoffnung Ausdruck verleihen – die Lampe blinkt schon; dies wird wirklich der Schlußsatz, ich schwöre es –, daß sich die Regierung und die Ministerien ... nicht das seltsame Demokratieverständnis eines Mitarbeiters aus einem Ministerium ... zu eigen machen. Besagter Herr äußerte: ›Ich lasse mir von Parlamentariern nicht in die Suppe spucken.‹«
Frau Hämmerle, SPD: »Hier wird nicht in die Suppe gespuckt!«

Lambinus, SPD: »Das war kein Herr!«
Vizepräsident Cronenberg, FDP: »Ich möchte Sie vor allen Dingen bitten, keinen Meineid zu schwören, daß dies der letzte Satz war.«
Frau Titze: »Ich wage die Versicherung, um beim Bild zu bleiben – ohne mit Ihnen, liebe Kolleginnen und Kollegen, gesprochen zu haben –: Wir werden so oft und so stark in die Suppe spucken, wie uns die Suppe aus den Ministerien nicht schmeckt.« *(24. 6. 92)*

Vizepräsident Klein, CDU/CSU: »Frau Kollegin, Sie sind jetzt schon ein großes Stück über Ihre Redezeit hinaus, daß ich Sie bitte, nur noch einen letzten Satz zu sagen.«
Dr. Uwe Küster, SPD: »Sie macht das doch so sympathisch!«
Frau Ernstberger, SPD: »Gut, nur noch einen Satz. – Ich sage ja zur Regelung der SPD, welche die Standards der psychotherapeutischen Versorgung sichert und erhöht, und ja zu unserer Regelung, die auch den Menschen dient.«
Klein: »Ich bitte den Parlamentarischen Geschäftsführer der SPD, wenn ich auf die Zeit hinweise, mir nicht ins Wort zu fallen und dagegenzureden. Du machst das immer, Uwe.«
Schmidbauer (Nürnberg), SPD: »Den muß man an den Ohren ziehen!«
Klein: »Mach das mal!« *(22. 6. 95)*

Vizepräsident Stücklen, CDU/CSU: »... darf ich darauf aufmerksam machen, daß auf der Mitteltribüne einig Herren sind, die ihren Hut aufhaben. Aber eigentlich ist es kein Hut, es ist ein Trachtenhut, der zum Trachtenanzug gehört.« – *Einige dieser Besucher schwenken ihren Trachtenhut.* – »Halt, keine Ovationen, da oben! Wenn Sie Ihren Trachtenhut heute ausnahmsweise einmal auf den Schoß legen würden, damit die hinter Ihnen sitzenden Besucher auch den Blick zum Redner haben, dann wäre die Hausordnung wieder völlig hergestellt. Danke schön.« *(5. 10. 89)*

Vizepräsident Klein, CDU/CSU: »Herr Kollege Altherr, werfen Sie bitte einen Blick auf das rote Licht.«
Dr. Altherr, CDU/CSU: »Herr Präsident, Sie haben mich mitten aus meinen Träumen aufgeschreckt ...« *(13. 4. 94)*

Vizepräsident Klein, CDU/CSU: »Herr Abgeordneter, Sie sind weit über Ihre Redezeit. Bitte nur noch einen Schlußsatz!«
Warnick, PDS: »Ich bin noch neu hier.«
Conradi, SPD: »Aber die Uhr kann er lesen!« *(25. 11. 94)*

Frau Dr. Däubler-Gmelin, SPD, zu Rühe, CDU/CSU: »Das ist dummes Zeug und falsch!«

Vizepräsident Cronenberg, FDP: »Frau Abgeordnete, ich mache Sie noch einmal darauf aufmerksam: Der Abgeordnete Rühe hat das Wort und nicht Sie.«
Frau Dr. Däubler-Gmelin: »Aber nicht, um Unsinn zu verbreiten!«
Cronenberg: »Die systematische Störung eines Redners ist nicht das Musterbeispiel dafür, wie man hier eine Debatte führen sollte.«
Rühe: »Sie kann mich auch nur akustisch stören.« *(5. 9. 89)*

Zurufe von der SPD und der FDP. – Frau Odenthal, SPD: »Soll ich jetzt warten, Herr Präsident? Die unterhalten sich unter sich so gut.« *(16. 6. 94)*

Vizepräsident Westphal, SPD: »Das Wort hat der Abgeordnete Werner *(Westerland, Grüne, d. Hg.)*.«
Austermann, CDU/CSU: »Wo war der denn bei der Nordseedebatte?«
Dr.-Ing. Kansy, CDU/CSU: »Untergetaucht!« *(5. 6. 86)*

Heyenn, SPD: »Auch das sind Krokodilstränen!«
Dr. Blüm, Bundesarbeitsminister, CDU/CSU: »Frau Präsidentin, ich stelle meine Position fest. Was daran Krokodilstränen sind, überlasse ich dem Hohen Haus.«
Vizepräsidentin Schmidt, SPD: »Ich weiß nicht, warum Sie mich ansprechen. Ich habe über Ihre Tränen nicht befunden.«
Dr. Blüm: »Ich dachte nur, Ihre mütterliche Art würde mich in Schutz nehmen, Frau Präsidentin.«
Frau Schmidt: »Ich bitte Sie, mich hier außen vor zu lassen und Ihren Zwist unter sich auszumachen.«
Dr. Blüm: »Nein, Frau Präsidentin, ich wollte Ihren mütterlichen Schutz in Anspruch nehmen.«
Frau Schmidt: »Ich weiß, Herr Minister, daß Sie hin und wieder mütterliche Gefühle von mir erwarten. Ich glaube aber, vom Alter her ist es eher so, daß Sie väterliche Gefühle mir gegenüber haben könnten.« *(24. 3. 93)*

Vizepräsident Klein, CDU/CSU: »Sie machen mir das Leben wahnsinnig schwer, Frau Kollegin Fuchs *(Köln, SPD, d. Hg.)*. Durch die direkte Ansprache der Bayern verleiten Sie nämlich den Herrn Bundesfinanzminister zu Reaktionen von der Regierungsbank,«
Bundesminister Dr. Waigel: »Verführen!«
Klein: »was wiederum ein ansonsten relativ unübliches – wenn auch nicht bei ihm – Verfahren ist,«
Wieczorek (Duisburg), SPD: »Sie müssen ihn rügen!«
Klein: »das uns heute schon im Ältestenrat beschäftigt hat.«

Dr. Waigel: »Ihr habt Sorgen!«
Klein: »Herr Bundesfinanzminister, in allgemeiner Art natürlich.« *(7. 9. 94)*

Vizepräsident Cronenberg, FDP: »... der Abgeordnete Gilges *(SPD, d. Hg.)* bemüht sich, noch einmal eine Zwischenfrage zu stellen.«
Frau Dr. Babel, FDP: »Leider wiederum vergebens.« *(21. 9. 94)*

Hollerith, CDU/CSU: »Wenn ich in das Plenum blicke, dann sehe ich viele leere Ränge, und ich muß gestehen, daß ich den Kolleginnen und Kollegen um 21.11 Uhr nicht verdenken kann, wenn sie anderes zu tun haben, als sich eine solche Debatte *(über das Abwasserabgabengesetz, d. Hg.)* zu Gemüte zu führen ... Ich werde deshalb mit Genehmigung des Präsidenten meine Rede zu Protokoll geben.«
Vizepräsident Klein, CDU/CSU: »Vom Präsidenten aus ... ist das natürlich mit Vergnügen genehmigt. Aber das muß das Plenum genehmigen. – Sind Sie einverstanden, daß wir die Rede zu Protokoll nehmen?«
Müller (Düsseldorf), SPD: »Nein, nein, nein!«
Dr. Rieder, CDU/CSU: »Er ist vergnügungssüchtig!«
Hollerith: »Muß das Volk hier zustimmen?«
Klein: »Sepp, das Volk schreit nach dir.« *(26. 1. 95)*

Bundesarbeitsminister Dr. Blüm, CDU/CSU, über den saarländischen Ministerpräsidenten Lafontaine, SPD: »Dennoch bleibe ich dabei: Selbst die Flegeleien des Herrn Lafontaine«
Dr. Vogel, SPD: »Das ist parlamentarisch! Sie Schreihals!«
Dr. Blüm: »und selbst das Geschrei des Herrn Vogel werden mich auch nach diesem Tag nicht davon abbringen, morgen im Dienste der Bergleute alle Kräfte für den Konsens zu mobilisieren.«
Dr. Vogel: »Zugabe!«
Vizepräsident Frau Renger, SPD: »Ja, ja, die Herren verstehen das untereinander.« *(10. 12. 87)*

Vizepräsident Becker, SPD: »Als nächster Redner ist jetzt unser Kollege Günter Rixe aufgerufen.«
Zuruf von der FDP: »Feuer-Rixe!«
Beifall bei der CDU/CSU und der FDP. – Zuruf von der CDU/CSU: »Der kriegt Vorapplaus!«
Rixe, SPD: »Was soll denn das?«
Dr. Lammert, CDU/CSU: »Die wußten nicht, ob gleich noch Gelegenheit zum Klatschen besteht.«
Rixe: »Ach so. Ja, das mag natürlich sein. Aber ich fange mal freundlich an.« *(10. 3. 93)*

Eimer (Fürth), FDP: »Herr Präsident, ich habe meine Redezeit nur zur Hälfte ausgenutzt. Ich hoffe, daß Sie dazu beitragen, daß die Familienpolitiker das nächste Mal bei wichtigeren Beratungen, bei schwierigeren Problemen mehr Zeit bekommen.«
Frau Karwatzki, CDU/CSU: »Herr Präsident, das ist ein guter Vorschlag!« *(16. 10. 92)*

Wieczorek (Duisburg), SPD: »Herr Vorsitzender ...«
Dr. Waigel, CDU/CSU: »›Herr Vorsitzender‹? Wir sind doch hier nicht auf Ihrem Parteitag! Der trägt hier seine Parteitagsrede vor!«
Wieczorek: »Ich nehme den ›Vorsitzenden‹ zurück und ersetze ihn durch ›Präsident‹. Einverstanden, Herr Waigel? Prima!« *(25. 11. 86)*

Vizepräsidentin Schmidt, SPD: »Als nächster hat unser Kollege Helmut Wieczorek das Wort.«
Wieczorek (Duisburg), SPD: »Frau Vorsitzende!«
Walther (Zierenberg), SPD: »Präsidentin!«
Wieczorek: »Frau Präsidentin! Schon wieder derselbe Fehler, der mir bei Ihnen immer unterläuft. Ich bitte vielmals um Entschuldigung, Frau Präsidentin.«
Dr. Weng (Gerlingen), FDP: »Vorsitzende wollte sie nicht werden!«
Wieczorek: »Das kommt daher, weil Sie so freundlich einführen und dann die Stimmung bei Ihren anderen Kollegen etwas anders wird als normal.«
Dr. Weng: »Keine Disziplinierung des Präsidiums!« *(16. 1. 92)*

Vizepräsident Becker, SPD: »... hat jetzt unser Kollege Dr. Martin Pfaff das Wort.«
Bundesminister Dr. Blüm, CDU/CSU: »Ohne Manuskript!«
Dr. Pfaff, SPD: »Herr Minister, bei der Anwesenheit so stimulierender Kollegen brauche ich kein Manuskript.«
Bundesminister Seehofer, CDU/CSU: »Soll ich Ihnen meines geben?«
Dr. Pfaff: »Einige Unterschiede, Herr Bundesminister für Gesundheit, würden zwischen uns wohl bestehen.«
Becker am Ende der Debatte: »... gestatten Sie mir noch eine Bemerkung zu den natürlich unzulässigen Zwischenrufen von der Regierungsbank, die etwa so hießen: Was, ohne Manuskript? Ich will dazu einmal vorlesen, was in § 33 unserer Geschäftsordnung steht: ›Die Redner sprechen grundsätzlich in freiem Vortrag. Sie können hierbei Aufzeichnungen benutzen‹. Das war ein klassischer Fall der Geschäftsordnung.« *(11. 9. 92)*

Esters, SPD: »Frau Präsidentin, spielen Sie mit der Elektronik? Es leuchtet hier immer etwas.«

Vizepräsident Frau Renger, SPD: »Nein, keineswegs.«
Esters: »Hier leuchtet immer ›Präsident‹ auf.«
Grünbeck, FDP: »Das ist die Warnung, nichts Falsches zu sagen!« *(22. 11. 88)*

Bei der Rede von Bundesinnenminister Dr. Zimmermann, CDU/CSU, die schon zu Beginn von heftigen Zwischenrufen ständig unterbrochen wird; Vizepräsident Stücklen, CDU/CSU: »... ich bitte ..., den Redner, ganz gleich, wer es ist, nicht durch permanente Zwischenrufe an den Ausführungen zu hindern. Das geht nicht.«
Frau Beck-Oberdorf, Grüne: »Ach, der wird sich schon wehren!« *(8. 6. 84)*

Carstensen (Nordstrand), CDU/CSU, zu Heinrich, FDP: »Du könntest die Weinkönigin begrüßen!«
Gröbl, Parl. Staatssekretär beim Bundeslandwirtschaftsminister, CDU/CSU: »Ich würde gern die Anregung vom Kollegen Carstensen aufgreifen und die Weinkönigin hier begrüßen, aber ich darf das nicht. Deshalb muß es auch so gelten.«
Dr. Weng (Gerlingen), FDP: »Herr Staatssekretär, warum dürfen Sie die Weinkönigin nicht begrüßen?«
Gröbl: »Ich glaube, die Geschäftsordnung des Bundestages verbietet es dem Redner, Gäste auf der Tribüne besonders anzusprechen. Deshalb habe ich diesen Weg versucht. Ich glaube, das hat die Zustimmung auch der Kolleginnen und Kollegen gefunden.«
Vizepräsident Klein, CDU/CSU: »Dies ist eine der geschicktesten Umgehungen der Geschäftsordnung, die es gibt, mit dem zusätzlichen Vorzug, daß sich der Kollege Weng in die Begrüßung eingeschlossen hat. Ich darf das als Präsident auch noch tun.« *(14. 4. 94)*

Kleinert (Hannover), FDP: »Frau Däubler-Gmelin *(SPD, d. Hg.)* hat mich in eine furchtbare Lage gebracht. Sie hat mir nämlich eine Wette darüber angeboten, wer von uns beiden es kürzer schafft. Dem bin ich nicht nur wegen der Geschwindigkeit, in der sie ihre vorzüglichen Gedanken vortragen kann, sondern auch wegen der absolut verbrauchten Zeit, wie ich fürchte, nicht ganz gewachsen ...«
Vizepräsident Cronenberg, FDP: »Der Präsident darf den Inhalt Ihrer Rede, Herr Abgeordneter Kleinert, nicht bewerten. Aber was die Länge anlangt, haben Sie die Wette verloren.« *(26. 4. 90)*

Vizepräsident Cronenberg, FDP, zu Hilsberg, SPD: »Herr Abgeordneter, nachdem Sie Ihre Redezeit schon deutlich überschritten haben, wäre ich Ihnen dankbar, wenn Sie zum Ende kämen.«
Kuhlwein, SPD: »Aber er sagt Wichtiges!« *(21. 2. 92)*

Vizepräsident Dr. Hirsch, FDP: »Aber nun ist die Zeit für die Befragung der Bundesregierung tatsächlich abgelaufen.«
Frau Mehl, SPD: »Eine kleine Frage noch!«
Dr. Hirsch: »Na gut. Ich kann Ihnen nicht widerstehen.« *(11. 10. 95)*

Vizepräsident Klein, CDU/CSU: »Herr Kollege Briefs, darf ich Sie einen Moment unterbrechen.«
Dr. Briefs, fraktionslos: »Herr Präsident, bitte, ich erteile Ihnen das Wort.« *(13. 1. 94)*

Vizepräsidentin Schmidt, SPD: »Ich eröffne die Aussprache und erteile als erstem Herrn Staatsminister Helmut Schäfer *(FDP, d. Hg.)* das Wort.«
Frau Baumeister, CDU/CSU: »Was? Kollege Würzbach *(CDU/CSU, d. Hg.)* ist als erster gemeldet!«
Frau Schmidt: »Entschuldigung, ich habe mich geirrt. Als erster hat der Kollege Würzbach das Wort.«
Koppelin, FDP: »Ich hätte Schäfer lieber gehört!«
Dr. Küster, SPD: »Wir sind hier nicht bei ›Wünsch Dir was‹!« *(21. 4. 94)*

Dr. Hitschler, FDP: »Herr Präsident, darf ich Sie, bevor ich beginne, bitten, die Lautsprecher etwas lauter zu stellen, weil meine Stimme sehr zart ist.«
Vizepräsident Klein, CDU/CSU: »Sie sprechen zu einem sehr zartfühlenden Haus.« *(5. 11. 92)*

Präsident Dr. Ehlers, CDU/CSU: »Herr Abgeordneter, Ihre Zeit ist um!«
Dr. Schumacher, SPD: »Meine Zeit zwar nicht, aber meine Redezeit!« *(8. 11. 50)*

Reddemann und Lintner, beide CDU/CSU, melden sich zu einer Zwischenfrage bei der Rede von Dr. Schierholz, Grüne; Vizepräsident Frau Renger, SPD: »Möchten Sie die beantworten?«
Dr. Schierholz: »Wenn Sie die Zeitguillotine anhalten.«
Frau Renger: »Wir haben hier keine Guillotine. Ich halte die Uhr selbstverständlich an, wenn Sie die Zwischenfrage zulassen. – Das scheint der Fall zu sein. – Herr Reddemann.«
Reddemann, CDU/CSU: »Frau Präsidentin! Da ich kein Jakobiner bin, ist die Frage des Fallbeils ohnehin kein Problem.« *(26. 11. 86)*

Vizepräsident Westphal, SPD: »Es ist leider nun einmal so, daß wir bei Aktuellen Stunden die Zeitguillotine sehr scharf benutzen müssen, um alle gleich zu behandeln.« *(8. 12. 88)*

Frau Dr. Leonhard-Schmid, SPD: »Herr Präsident, können Sie für ein bißchen mehr Ruhe sorgen?«
Vizepräsident Klein, CDU/CSU: »Frau Kollegin, seien Sie nicht so zimperlich ... Manchmal ist es sehr laut, sehr aggressiv im Saal – meistens wird das vom Redner ein bißchen provoziert –, dann muß ich dazwischengehen. Sie haben das nicht getan; aber ich kenne keinen Kollegen, der dann vom Rednerpult zurücktritt, beleidigt auf den Präsidenten schaut und von ihm erbittet, daß Ruhe hergestellt wird. Das finde ich nicht in Ordnung. So gut muß ein Redner mit dem Publikum zurechtkommen, daß er bei einiger Unruhe selber wieder für Ruhe sorgt. Wenn es wirklich laut wird und stört, dann gehe ich dazwischen.«
Koschnick, SPD: »Sonst wie im bayerischen Bierzelt!«
Klein: »Sie wissen, daß das alles aus Sympathie geschieht, Frau Kollegin. Ich hielt es für notwendig, dies zu sagen, um Ihnen meine Bemerkung zu erklären.«
Duve, SPD: »Seien Sie nicht so zimperlich, Herr Präsident!« *(11. 2. 93)*

Präsidentin Dr. Süssmuth, CDU/CSU: »Ich möchte noch einmal um Ruhe im Saal bitten. Ich bitte Sie zuzuhören.«
Dr. Schäuble, CDU/CSU: »Ruhig müssen wir sein, aber zuhören müssen wir nicht! Von Zuhören steht nichts in der Geschäftsordnung!« *(2. 4. 92)*

Stratmann, Grüne: »Bevor ich mich mit den Argumenten des Kollegen Jäger, eines Republikaners bei der CDU, auseinandersetze, möchte ich doch dem Kollegen von der FDP einen guten Morgen wünschen, der sich gerade eines gesunden Schlummers erfreut. Herr Präsident, können Sie mir helfen, den Kollegen von der FDP in den Genuß meiner Rede zu bringen?«
Vizepräsident Cronenberg, FDP: »Es gehört nicht zu meinen Aufgaben, Herr Kollege Stratmann, dafür zu sorgen, daß der eine oder andere Abgeordnete Ihnen zuhört oder nicht. Das steht ihm völlig frei.« *(16. 11. 89)*

Bundesarbeitsminister Dr. Blüm, CDU/CSU: »Herr Andres, Sie haben Ihr Soll heute abend erfüllt. Herr Stratmann *(Grüne, d. Hg.)*, Ihnen würde ich gerne noch eine Frage gönnen.«
Andres, SPD: »Feigling! Mich läßt er nie zu!«
Vizepräsident Frau Renger, SPD: »Herr Bundesminister Blüm, der Herr Kollege Andres bittet mich, dem Haus und vor allen Dingen Ihnen mitzuteilen, daß er den Ausdruck ›Feigling‹ zurücknimmt.«
Dr. Blüm: »Dann kann er jetzt eine Frage stellen!« *(23. 6. 88)*

Vizepräsident Klein, CDU/CSU: »Die Kollegin *(Bläss, d. Hg.)* von der PDS hat vorhin sechseinhalb Minuten geredet. Ich habe ihr also nicht eine Minute weggenommen, sondern anderthalb Minuten dazugegeben.«

Koppelin, FDP: »Das war zuviel!«
Klein: »Frau Kollegin, Sie sind schon wieder ein Stück über die Zeit.«
Frau Bläss: »Dann haben Sie sich verrechnet.« *(20. 5. 92)*

Fischer (Frankfurt), B'90/Grüne: »Darf ich noch eine Zwischenfrage rufen, nämlich warum so viele von der PDS bei dem Thema Zwangsvollstreckung da sind?«
Dr. Mahlo, CDU/CSU: »Die Frage, die sich stellt, ist: Sind sie Gläubiger oder Schuldner? – Vielleicht wird uns das der Redner von ihrer Seite beantworten.«
Vizepräsident Klein, CDU/CSU: »Erstens war die Redezeit des Herrn Kollegen Mahlo schon abgelaufen; zweitens können Sie nur einen Zwischenruf machen, Herr Kollege Fischer;«
Fischer: »Einen zwischengefragten Ruf!«
Klein: »für eine Zwischenfrage bedarf es der Worterteilung.«
Oswald, CDU/CSU: »Und drittens war es trotzdem gut!« *(30. 11. 95)*

Dr. Gysi, PDS, meldet sich am Ende der Rede von Wolfgramm (Göttingen), FDP, zu einer Zwischenfrage.
Vizepräsident Westphal, SPD: »Wer zu spät kommt, den bestraft das Leben.«
Dr. Gysi: »Vielleicht ist er ja trotzdem bereit, meine Zwischenfrage zu beantworten.«
Wolfgramm: »Zu spät!«
Westphal: »Ein solches Verfahren können wir nicht einführen, Herr Gysi. Man muß sich rechtzeitig melden, und dann muß noch der Präsident eine Möglichkeit haben, den Redner zu befragen, ob er eine Zwischenfrage zuläßt. Ich darf Ihnen auch noch sagen: Das Verfahren ist hier so wie auf dem Fußballplatz, daß der Präsident während seiner Amtszeit nicht kritisiert werden kann.« *(24. 20. 90)*

Frau Trenz, Grüne: »Aber auch nur eine Aufenthaltserlaubnis. Und Sie wissen ganz genau, daß die Kinder ...«
Vizepräsident Stücklen, CDU/CSU: »Frau Abgeordnete Trenz, das wäre eine weitere Zwischenfrage, und dazu müßten Sie schon die Genehmigung haben. Aber bleiben Sie bitte noch am Mikrophon; denn Sie bekommen ja eine Antwort.«
Dr. Hirsch, FDP: »Sie will doch gar keine Antwort haben.«
Frau Dr. Vollmer, Grüne: »Kann der denn hier jede Frechheit sagen? Der soll sich mal ein bißchen zäumen!«
Bohl, CDU/CSU: »Benehmen Sie sich einmal anständig!« *(26. 4. 90)*

Vizepräsident Klose, SPD: »Frau Kollegin, achten Sie bitte auf die Uhr.«
Frau Titze-Stecher, SPD: »Wieviel Zeit habe ich noch?«
Vizepräsident Klose: »Gar keine.« *(30. 1. 97)*

Vizepräsident Stücklen, CDU/CSU: »Das Wort hat der Herr Abgeordnete Louven.«
Schreiner, SPD: »Muß der seinen Senf auch noch dazugeben?«
Louven, CDU/CSU: »Herr Kollege Andres, Sie sind ja ein recht liebenswerter Mann,«
Andres, SPD: »Danke!«
Louven: »aber Sie machen immer schon Zwischenrufe, wenn der Redner noch gar nicht gesprochen hat.«
Andres: »Das war Herr Schreiner!«
Louven: »Ach, es war diesmal Herr Schreiner. Aber in der Regel trifft das auf Sie zu.« *(15. 2. 90)*

Vizepräsident Leber, SPD: »Herr Kollege Gerster, erlauben Sie eine Zwischenfrage der Frau Abgeordneten Däubler-Gmelin!«
Gerster (Mainz), CDU/CSU: »Nein.«
Frau Dr. Däubler-Gmelin: »Dann machen wir eben Zwischenrufe!« *(4. 6. 81)*

Dr. Blüm, Bundesarbeitsminister, CDU/CSU: »Ich glaube schon, daß beide Tarifpartner mehr Kreativität entwickeln müssen.«
Koschnick, SPD: »Herr Blüm, das klingt immerhin sehr schön!«
Vizepräsident Klein, CDU/CSU: »Bitte keine Zwischenrufe mehr, er ist schon am Ende der Redezeit.«
Koschnick: »Ein wichtiger Mann! Da kann man Zwischenrufe machen!« *(13. 5. 93)*

Zwischen Kopf und Füßen

Der langjährige CSU-Abgeordnete und Bundesinnenminister Hermann Höcherl, der 1976 aus dem Bundestag ausschied, kam bis vor seinem Tode im Mai 1989 immer noch gern in die Bundeshauptstadt. Bei einem seiner letzten Besuche verunglückte er. Schwerverletzt mußte das »Schlitzohr« längere Zeit in einem Bonner Krankenhaus das Bett hüten. CDU/CSU-Fraktionschef Alfred Dregger übersandte seinem Ex-Kollegen einen Blumenstrauß – verbunden mit den besten Genesungswünschen. Das Original Höcherl bedankte sich dafür auf seine Weise: »Nach 6 Wochen Bonner Krankenhaus atme ich wieder heilsame bay. Luft. Nach der Operation wurden mir 2 l Preußenblut übertragen. Ich hoffe, daß ich mit diesem Fremdkörper keine Schwierigkeiten mit meinen bay. Behörden bekomme.«

In hitzigen Debatten steigt der Adrenalinspiegel der Redner an. Und so wirft man sich auch schon mal Begriffe aus der Anatomie um die Ohren.

Fuchtel, CDU/CSU: »Ich verspreche Ihnen: Es geht jetzt wieder etwas gepflegter zu. Auch wenn der Kollege Schreiner *(SPD, d. Hg.)* hier wie ein Adrenalin-Django aufgetreten ist.« *(9. 9. 93)*

Kriedner, CDU/CSU, zur SPD: »Das ist ja sowieso bei Ihnen sehr unterschiedlich, ob einer extremer Linksradikaler oder Rechtsradikaler ist. Da machen Sie immer feine Unterschiede, obwohl beide der Demokratie gleichermaßen schädlich sind. Das ist ja das Problem, wenn man auf dem einen, nämlich dem linken Auge blind ist.« *(21. 9. 94)*

von Klaeden, CDU/CSU: »Wir tragen Verantwortung für die Polzisten, denen niemand unterstellen darf, daß sie diesen Auftrag gerne übernommen haben. Wer haßerfüllten Randalierern Auge in Auge gegenübersteht, der geht für die Durchsetzung des Rechts ein hohes persönliches Risiko ein.«
Fischer (Frankfurt), B'90/Grüne: »Standen Sie ihnen schon einmal Auge in Auge gegenüber? Ich habe das zehn Jahre gemacht!« *(9. 5. 96)*

Nehm, SPD: »... geschieht das nur, um dem Parlament Tomaten auf die Augen zu kleben?« *(29. 11. 89)*

Ministerpräsident Teufel (Baden-Württemberg), CDU, zu Frau Fuchs (Köln), SPD: »Sie sehen auch nach der zweiten Frage nicht besser aus, Frau Kollegin.« *(8. 2. 96)*

Clemens, CDU/CSU: »Das herauszustellen war eigentlich mein Schlußpunkt hier heute bei einer Debatte, wo die Grünen zunächst die Backen aufgeblasen haben – oder besser die Wangen –, um dann nur noch ein leichtes Säuseln eintreten zu lassen.«
Toetemeyer, SPD: »Gut, daß Sie ›Wangen‹ gesagt haben!« *(15. 9. 89)*

Dr. Thomae, FDP: »Wir wollen aber die Diskussion über die Frage eröffnen, welche Leistungen auf Dauer nicht unbedingt notwendig sind.«
Fischer (Frankfurt), B'90/Grüne: »Da schmerzt der Backenzahn, mein Lieber!« *(24. 11. 94)*

Bundesfinanzminister Dr. Waigel, CDU/CSU, zur SPD: »Nun sind Sie mit der Ökosteuer zwischenzeitlich gewaltig auf den Bauch gefallen ... Das ist eine Beerdigung sechster Klasse. Die Leiche trägt die Kerze selber.« *(29. 11. 89)*

Dreßler, SPD: »Als der Arbeitsminister *(Dr. Blüm, CDU/CSU, d. Hg.)* in der Haushaltsdebatte ... die markigen Worte sprach, er werde vor den Anbietern von Gesundheitsleistungen, vor Ärzten, Zahnärzten und der Pharmaindustrie, nicht in die Knie gehen, da hatte er seine eigene Lage nicht mehr erkannt. Zu diesem Zeitpunkt lag er nämlich«
Zuruf von der SPD: »Auf dem Bauch!«
Dreßler: »flach auf dem Boden. Aus dieser Stellung kann man nicht mehr in die Knie gehen ...«
Dr. Blüm, CDU/CSU: »Das Bild ist gut!«
Dreßler: »Seit gestern abend allerdings bewegt sich Herr Blüm einen Zentimeter unter der politischen Grasnarbe.« *(4. 12. 87)*

Dr. Weng (Gerlingen), FDP: »Aber wir haben dann eine Punktlandung erreicht.«
Kuhlwein, SPD: »Eine Bauchlandung!« *(7. 11. 95)*

Dr. Lippelt (Hannover), Grüne, zu Ronneburger, FDP: »Wir können doch nicht Ihr Bauchweh teilen!« *(8. 3. 90)*

Doss, CDU/CSU, zur SPD: »Aber es sind eben diese Bazillen, die Sie mit einer völlig falschen Weichenstellung in die Köpfe der jungen Menschen gesetzt haben.«

Vizepräsident Klein, CDU/CSU: »... um aus den Bazillen nichts Gefährliches werden zu lassen: Die Bundesrepublik Deutschland hat feierlich auf die Produktion von A-, B- und C-Waffen verzichtet.« *(18. 3. 92)*

Hinsken, CDU/CSU: »Herr Kollege Schreiner, sagen Sie mir bitte, wann Sie Ihre Alternativvorschläge einbringen wollen. Haben Sie das so weit zurückgeschoben, daß Sie uns in einem Privatissimum die Möglichkeit geben, hinterfragen zu können, was Sie angekündigt, aber nicht getan haben?«
Stiegler, SPD: »Er hat wieder nicht hingehört! Seine alte Krankheit!«
Schreiner, SPD: »Lieber Herr Kollege, da haben Sie mich auf dem richtigen Bein erwischt.« *(10. 2. 93)*

Dr. Geißler, CDU/CSU, über den SPD-Vorsitzenden Vogel: »Es wird immer davon gesprochen, die Politiker sollten nicht so viele Sprechblasen absetzen und nicht wie die Bürokraten reden. Ich rede einmal so, daß es die Leute verstehen: Also: Lügen haben kurze Beine, kürzer sind dem Vogel seine.« *(22. 11. 88)*

Schmidt (Hitzhofen), B'90/Grüne: »Aber die Regierung ist auch nicht mehr das, was sie einmal war. Die Halbwertzeiten dieser Ankündigungen werden immer kürzer, denn diesmal dauerte es nur noch Stunden, bis der Big Boss persönlich – quasi noch aus dem Jet in Washington – seine Ministerin in einer Weise abkanzelte,«
Fischer (Frankfurt), B'90/Grüne: »Abkanzlerte!«
Schmidt: »daß sie einem schon fast wieder leid tun konnte; denn wenn man eine Ministerin für eine gute Idee von ihrem eigenen Chef derart gedeckelt sieht, dann bekomme ich als Oppositionspolitiker schon fast eine Beißhemmung.« *(16. 3. 95)*

Frau Unruh, Grüne: »Da fallen die Flugzeuge vom Himmel, nur weil irgendwelche – das ist nicht parlamentsreif, was ich jetzt sage – Vollidioten das befehlen ... Aber was macht denn so'n NATO-Generalsekretär damit? Was macht der denn? Ja, der verpaßt sich ein Schloß, der verpaßt sich einen Rolls-Royce und macht vielleicht auch noch ein sehnsüchtiges oder samariterhaftes Gesicht ...«
Bohl, CDU/CSU: »Was für ein Auto fahren Sie denn?«
Frau Unruh: »Hören Sie mal, was habe ich denn mit Ihrem Auto zu tun, was habe ich damit zu tun?
Bohl: »Mit Ihrem!«
Frau Unruh: »Sie lenken aber wirklich dermaßen ballaballa ab, daß ich mir sehr gut vorstellen kann, daß hier die Hälfte der CDU-Frauen sitzen muß. Denn in Ihre Betonköpfe geht's bei Gott nicht rein ...«

Carstensen (Nordstrand), CDU/CSU: »Sie reden wie ein Pfeifenraucher!«
Pfeffermann, CDU/CSU: »Es gibt Leute, die haben Narrenfreiheit! Das merkt man an Ihrer Rede!« *(14. 4. 88)*

Zuruf von der SPD: »Die Präsidentin hat die Schwierigkeiten mit der Stimme!«
Vizepräsidentin Schmidt, SPD: »Ich habe eine Kehlkopfentzündung, und deswegen klingt meine Stimme heute so.«
Louven, CDU/CSU: »Sie gehören ins Bett, Frau Präsidentin!«
Frau Schmidt: »Nein.« *(15. 10. 92)*

Bundesarbeitsminister Dr. Blüm, CDU/CSU, über die SPD: »17 Beschäftigungsprogramme mit einem Investitionsvolumen von 50 Milliarden DM haben die Sozialdemokraten in den Sand gesetzt ... Einen Arzt, der den Blinddarm 17mal an der falschen Stelle gesucht hat, wird man zum achtzehnten Male nicht an den Operationstisch lassen, oder?« *(11. 9. 86)*

Roth (Gießen), CDU/CSU: »Frau Kollegin Matthäus-Maier *(SPD, d. Hg.)*..., Kassandra wird nicht gewählt. Glauben Sie doch nicht im Ernst, den Bürgern wäre es wohler ums Herz oder um ihren Geldbeutel bei der Aussicht das Dreigestirn Lafontaine *(SPD, d. Hg.)*, Fischer *(B'90/Grüne, d. Hg.)* und womöglich Gysi *(PDS, d. Hg.)* würde in Deutschland die Kontrolle über die Staatsfinanzen in die Hand bekommen.«
Glos, CDU/CSU: »Da würde das Blut in den Adern gefrieren!« *(13. 3. 96)*

Dr. Vogel, SPD, nach einem Zuruf von Dr. Bötsch, CDU/CSU: »Nehmen Sie den Herrn nicht ernster, als es unbedingt sein muß. Er hat einen ziemlich hohen Blutdruck, und wir müssen auch ein bißchen für seine Gesundheit Sorge tragen.«
Dr. Bötsch: »Da sind Sie aber sehr im Irrtum! 110 : 70!«
Dr. Vogel: »Ja, das ist immer am Anfang des Tages. Wenn Sie sich hier aber so aufregen, sind die Werte viel höher. Seien Sie vorsichtig, Herr Bötsch.«
Rühe, CDU/CSU: »Ärztliche Schweigepflicht, Herr Vogel!«
Dr.-Ing. Kansy, CDU/CSU: »›Dr. med. Vogel‹!«
Dr. Vogel: »Wenn Sie sich über den Blutdruck des Herrn verständigt haben, können wir ja weitermachen.« *(24. 11. 87)*

Schmalz, CDU/CSU: »Gucken Sie sich die Damen und Herren der Opposition einmal an, wie braungebrannt die sind! Die kommen gerade aus der Dritten Welt. Die sind alle in den letzten Wochen dort gewesen.«
Frau Kastner, SPD: »Aus Niederbayern komme ich!«

Frau Steen, SPD: »Für den Fall, daß Sie mich gebräunt finden, möchte ich Ihnen sagen: Ich war im Bregenzer Wald, und der zählt nach Ihrer Theorie noch nicht zur Dritten Welt.«
Schmalz: »Das werden unsere österreichischen Kollegen erheblich zurückweisen!«
Dr. Olderog, CDU/CSU: »Bei Ihnen kann ich nur rot erkennen!«
Frau Steen: »Das ist auch gut, hoffentlich recht lange.« *(18. 1. 96)*

Dr. Waigel, Bundesfinanzminister, CDU/CSU, zur SPD: »Jetzt polemisieren Sie mit dem erfundenen Begriff des Kleinen-Leute-Buckels. Das wird dann ganz bewußt, um jemanden persönlich zu diskriminieren, mit einem Namen, nämlich dem meinen, verbunden. So macht man es in der Politik. Ich finde, das ist der beste Weg zur Politikverdrossenheit.« *(16. 12. 94)*

Frau Dr. Leonhard-Schmid, SPD: »Herr Kittelmann *(CDU/CSU, d. Hg.)*, machen Sie den Mund zu, dann sehen Sie charmanter aus und auch seriöser.« *(11. 2. 93)*

Frau Albowitz, FDP: »Herr Conradi *(SPD, d. Hg.)*, also, ich bitte Sie! Sie unterstellen dem Kollegen Pützhofen *(CDU/CSU, d. Hg.)*, er habe nicht die Wahrheit gesagt. Er hat wohl die Wahrheit gesagt, auch, was die Nutzungsfindung *(des Bonner Schürmann-Baues, d. Hg.)* anging. Damals ging es noch nicht um die Deutsche Welle.«
Dr. Rüttgers, CDU/CSU: »Hier scheint es nicht nur einen Hochwasserschaden zu geben; hier ist auch ein Dachschaden!« *(21. 9. 94)*

Frau Dr. Däubler-Gmelin, SPD: »Dummes Zeug!«
Kanther, Bundesinnenminister, CDU/CSU: »Bestimmte Zwischenrufe aus Damenmund richten sich selbst, Frau Kollegin.«
Frau Dr. Däubler-Gmelin: »Sie sind trotzdem richtig, Herr Minister!«
Fischer (Frankfurt), B'90/Grüne: »Sie reden aber auch ein Zeug!«
Kanther: »Herr Fischer, Sie brüllen doch nun schon so viele Jahre gegen mich an,«
Fischer: »Erfolgreich!«
Kanther: »und Sie wissen doch, daß es mir nicht sonderlich imponiert.«
Frau Wieczorek-Zeul, SPD: »Es kommt auch nicht auf Sie an!« *(9. 2. 95)*

Horn, SPD, zu Klein (München), CDU/CSU: »Ihre Galle ersetzt noch lange nicht die grauen Zellen. Sie sollten einmal den Kopf zum Denken benutzen und nicht nur die Drüsen.« *(8. 6. 84)*

Irmer, FDP: »Sie von den Grünen zeichnen sich wieder einmal aus durch eine ekelerregende Heuchelei ...«

Such, Grüne: »Das fällt auf Sie selbst zurück! Das ist nicht parlamentarisch. Drei Finger sind auf Sie selbst gerichtet! Schauen Sie sich Ihre drei Finger an, wohin die zeigen!« *(14. 9. 89)*

Frau Rennebach, SPD, über Pofalla, CDU/CSU: »So grün hinter den Ohren und schon so schlimm! Ein schlimmer Finger!« *(26. 5. 94)*

Ministerpräsident Strauß, Bayern, CSU, zu Bundeskanzler Schmidt, SPD: »Sie haben Ihr Mitleid mit mir zum Ausdruck gebracht und gesagt, ich hätte die Klinken geputzt, auf denen sich noch Ihre Fingerabdrücke befänden. Ich weiß nicht, ob Sie fettige oder ölige Fingerabdrücke hinterlassen haben. Sie sagen also, ich hätte die Klinken geputzt, die noch Ihre Fingerabdrücke gezeigt hätten. – Das ist nicht die Sprache eines Bundeskanzlers, das ist die Sprache eines SPD-Vorstadtwahlkämpfers!« *(20. 3. 80)*

Starnick, FDP: »Ich finde die heutige Diskussion ... zu Brunsbüttel eigentlich äußerst aufschlußreich, denn sie zeigt doch, daß es der Opposition darauf ankommt, eine große energiepolitische Debatte durch Fingerhakeln zu ersetzen.« *(3. 2. 93)*

Dr. Kiper, B'90/Grüne: »Es geht nach unserer Auffassung darum, dieser Bundesregierung eine Frischzellenkur zu verabreichen ...«
Dr. Glotz, SPD: »Seien Sie vorsichtig, medizinisch!« *(7. 9. 95)*

Dr. Weng (Gerlingen), FDP: »Ich breche jetzt mitten in einem Satz ab, Herr Präsident, um ihm eine Zwischenfrage zu erlauben, die etwas betrifft, was leider schon drei Minuten zurückliegt. Aber, bitte sehr.«
Wieczorek (Duisburg), SPD: »Es tut mir leid, ich stehe schon so lange hier.«
Dr. Weng: »Das schadet nichts.«
Wieczorek: »Ich brauche keine Einlagen, wenn Sie das meinen. Ich stehe gut und fest auf meinen Füßen.« *(4. 6. 92)*

Grill, CDU/CSU, nach einer Reihe von Zwischenrufen von Fischer (Frankfurt), B'90/Grüne: »Bevor Sie den Mund aufmachen, schalten Sie das Gehirn ein. Dann könnte es bei Ihnen besser werden.« *(12. 3. 97)*

Weisskirchen (Wiesloch), SPD: »... die Gründung der Akademie der Wissenschaften *(in Berlin, d. Hg.)* eine Kopfgeburt war.«
Feilcke, CDU/CSU: »Was haben Sie gegen ›Kopf‹?«
Dr. Stark (Nürtingen), CDU/CSU: »Wollen Sie Fußgeburt?« *(15. 3. 89)*

Seiters, CDU/CSU, zu Lutz, SPD: »Es sprach der Vertreter der Fraktion ›Gift und Galle‹!« *Und etwas später über Dreßler, SPD:* »Nach Gift und Galle war das die Abteilung Haß und Hetze!« *(3. 10. 86)*

Dr. Schnittler, FDP: »Herr Schreiner *(SPD, d. Hg.)*, Sie rufen nach einer neuen Bundesregierung. Bieten Sie uns Herrn Lafontaine als Wirtschaftsminister an, dann bekommen meine Landsleute schon heute eine Gänsehaut.«
Frau Gleicke, SPD: »Auch ich habe Gänsehaut!« *(28. 10. 93)*

Schmidt (Fürth), CDU/CSU: »Ich hörte das Wort ›politischer Trickbetrug‹ ... ich bitte um etwas mehr Respekt vor dem Bundesverfassungsgericht. Aber der scheint bei der SPD-Fraktion in vielerlei Hinsicht verlorengegangen zu sein.«
Hörster, CDU/CSU: »So ist es! Die leidet unter Gedächtnisschwund!« *(26. 3. 93)*

Schulte (Menden), Grüne: »Die Pseudokruppkrankheiten nehmen zu.«
Broll, CDU/CSU: »Und die Gehirnverbleiung bei Ihnen!« *(28. 6. 85)*

Frau Steinbach, CDU/CSU: »Herr Fischer, Sie brauchen Ihren Kopf gar nicht so schwer auf die Hand zu stützen. Das Gehirn wächst davon nicht nach.«
Fischer (Frankfurt), B'90/Grüne: »Das ist nicht nötig! Es tut nur weh, wenn ich Sie reden höre! Da kriegt man Kopfschmerzen!« *(9. 2. 95)*

Bueb, Grüne, zu Seehofer, CDU/CSU: »Herr Seehofer, Sie haben einen Gehirn-Gau!« *(11. 9. 86)*

Schindler, CDU/CSU: »Wenn es um Ländersteuereinnahmen geht ..., sollten Sie einmal ihre Gehirne anstrengen und konstruktiv werden, wie wir das im Bund, insbesondere in der Bundesregierung tun.«
Frau Scheel, B'90/Grüne: »Das heißt also: Die Bundesregierung schaltet das Gehirn so lange ab?« *(7. 12. 95)*

Reschke, SPD, zu Frau Dr. Schwaetzer, Bundesbauministerin, FDP: »Sie sollten das Protokoll nachlesen, wenn Ihr Gehör nicht klappt!« *(11. 12. 92)*

Feilcke, CDU/CSU: »Berlin ist das einzige Bundesland, in dem Pflegegelder auch für Gehörlose gezahlt werden.«
Dr. Apel, SPD: »Dann kriegen Sie bestimmt ein Pflegegeld!« *(18. 1. 85)*

Dr. Probst, CDU/CSU, zu Duve, SPD: »Wissen Sie, was Sie gemacht haben? Sie haben den dürrsten politischen Knochen, den es überhaupt gibt, noch einmal abgefisselt. Das ist die Wirklichkeit.«
Bindig, SPD: »Und es kam ein Gerippe heraus!«
Dr. Probst: »Jetzt möchte ich zur Sache zurückkommen.«
Bindig: »Ist der Kinkel *(Bundesaußenminister, FDP, d. Hg.)* der dürrste Knochen?« *(22. 11. 95)*

Dr. Graf Lambsdorff, FDP: »Herr Abgeordneter Conradi *(SPD, d. Hg.)* macht immer so ein saures Gesicht. Warum eigentlich? Als hätten Sie 14 Tage in essigsaurer Tonerde gelegen.« *(18. 1. 90)*

Bundeskanzler Dr. Kohl, CDU/CSU, zu Dr. Vogel, SPD: »Ich sehe schon heute Ihr Gesicht und das Gesicht des Herrn Abgeordneten Dr. Vogel am Wahlabend im Fernsehen vor mir.«
Dr. Vogel: »Der macht Gesichtsbetrachtungen!«
Bundeskanzler Dr. Kohl: »Herr Kollege Vogel, was soll ich an Ihnen denn sonst betrachten, wenn ich nicht Ihr Gesicht betrachten soll?«
Dr. Vogel: »Ihr Gesicht kann ich nicht haben. So schön kann ich nicht sein!«
(26. 11. 86)

Bundesfinanzminister Dr. Stoltenberg, CDU/CSU, zu Schily, Grüne: »Ich kann Ihre Zwischenrufe gar nicht verstehen, aber, Herr Schily, wenn ich Ihren Gesichtsausdruck betrachte, vermute ich, daß sie sehr töricht sind.«
(5. 5. 83)

Kutzmutz, PDS, zur CDU/CSU: »Sie kommen mir vor wie ein Boxer mit einem Glaskinn. Sie können zwar unwahrscheinlich austeilen, sind aber nicht in der Lage, zuzuhören und auch einmal etwas einzustecken.« *(15. 12. 94)*

Dr. Struck, SPD: »Wir bestreiten nicht, daß den Grünen ein Sitz im Präsidium zukommt. Aber daß die Grünen den Kampf um diesen Sitz an der Seite der Koalition führen, ist, gelinde gesagt, haarsträubend.« – *Heiterkeit.* – »... ich habe bewußt an dieser Stelle eine Pause gemacht, um Ihnen die Gelegenheit zu dieser Reaktion zu geben. Ich denke, ich spreche im Namen der Glatzenträger Deutschlands,« – *Heiterkeit.* – »wenn ich darauf hinweise, daß man Glatzenträgern auf vielen anderen Gebieten besondere Fähigkeiten zutraut.« – *Heiterkeit.* – »Also, ich bleibe dabei, daß das haarsträubend ist, zumindest nach allem, was wir im Wahlkampf erlebt und gehört haben.« *(10. 11. 94)*

Dr. Hitschler, FDP: »... ich möchte es nicht ins Lächerliche ziehen, aber ich will es auf den Punkt bringen. Müßte man bei diesem Verfassungsverständnis, das hier *(bei der SPD, d. Hg.)* offensichtlich zugrunde liegt, dann nicht nur sozial benachteiligte Gruppen aufnehmen, sondern auch andere Gruppe, die in unserer Gesellschaft im Alltagsleben in gewisser Weise benachteiligt sind, beispielsweise Linkshänder und Brillenträger?«
Irmer, FDP: »... das wäre folgerichtig. Man könnte da in die einzelnen Verästelungen gehen, und dann könnte jemand kommen und sagen, daß das dann auch die Kleinwüchsigen oder die Glatzköpfigen sind.« *(4. 2. 94)*

Rühe, CDU/CSU: »Richtig ist doch, daß eine gute Schule sowohl fördern, und zwar in erster Linie, Herr Wehner ...«
Wehner, SPD: »Lassen Sie mich doch in Ruhe, Sie Gnom!« *(8. 11. 79)*

Fischer (Frankfurt), B'90/Grüne: »Da fallen einem doch die Haare aus, was Sie erzählen!«
Kanther, Bundesinnenminister, CDU/CU: »Dann lassen Sie sie doch ausfallen, Herr Fischer, aber Brüllen hilft doch auch nicht gegen Haarausfall!« *(9. 2. 95)*

Müntefering, SPD, über den CDU-Landesvorsitzenden von NRW und Bundesarbeitsminister: »Blüm steckt mit seiner eigenen Partei knietief im Sumpf in Nordrhein-Westfalen. Keiner hilft ihm. Er muß sich am eigenen Schopf herausziehen. Aber auch da hat er schlechte Karten, wie man weiß.«
Zuruf von der SPD: »Er hat wenig Haare!« *(26. 4. 90)*

Bundeskanzler Dr. Kohl, CDU/CSU: »Was wird nicht alles kritisiert? Lesen Sie nicht, was die Zeitungen über die SPD schreiben? Sie müssen doch damit leben.« *– Heiterkeit bei der CDU/CSU und der FDP. –*
Fischer (Frankfurt), B'90/Grüne: »Warum lacht ihr von der FDP denn dabei? Wenn die CDU/CSU lacht, verstehe ich das! Aber euch müßten die Haare ausfallen! Ihr habt keinen Grund zum Lachen!« *(25. 10. 95)*

Haase (Kassel), CDU/CSU, zur SPD/FDP-Koalition: »Wir wissen, das Wasser steht Ihnen –«
Zuruf von der CDU/CSU: »Bis zum Hals!«
Haase: »– na ja, Unterlippe Oberkante.« *(22. 1. 82)*

Frau Steinbach, CDU/CSU: »Man kann nur das Geld ausgeben, das man hat.«
Fischer (Frankfurt), B'90/Grüne: »Das sagen Sie mal Waigel!«
Frau Steinbach: »Aber man muß sich auch der positiven Dinge bewußt sein, die für die Bürger erforderlich und nützlich sind.«
Frau Kastner, SPD: »Wenn das Wasser bis zum Halse steht, dann muß man den Kopf hochtragen!« *(9. 2. 95)*

Schäfer (Offenburg), SPD: »Ich hatte mir vorgenommen, Herr Kollege Broll *(CDU/CSU, d. Hg.)*, Ihnen bei der ersten Gelegenheit im Plenum für die solidarische, verbindliche Arbeit im Ausschuß zu danken. Ich muß Ihnen sagen: Angesichts der Rede, die Sie soeben gehalten haben, bleibt mir dieses Lob im Halse stecken.«
Frau Hürland, CDU/CSU: »Bei dem dicken Hals kein Wunder!« *(11. 9. 86)*

Egert, SPD: »Herr Feilcke hat die Hand in der Tasche!«
Feilcke, CDU/CSU: »Ja, aber in meiner Tasche, Herr Egert.« *(8. 5. 87)*

Lensing, CDU/CSU, über die Opposition: »... gleichzeitig – nicht einmal verschämt – in den Säckel der Steuerzahler und damit in die Bundeskasse zu greifen.«

Frau Odendahl, SPD: »Da haben Sie doch beide Hände drin!« *(23. 11. 95)*

Schreiner, SPD, zu Kauder, CDU/CSU: »Wenn man einer Dame eine Frage stellt, nimmt man zumindest die Hände aus der Hosentasche!« *(30. 4. 93)*

Wehner, SPD, zu Frau Kalinke, CDU/CSU: »Ihr Charme und mein sozialistisches Herz, das paßt zusammen!« *(19. 1. 72)*

Scharrenbroich, CDU/CSU: »Ich meine, Sozialpolitik darf nicht ausschließlich mit dem Herzen, sondern muß mit dem Herzen und dem Verstand gemacht werden.«
Schreiner, SPD: »Sie haben keines von beiden! Das ist das Problem!« *(11. 5. 90)*

Kleinert (Marburg), Grüne, unterhält sich mit dem Rücken zum Redner mit einem anderen Abgeordneten. Schwarz, CDU/CSU: »Vielleicht kann der Kollege mir seinen besseren Teil von der anderen Seite zeigen!«
Vizepräsident Frau Renger, SPD: »Herr Abgeordneter Kleinert, der Redner legt Wert darauf, daß Sie von vorn zu besichtigen sind.«
Schwarz: »Ich meine, wenn das eine saubere Hose wäre, würde ich das ja noch aushalten; aber so mag ich es nicht so gerne, wenn Sie mir den Hintern hinzeigen.«
Kleinert: »Ich lasse mich von Ihnen noch lange nicht beleidigen!« *(4. 6. 87)*

Schreiner, SPD, über den CDU/CSU-Bundesgesundheitsminister: »Jetzt sitzt Herr Seehofer mit seinem schmalen Hintern auf dem dünnen Eis;«
Kirschner, SPD: »Und bricht ein!«
Schreiner: »er sitzt dort weiterhin.«
von Klaeden, CDU/CSU: »Kennen Sie die Größe von Herrn Seehofers Hintern?«
Zöller, CDU/CSU: »Woher wissen Sie, welche Ausmaße der hat?« *(27. 2. 97)*

Hasinger, CDU/CSU, zu Glombig, SPD: »Das Gegenteil ist richtig!«
Wehner, SPD: »Wo haben Sie denn das Gegenteil? Sie haben höchstens ein Hinterteil, aber kein Gegenteil!« *(16. 3. 78)*

Vizepräsident Cronenberg, FDP: »Sie müssen die Auseinandersetzung ... an anderer Stelle führen.«
Kriedner, CDU/CSU: »Es lohnt sich im Grunde auch nicht!«

Jungmann (Wittmoldt), SPD: »Diese Hochnäsigkeit sollten Sie sich mal abgewöhnen!« *(30. 9. 93)*

Graf von Einsiedel, PDS: »Ich bin nicht hundert Jahre alt, ich bin jünger.«
Frau Homburger, FDP: »Sehen aber so aus!« *(30. 3. 95)*

Lutz, SPD, über die CDU/CSU-FDP-Bundesregierung: »Die neue Mehrheit ... ist eine kaltschnäuzige, eine herzlose Mehrheit, die nach Art sozialpolitischer Klabautermänner des letzten Jahrhunderts und der ersten Jahrzehnte dieses Jahrhunderts Millionen-Arbeitslosigkeit als Durchgangsstation – wenn auch ein Jahrzehnt und längerdauernd – zum neuen Aufschwung bewußt hinzunehmen bereit ist.«
Bundeswirtschaftsminister Dr. Graf Lambsdorff, FDP: »Wenn Sie von der ›kaltschnäuzigen Mehrheit‹ reden, dann sollten Sie die Problematik nicht durch großschnäuzige Erklärungen verschärfen.« *(9. 12. 82)*

Kriedner, CDU/CSU: »Solange ich das Mikrophon habe, bin ich besser als Sie auf Ihrem Stuhl.«
Dr. Küster, SPD: »Lauter! Lauter!«
Frau Matthäus-Maier, SPD: »Lauter, nicht besser!«
Kriedner: »Schreien können Sie schon ganz gut. Ob das immer das Richtige ist, ob der Kehlkopf das bessere Instrument ist als der Kopf, das bezweifle ich ohnehin, lieber Herr Kollege Küster.« *(23. 11. 93)*

Frau Männle, CDU/CSU: »Haben Sie ein Arbeitnehmerherz, oder beharren Sie auf einer Frage, Herr Schmidt?«
Schmidt (Salzgitter), SPD: »Wenn Sie mich so fragen, habe ich in erster Linie ein Kinderherz!« *(11. 11. 93)*

Kolb, CDU/CSU: »Was machen Sie denn? Sie haben doch zwei Häuser in Kressbronn abgestaubt!«
Frau Unruh, fraktionslos: »Halten Sie die Klappe, Mensch! Wissen Sie überhaupt, was Sie in dieser Bundesrepublik Deutschland mit Ihrem Gequatsche anrichten?« *(30. 11. 89)*

Ministerpräsident Lafontaine, SPD, Saarland: »Auch bei der FDP ist die Frage erlaubt, ob sie wirklich glaubwürdig ist. Sie, Graf Lambsdorff, haben hier ein besonderes Beispiel dafür gegeben. Als die Millionenschiebereien der PDS ruchbar wurden, sagten Sie voller Empörung: Mir fehlen die Worte. Es wäre besser gewesen, Sie hätten gesagt: An dieser Stelle halte ich die Klappe.«
Dr. Graf Lambsdorff, FDP: »Es fällt mir ja immer schwer – das wissen Sie –, die Klappe zu halten, aber das ist ja im Vergleich zu dem, was Sie draußen sagen, noch eine ganz höfliche Formulierung.«
Lafontaine: »Danke, gleichfalls!« *(22. 11. 90)*

Frau Schmidt (Nürnberg), SPD: »Diesen Mann – er sah noch ziemlich knackig aus – habe ich dann gefragt, wie alt er sei.«
Glos, CDU/CSU: »Keinen Chauvinismus!«
Frau Schmidt: »Ich darf doch auch mal, Herr Glos. Was Sie können, kann ich schon lange.« *(7. 9. 94)*

Dr. Müller (Bremen), Grüne, zu Dr. Weng (Gerlingen), FDP: »Das Brett, das Sie vor dem Kopf haben, wird auf Ihre eigenen Füße fallen!« *(9. 9. 86)*

Dr. Jaeger, CDU/CSU: »Warum zerbricht sich eigentlich Herr Wehner den Kopf der Sowjetunion?«
Wehner, SPD: »Weil er einen hat!« *(15. 2. 79)*

Frau Oesterle-Schwerin, Grüne: »20 Mark im Jahr pro Haushalt!«
Frau Rönsch (Wiesbaden), CDU/CSU: »Frau Kollegin, Sie werden vielleicht die Sechste Novelle – Sie waren damals schon im Bundestag – noch im Kopf haben.«
Dr.-Ing. Kansy, CDU/CSU: »Nein, sie hat nichts im Kopf!« *(8. 2. 90)*

Frau Matthäus-Maier, SPD: »Wir brauchen die offizielle Ankündigung, daß die Bundesregierung auf den Bau des Jäger 90 verzichtet.«
Rind, FDP: »Da ist er wieder! Er ist wieder da!«
Frau Matthäus-Maier: »Ein Milliardengrab hängen Sie uns an den Hals.« *(12. 11. 93)*

Dr. Jens, SPD, zur CDU/CSU: »Offenbar gilt bei Ihnen schon das Karnevalsmotto: Wenn einem das Wasser bis zum Halse steht, dann darf man den Kopf nicht hängen lassen.« *(3. 2. 94)*

Frau Matthäus-Maier, SPD: »Da ich meine Rede von vor einer halben Stunde noch sehr gut im Kopf habe ...«
Dr. Waigel, Bundesminister der Finanzen, CDU/CSU: »So sicher ist das nicht!« *(25. 9. 92)*

Dr. Knaape, SPD: »Der Gesundheitsminister *(Seehofer, d. Hg.)* und die CDU/CSU wissen es, aber die FDP will mit dem Kopf durch die Wand.«
Weisskirchen (Wiesloch), SPD: »Sie hat doch keinen Kopf!« *(23. 11. 95)*

Minister Dr. Herzog, CDU, Baden-Württemberg: »Da ich in Baden-Württemberg nicht mehr Kultusminister, sondern Innenminister bin, kann ich diese Zahl aus dem hohlen Bauch jetzt weder bestätigen noch widerlegen.«
Wehner, SPD: »Hat denn ein Innenminister einen hohlen Bauch?«

Minister Dr. Herzog: »Es gibt sogar solche mit hohlem Kopf, aber zu denen gehöre ich nicht.«
Wehner: »Das habe ich auch schon erlebt!« *(4. 2. 82)*

Dr. Riedl (München), CDU/CSU, zur SPD/FDP-Koalition: »Seit 1969 haben Sie über 150 Beamte in den einstweiligen Ruhestand geschickt, und das waren in zunehmendem Umfang Leute, die Sie zuvor im Wege der Parteibuch- und Günstlingswirtschaft in hohe Beamtenstellen gehievt haben.«
Wehner, SPD: »Sie merken aber auch alles, Herr!«
Dr. Riedl: »Wir schreiben alles auf, Herr Wehner.«
Wehner: »Sie haben es hinter den Ohren, wissen Sie!«
Dr. Riedl: »Und vor dem Kopf, so wie Sie.« *(14. 9. 79)*

Walther, SPD: » ... wie die Bundesregierung und die Koalitionsfraktionen die Kosten der deutschen Einheit darstellen: lauter leere Blätter, so als wenn die deutsche Einheit nichts kostet.«
Kraus, CDU/CSU: »Lieber leere Blätter als leere Köpfe!« *(5. 9. 90)*

Hoppe, FDP, zur CDU/CSU: »... sind Sie zu den Fußkranken der Deutschlandpolitik geworden.«
Jäger (Wangen), CDU/CSU: »Die Koalition gehört zu den Kopfkranken!« *(15. 11. 79)*

Vizepräsident Klein, CDU/CSU: »Herr Kollege Gerster, darf ich Sie eine Sekunde unterbrechen,«
Gerster (Mainz), CDU/CSU: »Aber mit Freuden, Herr Präsident!«
Klein: »weil ich unter dem Eindruck stehe, daß man normalerweise mit dem Gesicht zum Redner zuhört, wenn man im Parlament sitzt. Nun hat man auch einmal etwas zu seinem Hintermann zu sagen. Aber wenn es dann längere Zeit dauert, Herr Kollege Struck, kommt der Verdacht auf, Sie hören mit dem falschen Körperteil zu.«
Gerster: »Der Kollege Struck war heute mittag in der PKK *(Parlamentarische Kontrollkommissionen, d. Hg.)*, anwesend, als er eine Lehrstunde durch den BND-Präsidenten Porzner *(SPD, d. Hg.)* bekommen hat.«
Dr. Struck, SPD: »Lüge! Lüge!«
Gerster: »Er dreht sich um, weil er sich schämt, wenn ich das sage. Er darf das von mir aus gern machen.« *(6. 9. 94)*

Vogt, CDU/CSU, Parl. Staatssekretär beim Bundesarbeitsminister: »... die Kollegen der SPD sind etwas aufgeregt; das spricht in Anbetracht der Tageszeit von 22.52 Uhr für ihren Kreislauf.«

Schreiner, SPD: »Das ist schon fast Körperverletzung, was Sie machen!« *(16. 11. 89)*

Vosen, SPD: »Ich habe beide Lauscher hoch!«
Lenzer, CDU/CSU: »Wer so aussieht wie Sie, muß sich erst einmal wieder an das Arbeiten gewöhnen. Eigentlich müßte der Mensch Vergnügungssteuer bezahlen, oder er hat eine neue Sonnenbank.«
Vosen: »Selbst bezahlt!« *(13. 1. 94)*

Schulz (Berlin), B'90/Grüne, zur FDP: »Die Methode Genscher, also der flotte Wechsel oder der bravouröse Abgang in einer Legislaturperiode, um dann mit großen Lauschern den politischen Vorruhestand im Parlament zu genießen, diese Methode wird nicht mehr klappen.« *(17. 1. 96)*

Ministerpräsident Lafontaine, SPD, Saarland: »Als der Bundesfinanzminister *(Dr. Waigel, CDU/CSU, d. Hg.)* die Lippen spitzte, erinnerte er – das werden Sie vielleicht nicht verstehen, meine Damen und Herren von der Koalition – an die Gruppe ›Milli Vanilli‹, eine Gruppe, die zeitweise durchaus Erfolg hatte, bei der aber irgendwann herauskam, daß sie, als sie die Lippen spitzte, gar keine Töne von sich gab.«
Dr. Graf Lambsdorff, FDP: »Herr Ministerpräsident, ich glaube, für diese etwas kümmerliche Rede hätten sich nicht einmal Milli Vanilli, auch nicht gegen ein hohes Honorar, zur Verfügung gestellt.«
Frau Dr. Vollmer, Grüne: »Das war auch ein etwas kümmerlicher Witz! Er weiß nämlich nicht, wer Milli Vanilli ist!« *(22. 11. 90)*

Vizepräsident Stücklen, CDU/CSU, nach einer Serie von Zwischenrufen zu Gerster (Mainz), CDU/CSU: »Aber über eines wundere ich mich immer – Herr Abgeordneter, ich wollte gerade auch Sie ansprechen –: Die Lungen der Abgeordneten sind unglaublich leistungsfähig; sie holen nicht ein einziges Mal eine Sekunde Luft.« *(9. 2. 90)*

Dr.-Ing. Kansy, CDU/CSU, zu Frau Matthäus-Maier, SPD: »Mein Magen dreht sich um, wenn ich Sie reden höre!« *(10. 3. 93)*

Dr. Rüttgers, CDU/CSU, nach einer Reihe von Zwischenrufen zur SPD: »Entschuldigen Sie bitte, die Tatsache, daß Sie hier herumbrüllen und herumpöbeln, macht das nun wirklich nicht besser... Von Anfang an, wenn jemand von uns redet, machen Sie Ihr Maul auf, und irgend etwas kommt heraus.« *(24. 11. 92)*

Wehner, SPD, zu Wohlrabe, CDU/CSU: »Sie werden noch die Maulsperre kriegen! Das ist auch eine Krankheit!« *(30. 1. 70)*

Dr. Rüttgers, CDU/CSU: »Herr Präsident, warum schreit der Herr so?«
Staatsminister Fischer (Hessen), B'90/Grüne: »Ich nehme Rücksicht auf Ihr feines Gehör, Herr Abgeordneter Rüttgers, würde mir aber wünschen, daß Sie mit Ihrem Mäusegehör ähnlich sorgsam, wie Sie das jetzt tun, auch die feinen nationalen Töne Ihres Fraktionsvorsitzenden *(Dr. Schäuble, CDU/CSU, d. Hg.)* hören.« *(7. 9. 94)*

Dr. Schäuble, CDU/CSU: »Herr Fischer, lachen Sie doch nicht wie ein Ziegenbock! Das ist ja wirklich kaum zu ertragen.«
Fischer (Frankfurt), B'90/Grüne: »Angesichts dessen, was Sie hier erzählen, bleibt wirklich nur noch meckerndes Lachen!« *(18. 1. 96)*

Dr. Weng (Gerlingen), FDP, zu Frau Fischer, B'90/Grüne: »Warum sind Sie denn so nervös?«
Bundesgesundheitsminister Seehofer, CDU/CSU: »Frau Fischer, ich darf Ihnen als verantwortlicher Ressortminister sagen: Die beste Medizin, auch im Parlament, ist noch immer die Gelassenheit. Bleiben Sie ganz ruhig, ohne Nebenwirkungen, ohne Risiken, ohne Zuzahlung.« *(7. 11. 95)*

Vizepräsident Cronenberg, FDP: »Ich erteile dem Staatsminister für Energie, Umwelt und Bundesangelegenheiten des Landes Hessen, Joschka Fischer *(B'90/Grüne, d. Hg.)*, das Wort.«
Austermann, CDU/CSU: »Das kann doch nicht wahr sein! Heute bleibt uns überhaupt nichts erspart! Mollig ist er geworden!« *(26. 11. 92)*

Beifall bei der FDP und der CDU/CSU. – Schreiner, SPD: »Die Mumien sind wachgeworden! Es ist unglaublich!« *(20. 10 94)*

Wehner, SPD, über Dr. Riedl (München), CDU/CSU: »Morgenstunde hat Schaum im Munde!« *(2. 6. 81)*

Bundeskanzler Dr. Kohl, CDU/CSU: »Wissen Sie, ich habe über Jahrzehnte erlebt, wie für die FDP die Totenglocke geläutet wurde. Dann ist sie doch immer wiedergekommen. Wie ich Sie in der Sozialdemokratie kenne, würden Sie ja kniefällig die FDP bitten, zu Ihnen zu kommen, wenn sie nur käme.«
Fischer (Frankfurt), B'90/Grüne: »Was machen wir, wenn da nichts mehr kommt?«
Schulz (Berlin), B'90/Grüne: »Das ist schon Mund-zu-Mund-Beatmung, was Sie da treiben!« *(15. 12. 94)*

Dr. Riedl (München), CDU/CSU: »Herr Kollege Löffler, darf ich Sie fragen: Sind Sie nicht Spitze?«

Löffler, SPD: »Lieber Herr Kollege Riedl, ich habe Ihnen das Wort zur Zwischenfrage nur deshalb gegeben, weil ich hoffte, daß Sie das Wort ›politisch‹ sagen; dann haben Sie immer so ein süßes Mündchen.« *(22. 1. 82)*

Frau Dr. Däubler-Gmelin, SPD: »Herr Schäuble, Ihre böse, Ihre infame Rede bedarf einer kurzen Erwiderung.«
Pfeffermann, CDU/CSU: »Sie haben vielleicht ein infames Mundwerk, Frau Kollegin!«
Jungmann (Wittmoldt), SPD: »Pfeffermann, Sie auch!« *(2. 4. 92)*

Glos, CDU/CSU, zu Schulz (Berlin), B'90/Grüne: »Sie sind eine Zumutung! Wenn man Ihnen zuhört, sträuben sich die Nackenhaare!« *(27. 5. 93)*

Frau Dr. Wegner, SPD: »Aber paradoxerweise ist es so, daß gerade die Haushaltsmittel für politische Bildung drastisch gekürzt worden sind.«
Frau Würfel, FDP: »Einem nackten Mann kann man nicht mehr in die Tasche fassen!« *(24. 11. 92)*

Dr. Wulff, CDU/CSU, zu Dr. Vogel, SPD: »... scheint es etwas vernünftiger zu sein, nicht immer die Nase zu rümpfen, sondern sie auch einmal zu putzen.« *(22. 5. 85)*

Vizepräsident Klein, CDU/CSU: »... erlauben Sie mir, ein Wort an die Adresse eines Besuchers auf der Tribüne zu richten, dem ich gerade duch einen entsprechenden Wink das Zeitungslesen sozusagen untersagt habe. – Wissen Sie, es gibt gewisse Formen der demonstrativen Unhöflichkeit, die nur hier unten erlaubt sind.«
Fischer (Frankfurt), B'90/Grüne: »Dürfen die Zuschauer denn in der Nase bohren, Herr Präsident!«
Hörster, CDU/CSU: »Wenn es ihre eigene ist, ja!«
Fischer: »Meine Nase gehört mir!« *(9. 3. 95)*

Laumann, CDU/CSU: »... wir haben die Sonntagsarbeit mit unseren Änderungsanträgen zum Regierungsentwurf wesentlich eingeschränkt.«
Schreiner, SPD: »Ihr habt sie erweitert, ihr komischen Nasen!« *(10. 3. 94)*

Andres, SPD, über Möllemann, FDP: »Der hält den Nasenring, mit dem Seehofer *(CDU/CSU, Bundesgesundheitsminister, d. Hg.)* gezogen wird!« *(27. 2. 97)*

Vizepräsident Klein, CDU/CSU: »Gestatten Sie eine Zwischenfrage des Kollegen Schreiner?«
Dr. Pfennig, CDU/CSU: »Wenn es nicht auf meine Zeit geht, bitte.«
Frau Dr. Babel, FDP: »Das geht auf Ihre Nerven, nicht auf Ihre Zeit!« *(25. 11. 93)*

Schreiner, SPD: »Es geht um die Zukunft und nicht um die Vergangenheit!«
Dr. Blüm, Bundesarbeitsminister, CDU/CSU: »Es geht jetzt darum, daß wir in diesem Jahr Arbeitsmarktpolitik machen.«
Schreiner: »Wollen Sie jetzt Geschichtswissenschaftler werden?«
Dr. Blüm: »Ich bin in der Gegenwart.«
Schreiner: »Wollen Sie Ehrendoktor werden?«
Dr. Blüm: »Lassen Sie mich doch ausreden, damit ich Ihnen die Zahlen nennen kann. – Herr Präsident, können Sie mir zu Hilfe kommen? Um 20 nach 7 habe ich ein schwaches Nervenkostüm.«
Vizepräsident Becker, SPD: »Herr Minister, bisher haben wir festgestellt, daß Sie das sehr gut überstehen. Aber ich bitte daran zu denken, daß der Redner zu Wort kommen muß. Die Zwischenrufe und Bemerkungen müssen so beschränkt sein, daß man auch verstehen kann, was der Redner sagen will.«
Lohmann (Lüdenscheid), CDU/CSU: »Beschränkt sind sie doch!« *(17. 6. 92)*

Frau Dr. Wetzel, SPD: »... wie es im Gesetzentwurf dazu heißt – der Minister nickt; vielen Dank, Herr Krause ...«
Dr. Krause (Börgerende), Bundesverkehrsminister, CDU/CSU: »Können Sie bitte zur Kenntnis nehmen, daß Sie sich ganz geirrt haben? Ich habe nicht genickt.«
Zuruf von der SPD: »Er ist eingenickt!«
Frau Dr. Wetzel: »Herr Krause, entweder sind Sie eingenickt, oder Sie haben möglicherweise mir zugenickt und vielleicht nicht richtig zugehört. In jedem Falle habe ich deutlich gesehen, daß Sie genickt haben. Ich habe es wohlwollend zur Kenntnis genommen ...«
Dr. Krause: »Würden wir denn darin übereinstimmen, daß das Wort ›nicken‹ im Deutschen mit mehreren Inhalten besetzt ist, daß ich zwar eingenickt bin, aber Ihnen natürlich nicht zugenickt habe?«
Frau Dr. Wetzel: »Ich habe die letzte Bemerkung akustisch nicht verstanden. Insofern mögen Sie mir verzeihen, daß ich nicht darauf eingehe.«
Fischer (Hamburg), CDU/CSU: »Manchmal ist Nicken auch Altersschwäche!« *(29. 10. 92)*

Vizepräsident Klose, SPD: »Das Wort hat jetzt der Kollege Günter Rixe, SPD-Fraktion.«
Zurufe von der CDU/CSU: »Nicht so laut!«
Rixe, SPD: »Ja, das weiß man vorher nie so genau. Sehr geehrter Herr Präsident! Liebe Kolleginnen und Kollegen! Soll ich gleich einen Schritt zurückgehen? Kennt ihr denn alle keine ordentliche Sprache? Auf dem Bau spricht man eigentlich immer so laut. Da nuschelt man nicht so, und dann kann man auch jeden gut verstehen.« *(18. 4. 96)*

Schreiner, SPD, zu Feilcke, CDU/CSU: »Herr Kollege, da Sie ein empfindsames Öhrchen haben, versuche ich zu säuseln.« *(10. 3. 88)*

Irmer, FDP: »Jetzt habe ich das Privileg, hier am Pult zu stehen, und deshalb habe ich das Recht zu reden, während die akustischen Einlassungen, die Sie, wenn Sie nicht das Wort haben, hier von sich geben, mich schon zum Ohrenarzt getrieben hätten, wenn ich nicht Ärzte scheute.«
Fischer (Frankfurt), B'90/Grüne: »Prüfen Sie mal, ob Ihre Ohren noch dran sind, Herr Irmer!«
Irmer: »Ich wollte Sie aber nicht niederbrüllen. Wenn Sie eine Zwischenfrage stellen wollen, dann melden Sie sich beim Präsidenten, damit er mich fragt, ob ich es zulasse. Ich überlege mir das dann.«
Fischer: »Nein, danke!« *(17. 3. 95)*

Lummer, CDU/CSU: »Alle sagen doch mit Recht, unser Außenminister *(Genscher, FDP, d. Hg.)* ist nicht nur am längsten im Dienst, ein alter Hase, ein gewiefter Fuchs.«
Reddemann, CDU/CSU: »Mit großen Ohren!« *(21. 2. 92)*

Seehofer, CDU/CSU, Parl. Staatssekretär beim Bundesarbeitsminister: »Herr Kollege Schreiner, das unterscheidet uns beide: Wir sind nicht auf einem Auge blind.«
Schreiner, SPD: »Sie sind auf beiden Ohren taub!« *(15. 2. 90)*

Fischer (Frankfurt), Grüne, zu Bundesverteidigungsminister Dr. Wörner, CDU/CSU: »Sie glauben unerschütterlich an Mickymaus, Herr Wörner! Achten Sie auf Ihre Ohren! Die werden schon ganz rund!« *(22. 11. 83)*

Ministerpräsident Dr. Stoiber (Bayern), CSU: »Er soll sich seine eigene Rede im Bundesrat, die ich selbst gehört habe, noch einmal vor Augen führen.«
Fischer (Frankfurt), B'90/Grüne: »Vor Ohren!« *(25. 11. 94)*

Anhaltende Zurufe von der CDU/CSU – Glocke der Präsidentin; Klose, SPD: »Frau Präsidentin, mich irritiert das alles relativ wenig. Ich muß Ihnen nämlich ein kleines persönliches Geheimnis erzählen: Ich habe seit vier Wochen Ohrenprobleme, höre relativ schlecht, mit dem rechten noch schlechter als mit dem linken Ohr. Sie können deshalb rufen, was Sie wollen, ich höre es eh nicht. Das hat manchmal Vorteile.«
Dr. Weng (Gerlingen), FDP: »Ein bißchen blind sind Sie auch!« *(7. 9. 94)*

Dr. Kinkel, Bundesaußenminister, FDP, zu Staatsminister Fischer (Hessen), B'90/Grüne: »Sie waren wahnsinnig laut«
Lennartz, SPD: »Hand aus der Tasche!«

Dr. Kinkel: »– das nächste Mal bringe ich Ohropax mit –, aber schreien nützt hier nichts, und Argumente haben Sie überhaupt keine gebracht. Sie schreien nur.« *(7. 9. 94)*

Lohmann (Lüdenscheid), CDU/CSU: »In dem Untersuchungsausschuß, in dem ich das zweifelhafte Vergnügen hatte, der Obmann meiner Fraktion zu sein, ist Frau Wollenberger *(B'90/Grüne, d. Hg.)* nur ein einziges Mal erschienen, hatte also offensichtlich kein weiteres Interesse an einer, wie es von Ihnen heißt, breiten gesellschaftlichen Auseinandersetzung.«
Fischer (Frankfurt), B'90/Grüne: »Die wird Ihnen nachts erscheinen, wenn Sie nicht achtgeben! Sie kriegen sogar nachts eine Erscheinung! Da wird Ihnen ein pausbäckiger Engel erscheinen, mal Kohl, mal Fischer! Können Sie sich dann aussuchen!«
Lohmann: »Da ist mir Kohl lieber.« *(24. 11. 94)*

Bundesfinanzminister Dr. Waigel, CDU/CSU: »Wenn Herr Lafontaine – was ich aus dem Interview mit Karl Schiller entnommen habe – ihm in die Hand versprochen hat, einen marktwirtschaftlichen Weg zu gehen, dann würde ich auf diesen Handschlag nicht zählen.«
Dr. Faltlhauser, CDU/CSU: »Die Pleitekralle!« *(8. 3. 90)*

Reuter, SPD, zu Bundesumweltminister Dr. Wallmann, CDU: »Sie sind ein Quadratschlitzohr!« *(7. 11. 86)*

Fischer (Frankfurt), B'90/Grüne, über Nolting, FDP: »So ein Quasselkopf!« *(20. 3. 97)*

Feilcke, CDU/CSU: »Man sollte Scharping mal rasieren!«
Frau Matthäus-Maier, SPD: »Hoffentlich ist das auch im Protokoll! Die Albernheiten kommen da manchmal nicht hinein!« *(18. 1. 96)*

Gerster (Mainz), CDU/CSU, zu Vizepräsident Stücklen, CDU/CSU: »Der Oppositionsführer ist vom Friseur zurück, Herr Präsident! Haben Sie das schon bemerkt? – Den Vogel haben sie rasiert!«
Frau Schulte (Hameln), SPD: »Das täte dir gut!«
Dr. Vogel, SPD: »Nehmen Sie sich mal den Bart ab!« *(6. 9. 89)*

Vizepräsident Klein, CDU/CSU: »Wir haben eine ganze Reihe von Kollegen, die mit dem Rücken zuhören.«
Carstensen (Nordstrand), CDU/CSU: »Herr Präsident, das geht gar nicht schlecht!« *(30. 3. 95)*

Staatsminister Fischer (Hessen), B'90/Grüne, zur CDU/CSU: »Ich möchte Ihnen – und da muß ich dem Bundeskanzler fast ein Lob aussprechen -, wenn Sie sich über Schattenkabinette aufregen, nur eines sagen: Nehmen Sie Kohl hier weg, dann wirft die ganze Truppe nicht einmal mehr Schatten!«

Dr. Kinkel, Bundesaußenminister, FDP: »Was den Schatten anbelangt..., rufe ich Ihnen nach: Seien Sie nicht böse, Sie werfen persönlich auch keinen ganz so kleinen Schatten – das räume ich ein –, wenn ich mir Ihre Figur ansehe, sonst aber eher einen kleinen.« *(7. 9. 94)*

Vizepräsident Frau Renger, SPD, zu Pfuhl, SPD: »Herr Abgeordneter, können Sie zum Ende kommen?«
Pfuhl: »Sehr geehrte Frau Präsidentin, wir hatten uns an sich geeinigt, daß ich als erster so lange rede, bis ich fertig bin, und sich die Kollegen dann einschränken.«
Frau Renger: »Wenn Ihre Kollegen damit einverstanden sind, so ist das gerne gestattet. Bitte sehr.«
Pfuhl: »Wissen Sie, wir sind innerhalb der SPD-Fraktion nicht nur solidarisch, sondern auch konsensfähig.« – *Heiterkeit bei der SPD. Zurufe von der CDU/CSU.* – »...bei uns tritt nicht jeder jedem gegen das Schienbein.« *(16. 5. 86)*

Bundeskanzler Dr. Kohl, CDU/CSU: »...wir müssen in all diesen Bereichen ansetzen, denn wir sind heute an einem Punkt angelangt, wo in unserem Land zuwenig bewegt und zuviel verhindert werden kann.«
Conradi, SPD: »Bei der Regierung!«
Dr. Kohl: »Ihre Beiträge werden immer bedeutender; das muß ich Ihnen sagen. Ich erinnere Sie an Ihre Zwischenrufe im Mai. Dennoch stehe ich hier wieder als Bundeskanzler ...«
Fischer (Frankfurt), B'90/Grüne: »Deswegen wird das auch nichts mit dem schlanken Staat!« *(23. 11. 94)*

Austermann, CDU/CSU: »Wenn ich zu Jupp Vosen *(SPD, d. Hg.)* hinüberschaue, dann habe ich immer das Gefühl: Das könnte ein treffendes Bild sein. Schneller, tüchtiger und leistungsfähiger werden durch Schlankheit. Die Masse allein bringt es nicht, noch nicht einmal beim Kugelstoßen oder beim Gewichtheben. Schlanker ist also ein bißchen fitter.«
Fischer (Homburg), SPD: »Sagen Sie das einmal Kohl!«
Kubatschka, SPD: »Sie reden Sich um Ihre Karriere, wenn Kohl das hört!« *(8. 9. 93)*

Bundesaußenminister Dr. Kinkel, FDP: »Die Staats- und Regierungschefs der G 7 haben ... konkrete Vorschläge für eine ›Schlankheitskur‹ gemacht.«
Fischer (Frankfurt), B'90/Grüne: »Beim Wort ›Schlankheitskur‹ guckt er als erstes auf den Kanzler!«
Gegenruf von der CDU/CSU: »Der Fischer soll sich einmal selber angukken!« *(25. 10. 95)*

Vizepräsident Klein, CDU/CSU, nach der Rede von Kleinert (Hannover), FDP: »Es gibt Kollegen, die machen sich Manuskripte, mit denen sie dann nicht rechtzeitig fertig werden; dazu gehört Kleinert nicht. Es gibt andere Kollegen, die sich sozusagen am Mikrophon verplaudern. Dann gibt es eine dritte Kategorie von Kollegen, die fest davon überzeugt sind, daß sie dem Auditorium einen Schmerz zufügen, wenn sie aufhören, dazu gehört Detlef Kleinert.« *(27. 11. 92)*

Schreiner, SPD, zu Vogt, CDU/CSU, Parl. Staatssekretär beim Bundesarbeitsminister: »Ich beantrage Schmerzensgeld, wenn Sie so weiterreden!« *(16. 11. 89)*

Dr. Vogel, SPD, zu Bundesarbeitsminister Dr. Blüm, CDU/CSU: »Schreihals!« *(18. 1. 90)*

Wieczorek (Duisburg), SPD: »Schwachsinn!«
Dr. Waigel, CDU/CSU: »Schwachsinnig sind offensichtlich Sie, der Sie solche Zwischenrufe machen.«
Dr. Vogel, SPD: »Hören Sie sich mal Ihre eigenen Zwischenrufe an!«
Dr. Waigel: »Ich höre hier den Zwischenruf ›Schwachsinnig‹. Er schlägt auf den, der ihn gesprochen hat, zurück.« *(7. 9. 88)*

Dr. Graf Lambsdorff, FDP: »Herr Bundeswirtschaftsminister, können Sie mich vielleicht informieren, ob ich unter Sehstörungen leide oder ob ich richtig sehe, daß der Minister Heinemann *(SPD, Nordrhein-Westfalen, d. Hg.)* Sie angegriffen hat und nunmehr verschwunden ist, ohne das Ende dieser Debatte abzuwarten?«
Bundeswirtschaftsminister Dr. Haussmann, FDP: »Ich glaube, Sie haben keine Sehstörungen. Herr Heinemann ist leider nicht mehr da, was ich persönlich bedaure.« *(28. 9. 89)*

Wehner, SPD, zu Dr. Kliesing, CDU/CSU: »Sie sind nationaler Selbstverstümmler! Sie wollen Auseinandersetzung bis zum Exzeß! Sie wollen Deutschland lieber kaputt haben ...« *(21. 1. 1965)*

Frau Vennegerts, Grüne/B90, zu Gansel, SPD: »Spürnase!« *(30. 10. 90)*

Dr. Rexrodt, Bundeswirtschaftsminister, FDP: »Das erste Gespräch findet Mitte März mit der Automobilindustrie und ihren Zulieferern statt.«
Tauss, SPD: »Reichlich spät! Jetzt erst fangen Sie an!«
Dr. Rexrodt: »Ach, mein Freund mit der Stentorstimme ohne Inhalt.« *(9. 2. 95)*

Beckmann, FDP, nach einer Reihe von Zwischenrufen: »Herr Lambinus *(SPD, d. Hg.)*, hören Sie doch mal zu, bevor Sie so brüllen. – Sie müssen Ihre

Stimmbänder ein bißchen schonen und mehr Ihr Gehirn einschalten, bevor Sie reden.« *(23. 5. 85)*

Minister Leinen (Saarland), SPD: »Wenn die Natur schreien könnte, würde das Bundeskabinett unter einer permanenten Trommelfellentzündung leiden. Das ist die Realität.«
Hornung, CDU/CSU: »Jetzt haben Sie den Heiligenschein auf!« *(4. 2. 93)*

Roth, SPD: »Müller, klein und dick!«
Dr. Müller (Bremen), Grüne: »Wenn Sie, Herr Roth, den Zwischenruf machen, daß ich klein und dick sei, dann würde ich Ihnen empfehlen, Ihren eigenen Umfang einmal kurz und kritisch zu betrachten.«
Roth: »Das war doch kein Vorwurf, Herr Müller, das war ein Kompliment! Wenn Sie das krummnehmen, nehme ich es zurück!« *(23. 10. 86)*

Schmidt (Fürth), CDU/CSU: »Eines wurde wieder deutlich: Die SPD ist und bleibt eine außenpolitische Dame ohne Unterleib.«
Frau Müller, B'90/Grüne: »In welcher Zeit leben Sie denn?« *(30. 3. 95)*

Frau von Renesse, SPD: »Glauben Sie denn immer noch an das furchtbare Bild des Sozialdemokraten, der mit Vampirzähnen auf die Familien und die Kinder losgeht, um sie zu fressen und aufzulösen?«
Zuruf von der CDU/CSU: »Manchmal hat man den Eindruck, als wäre es so!«
Frau Albowitz, FDP: »So schrecklich seid ihr auch nicht!« *(25. 3. 93)*

Schreiner, SPD, zu Gerster (Mainz), CDU/CSU: »Bei Ihnen steht der Verstand still!« *(15. 2. 90)*

Dr. Weng (Gerlingen), FDP, über Niedersachsens SPD-Ministerpräsident: »Beim Schröder kann man von Vielzüngigkeit reden!« *(6. 9. 94)*

Dr. Graf Lambsdorff, FDP: »Aus einigen Wendehälsen der SPD könnte man ganze Äskulapstäbe drehen.« *(18. 1. 90)*

Gerster (Mainz), CDU/CSU: »Sie sind ein Wirrkopf! Das zeigt diese Rede!«
Sielaff, SPD: »Herr Gerster, daß Sie nicht sachlich bleiben können und hier so engstirnig sind, wissen wir. Sie reden ja nur mit Scheuklappen und haben keine Ahnung.« *(2. 12. 88)*

Frau Ernstberger, SPD, zu Bundesgesundheitsminister Seehofer, CDU/CSU: »Den Weg in eine Mehrklassenmedizin gehen wir nicht mit. Diesen Zahn werden wir Ihnen auch noch ziehen.«
Kirschner, SPD: »Der Zahn wird ohne Betäubung gezogen!« *(8. 2. 96)*

Möllemann, FDP, zu Frau Knoche, B'90/Grüne: »Es empört Sie, daß wir junge Menschen zum Zähneputzen anhalten wollen. Wenn Sie nicht mehr Grund zur Empörung in diesem Leben haben, dann beneide ich Sie.« *(24. 5. 96)*

Brauer, Grüne: »Das heißt, wir stimmen hier über ein Gesetz ab, das in seinem entscheidenden Punkt inhaltslos ist.«
Dr. Knabe, Grüne: »Eine zahnlose Krücke!« *(16. 11. 89)*

Walther, SPD: »...wie Kollege Helmut Esters *(SPD, d. Hg.)* hier an dieser Stelle ausgeführt hat, den Rechnungshof zu einer zahnlosen Gouvernante degradiert, die nur noch als Kurschatten fungiert. Aber damit hatte Helmut Esters natürlich nicht ganz recht; denn einen zahnlosen Kurschatten kann ich mir nicht vorstellen.« *(1. 12. 89)*

Frau Ernstberger, SPD, zu Bundesgesundheitsminister Seehofer, CDU/CSU: »...werden wir von der SPD niemals zustimmen. Denn Sie hätten es zwar ganz gerne, aber noch sind wir nicht zahnlos.«
Möllemann, FDP: »Die Rede war ebenso zahnlos wie sinnlos!« *(24. 5. 96)*

Fischer (Frankfurt), B'90/Grüne, über den CDU/CSU-Bundesgesundheitsminister: »Die zahnlose Generation wird sich auf Seehofer berufen!« *(24. 5. 96)*

Dreßler, SPD, zu Bundesarbeitsminister Dr. Blüm, CDU/CSU: »Herr Blüm, ist es eine Bagatelle, wenn ein Arbeitnehmer mit einem Bruttoeinkommen von 2.500 DM im Monat für seine Zahnprothese, die 3.000 DM kostet – das ist übrigens ein üblicher Preis –, nach Ihren Vorstellungen in Zukunft 1.500 DM selbst bezahlen muß? Ist das eine Bagatelle?«
Andres, SPD: »Mut zur Zahnlücke!« *(4. 12. 87)*

Lennartz, SPD: »Wenn Sie langsamer sprechen würden, könnte ich besser zuhören!«
Frau Dr. Bergmann-Pohl, CDU/CSU, Parl. Staatssekretärin beim Bundesgesundheitsminister: »Sie werden ja wohl noch zuhören können. Es tut mir leid, wenn Sie gedanklich und zerebral nicht so schnell folgen können. Zerebral ist kein Schimpfwort, Herr Präsident. Ich wollte das nur anmerken. Ich wollte nicht belehren.«
Lennartz: »Sie lesen zu schnell ab!« *(12. 10. 95)*

Poß, SPD, über Thiele, FDP: »Der Meister der gespaltenen Zunge hat gesprochen!«
von Larcher, SPD: »Der Ideologe hat gesprochen!« *(29. 2. 96)*

Mit Nadelstreifen und Latzhosen

Im »Langen Eugen«, dem Bonner Abgeordnetenhochhaus, sollen »Flitzer« ihr Unwesen getrieben haben. Jene Leute also, die unbekleidet durch die Gegend rennen.

Mehrere Versionen des Vorganges kursierten durch das Tratsch-Bonn. Die glaubwürdigste scheint diese zu sein: Eine junge ausländische Reinemachefrau putzt morgens um fünf Uhr die Herrentoilette in der 9. Etage. Plötzlich wird sie von zwei unbekleideten, angetrunkenen, sich nicht mehr richtig artikulieren könnenden Männern überrascht. Der eine will ein Küßchen von der jungen Frau, die lautkreischend Reißaus nimmt. Der zweite verfolgt sie, den Staubsauger der Frau hinter sich herziehend.

Die »Sheriffs« des Bundestags-Hausordnungsdienstes, die Schreie der Frau hörend, eilen ihr zur Hilfe und können die beiden Männer festnehmen. Es stellt sich heraus, daß die zwei Briten sind, die mit einem Volksvertreter in dessen Büro die Nacht durchgezecht haben. Der Abgeordnete selbst konnte nicht umgehend zum Tathergang befragt werden. Im Tiefschlaf lag er auf seinem Bürosofa und war einfach nicht aus dem alkoholhaltigen Nebeldunst in die Realität zurückzuholen. Dieser Vorwurf wird von ihm mit aller Entschiedenheit zurückgewiesen; er habe nicht geschlafen, aber er könne das auch nicht bis in die letzte Minute rekonstruieren, »schließlich war ich nicht dabei«, erklärte er wissensdurstigen Journalisten.

In der Neuen Rhein-/Ruhr-Zeitung wird daraufhin spekuliert, daß es sich bei der Flitzer-Affäre möglicherweise um einen Werbegag des Politikers handeln könnte – er sei doch schließlich Textilkaufmann.

Anzügliches spielt sich auch in den Debatten ab, ob es immer kleidsam ist, bleibt dem geneigten Leser überlassen.

Kiep, CDU/CSU, über Bundesfinanzminister Matthöfer, SPD: »Wenn man Sie hier reden hörte und wenn man Ihnen zuhören konnte, wäre man fast versucht, Herr Kollege Matthöfer, zu meinen, daß Ihr äußeres Aussehen gewissermaßen ein Kontrastprogramm zum Zustand unserer Staatsfinanzen darstellen soll.« *(2. 6. 81)*

Strauß, CDU/CSU, zur Regierungsfraktionen von SPD und FDP: »Machen Sie nicht so weiter; sonst ziehen wir aus!«
Wehner, SPD: »Wie sehen Sie denn aus, wenn Sie sich ausgezogen haben?« *(15. 3. 72)*

Feilcke, CDU/CSU, zu Egert, SPD: »Heute ohne Ballonmütze!« *(18. 4. 86)*

Dr. Lippold (Offenbach), CDU/CSU, zum B'90/Grüne: »Da Sie jetzt so staatsmännisch werden, mit Schlips und Jackett ...«
Fischer (Frankfurt), B'90/Grüne: »Sie sollten Lendenschurz tragen oder Bärenfell und Keule; das würde Ihnen besser stehen!« *(16. 3. 95)*

Zuruf von der CDU/CSU: »Zeigen Sie mal Ihr linkes Handgelenk, Herr Börnsen!«
Börnsen (Ritterhude), SPD: »Darauf kommen wir noch. Ich werde sicherlich nicht nur auf das Handgelenk ... zu sprechen kommen ...«
Vizepräsidentin Schmidt, SPD: »Und was ist jetzt mit der Hand?«
Börnsen: »... möchte ich Ihnen eine Uhr übergeben, eine gelbe, auf der steht: Postdienst. Ich möchte Sie fragen, ob Sie feststellen, ob darauf Edelsteine sind.«
Frau Schmidt: »Nein.«
Börnsen: »Es gibt Uhren, die wir bekommen haben, aber diese hier habe ich meinem Sohn wieder abgenommen, der 7 Jahre alt ist, und der ist darüber beleidigt. Das sind Kinderuhren. Mit Cartier usw. wurden wir ›leider‹ nicht belästigt.«
Timm, FDP: »Frau Präsidentin: Ich besitze tatsächlich eine Uhr mit einem echten Stein. Was soll ich nun machen? Das ist ein Stein der Dresdner Frauenkirche, mit dem man in dieser Uhr für den Wiederaufbau wirbt.«
Frau Schmidt: »Ich weiß nicht, was Sie alle mit Ihren Uhren haben. Sie können mir jetzt alle Ihre Uhren zeigen, das ist mir Wurscht.«
Timm: »Das Positive daran ist, Kollege Börnsen, die gehört sogar noch mir.«
Göttsching, CDU/CSU: »Frau Präsidentin, ich habe Ihnen natürlich auch meine Uhr zu offerieren, wie das meine Kollegen gemacht haben, muß aber neidvoll eingestehen, daß meine 21 Steine hat.«
Frau Schmidt: »Darf ich einmal ganz sanft unpräsidentinnenhaft fragen, ob ihr alle einen Schlag habt.« *(9. 9. 93)*

Sauer (Salzgitter), CDU/CSU: »Die ist ja hier im Ernteeinsatz-Look!«
Frau Köppe, B'90/Grüne: »Es ist selbstverständlich, daß solche Gewalt nicht dem Anliegen der Demonstranten dient. Andererseits denke ich ...«
Sauer: »Bei Ihrem Aussehen werden Sie auch nicht angegriffen!«

Dr. Schmude, SPD: »Was ist das für eine Unverschämtheit, Herr Präsident! Das Aussehen der Kollegin wird hier in Zweifel gezogen und herabgemacht. Das kann ja wohl nicht wahr sein!« *(26. 5. 93)*

Conradi, SPD, dessen persönliches Merkmal es ist, stets eine Fliege zu tragen: »Im Außenbereich lassen Sie *(die CDU/CSU-FDP-Koalition, d. Hg.)* zukünftig bis zu vier Wohnungen in einem Bauernhaus zu, bei – so heißt es im Gesetz – wesentlichen baulichen Änderungen, aber die äußere Gestalt soll im wesentlichen gewahrt werden. Das ist konservative Politik: Die Fassade bleibt, und dahinter ist jede Schweinerei zulässig.«
Dr.-Ing. Kansy, CDU/CSU: »Was ist es denn für eine ›Schweinerei‹, wenn Menschen leben, nicht Schweine? Diese elitäre Arroganz der Fliegenträger aus den Villen!«
Dr. Hitschler, FDP: »Sie tragen zwar keine Krönchen mehr – wahrlich, das wäre ja auch allzu anachronistisch – und auch keine Jakobinermützen – das paßte nicht zum Standing –, aber es sind die Wohlstandssozialisten im grauen Flanell wie Sie, Herr Conradi, die für willkürliche Entscheidungen immer ein Bündel von Paragraphen ins Feld zu führen wissen, mit denen sie Aktivitäten von Bürgern und deren Investitionsbereitschaft totschlagen.«
Müntefering, SPD: »Wo haben Sie denn das gelesen?«
Dr. Hitschler: »Das stammt aus eigener Feder, Herr Müntefering.«
Conradi: »Herr Kollege, zum einen ist das kein Flanell, sondern Schurwolle ...«
Dr.-Ing. Kansy: »Also ein Schurwoll-Sozialist, Herr Kollege!« *(15. 3. 90)*

Stiegler, SPD, zu Erhard (Bad Schwalbach), CDU/CSU: »... im Mietrecht, im Familienrecht, überall wollen wir integrieren. Sie wollen hier wieder einen Fummel anhängen. Das bringt uns nicht weiter.« *(25. 6. 81)*

Roth (Gießen), CDU/CSU, zur SPD: »Als die Bruchpiloten von damals, Herr Ehrenberg, sollten Sie endlich aufhören, sich hier im Gewand von Kunstfliegern vor der deutschen Öffentlichkeit zu produzieren.« *(28. 11. 85)*

Frau Dr. Däubler-Gmelin, SPD, zu Clemens, CDU/CSU: »So ein Gewäsch!« *(5. 11. 86)*

Frau Wieczorek-Zeul, SPD: »Aus einem Bundesland kommend, in dem sich alle großen Arbeitgeber der Industrie positiv über rot-grüne Regierungspolitik in Hessen, u. a. die chemische Industrie, ausgesprochen haben ...«
Oswald, CDU/CSU: »Nur weil Sie etwas Grünes anhaben, brauchen Sie nicht so einen Unsinn zu reden!« *(29. 6. 94)*

Schmidt (Hamburg), SPD, zu Dr. Barzel, CDU/CSU: »Wissen Sie, Herr Barzel, das meine ich nun ganz persönlich, mir fällt auf, daß Sie bei den Plenarsitzungen in letzter Zeit immer ein blaues Hemd anhaben.«
van Delden, CDU/CSU: »Er wechselt aber nicht die Religion!«
Schmidt: »Das hat mit der Religion nichts zu tun, das hat etwas mit dem Fernsehen zu tun, Herr van Delden. Aber ich nehme an, daß das nächste Mal vielleicht die weiße Farbe wieder zurückkehrt und zu Ehren kommt. Die Unschuld wird damit nicht unbedingt bewiesen sein, Herr Barzel.« *(5. 10. 66)*

Bundesumweltminister Dr. Töpfer, CDU: »Jetzt sagen Sie, Galvanikschlämme gibt es. Ich sehe Herrn Abgeordneten Kleinert *(Marburg, Grüne, d. Hg.)* vor mir, er hat eine schöne rote Hose an. Glauben Sie, bei der Produktion dieser roten Hosen sei kein Sondermüll angefallen...« *(14. 1. 88)*

Höpfinger, CDU/CSU, zur SPD: »Glauben Sie denn, daß wir die Hose mit der Beißzange anziehen?« *(16. 3. 78)*

Metzger, B'90/Grüne: »Dieser Finanzminister steht heute mit heruntergelassenen Hosen vor dem Parlament.« – *Bundesfinanzminister Dr. Waigel, CDU/CSU, erhebt sich und öffnet sein Jackett.* –
Vizepräsident Klein, CDU/CSU: »...wenn Sie das erlauben, der kleine kollegiale Rat, bei der Wahl von Sprachbildern doch solche zu nehmen, die nicht leicht widerlegt werden können.«
Fischer (Frankfurt), B'90/Grüne: »Das ist die Illusion einer Hose, die Sie hier vorgeführt haben!«
Dr. Waigel: »Herr Metzger, normalerweise sind Sie unter den Grünen jemand, dessen Äußerungen man ernst nehmen sollte. Aber heute waren Sie gerade mit Ihren Bemerkungen das personifizierte Beispeil für eine ›leere Hose‹, wie man in Bayern zu sagen pflegt.«
Fischer: »Besser leere Hose als tote Hose! Theo, die tote Hose!«
Koppelin, FDP: »Tolle Hose!« *(25. 10. 95)*

Schmidt (Hamburg), SPD, zu Bundeskanzler Erhard, CDU/CSU: »Ich habe volles Verständnis für das Dilemma, in dem Sie stecken. Aber dieses ist der Ort, an dem ausgesprochen werden muß, was ist.«
Wehner, SPD: »Die Hosen herunter!« *(5. 10. 66)*

Grund, CDU/CSU: »Lassen Sie uns die Ärmel für neue Arbeitsplätze hochkrempeln...«
Schreiner, SPD: »Erst die Hosen herunterlassen, dann krempeln wir die Ärmel hoch!« *(7. 3. 96)*

Zuruf von der CDU/CSU über Frau Beck-Oberdorf, Grüne: »Sie hat sich extra die Jeans angezogen.«

Frau Beck-Oberdorf: »Jawohl, für Sie bin ich heute extra in Hosen gekommen, damit man einmal sieht, wer hier die Hosen anhat oder in Zukunft in dieser Gesellschaft anhaben sollte.« *(12. 4. 84)*

Dr. Bötsch, CDU/CSU, über Weiß (Berlin), B'90/Grüne: »Hosenlatzgebabbel!« *(30. 4. 92)*

Fuchtel, CDU/CSU: »Herr Kollege Schreier, sorry...«
Schreiner, SPD: »Nehmen Sie die Hand aus der Hosentasche.«
Frau Albowitz, FDP: »Er hat sie nicht drin!«
Vizepräsidentin Dr. Vollmer, B'90/Grüne: »Gestatten Sie eine Zwischenfrage des Abgeordneten Seehofer *(CDU/CSU, d. Hg.)*?«
Schreiner, SPD: »Ja, bitte sehr. – Der hat die linke Hand in der Hosentasche.« *(29. 3. 95)*

Frau Unruh, Grüne, zu Stahl (Kempen), SPD: »Nehmen Sie die Hände aus der Tasche!«
Stahl: »... unter hauptsächlicher Ausarbeitung von Herrn Scheer gerade das Richtige ist,«
Frau Unruh: »Jetzt hat er nur noch eine Hand in der Tasche!«
Vizepräsident Frau Renger, SPD: »Darf ich ganz schnell etwas sagen. Die Frau Kollegin Unruh wollte Sie in meinem Auftrag rügen, weil Sie beide Hände in den Hosentaschen haben.« *(3. 12. 87)*

Frau Matthäus-Maier, FDP: »Ein Bundeskanzler, der den schlanken Staat verordnet...«
Frau Fuchs (Köln), SPD: »Er hat auch Hosenträger!« *(14. 12. 94)*

Frau Geiger, CDU/CSU: »Vieles, was die SPD in ihrem Antrag fordert, ist berechtigt. Aber bei genauem Hinsehen entpuppt es sich als sehr alter Hut.«
Dr. Rumpf, FDP: »Ganz alter Schlapphut!«
Rossmanith, CDU/CSU: »Filzhut wäre besser!« *(26. 9. 86)*

Vizepräsident Klein, CDU/CSU: »Ich glaube, Frau Kollegin Wollenberger *(B'90/Grüne, d. Hg.)*..., daß wir Ihnen heute eine Premiere verdanken. Die Kollegin Wollenberger ist die erste Abgeordnete, die im Plenum mit Hut erschienen ist.«
Dr. Feldmann, FDP: »Aber sie hat ihn dann abgerüstet!«
Würzbach, CDU/CSU: »Aber er sah ein bißchen besser aus als der von der Simonis *(SPD-Ministerpräsidentin von Schleswig-Holstein, d. Hg.)*!« *(23. 6. 93)*

Austermann, CDU/CSU, über Frau Simonis, SPD, Ministerpräsidentin (Schleswig-Holstein): »Dann kommt Frau Simonis mit lauter alten Hüten. Ich muß ganz klar sagen: Alte Hüte gehören in die Schublade.«

Frau Fuchs (Köln), SPD: »So große Schubladen gibt es gar nicht, wie Sie sie brauchen!« *(8. 2. 96)*

Dr. Jannsen, Grüne: »Ich war damals so bedürftig, daß ich mir nur einmal im Semester oder im Jahr eine Hose leisten konnte.«
Dr.-Ing. Kansy, CDU/CSU: »Und die tragen Sie noch heute!«
Dr. Jannsen: »Machen Sie sich keine Sorgen über meine Kleidung. Die kann ich genauso wie Sie bezahlen. Ich gehe allerdings nicht zur Maßschneiderei.«
Dr.-Ing. Kansy: »Wir auch nicht!« *(16. 6. 83)*

Am 8. September 1983 bekommt der Abg. Dr. Jannsen wiederum das Wort; Daweke, CDU/CSU, ruft ihm zu: »Das sind wieder die Jeans aus der BAFöG-Zeit!«
Das Spiel geht weiter; so erklärt Dr. Jannsen vor dem Bundestag: »Ich sehe schon die freudigen Gesichter der Damen und Herren der CDU/CSU. Das freut mich auch.«
Daweke: »Weil Sie eine neue Jacke haben!«
Dr. Schwenninger: »Ich habe keine neue.« *(13. 10. 83)*

Bundesfinanzminister Dr. Waigel, CDU/CSU: »Der Kollege Struck *(SPD, d. Hg.)* ist im Moment nicht da – doch ich sehe ihn. Ich habe ihn vorhin schon bewundert, weil er so eine flotte Hose trägt... Heute kommt ausgerechnet der Kollege Fischer normal gekleidet, da kommt der Struck mit den Jeans, wobei ich überhaupt nichts gegen Jeans habe...«
Fischer (Frankfurt), B'90/Grüne: »Solange Sie nicht in Windeln kommen, wollen wir uns nicht beschweren!«
Frau Scheel, B'90/Grüne, über Bundesfinanzminister Dr. Waigel: »Von dieser Zielsetzung ist nichts geblieben.«
Fischer (Frankfurt), B'90/Grüne: »Da ist die Hose weg!«
Frau Scheel: »Hose weg! – Entschuldigung, das hat der Herr Fraktionsvorsitzende gesagt.«
Frau Albowitz, FDP: »Das ist nicht lady-like!«
Frau Scheel: »Es ist relativ einfach, an dieser Stelle Zwischenrufe aufzunehmen. Dieser hat gepaßt, wenn er für eine Frau auch nicht unbedingt als passend erscheint; das ist wohl richtig. Aber in Zeiten der Emanzipation darf man auch in diesem Bereich nicht differenzieren.«
Frau Scheel zur CDU/CSU-FDP-Koalition: »... und Sie kneifen und sind nicht einmal in der Lage dieser Vorlage zuzustimmen. Das ist beschämend.«
Fischer (Frankfurt), B'90/Grüne: »Der Klub der Hosenlosen!« *(2. 6. 95)*

Dr. Hoffacker, CDU/CSU, über die SPD: »Der Nadelstreifenanzug wird zum Kampfanzug sozialistischer Umtriebe.« *(13. 12. 79)*

Frau Blunck, SPD: »Die Bundesregierung steht mit ihren Taten da wie der Kaiser mit seinen neuen Kleidern in Hans Christian Andersens Märchen: nackt und bloß.«
Dr.-Ing. Kansy, CDU/CSU: »Hoffentlich kommt die Regierung nicht so ans Pult!« *(14. 11. 85)*

Thiele, FDP: »Sehr geehrter Herr Präsident! – Entschuldigung! Sehr geehrte Frau Präsidentin!«
Vizepräsidentin Schmidt, SPD: »Es ist eindeutig.«
Thiele: »Es ist eindeutig, Frau Präsidentin, dem kann ich nur zustimmen. Ich möchte Sie auch zu Ihrer heutigen Kleidung beglückwünschen; sie steht Ihnen ...«
Dr. Bötsch, Bundespostminister, CDU/CSU: »Der Herr Kollege Thiele hat vorhin Ihr nettes Kleid bewundert, Frau Präsidentin. Ich genieße das Privileg, zu wissen, zu welchem Anlaß Sie es sich heute ausgewählt haben; denn wir mußten zu unserem Leidwesen vorhin gemeinsam eine Veranstaltung *(das traditionelle Oktoberfest der Landesvertretung Bayern, d. Hg.)* verlassen, um hier jetzt im Schutz der Dunkelheit den Haushalt für Post und Telekommunikation zu beraten.«
Frau Schmidt: »Herr Kollege, hier ist es ziemlich hell. Dunkel war es drüben in dem Zelt.«
Dr. Bötsch: »Draußen meine ich natürlich, hier ist es schon beleuchtet.«
Dr. Rüttgers, CDU/CSU: »Waren Sie mit der Frau Präsidentin im Dunkeln?« *(9. 9. 93)*

Reddemann, CDU/CSU: »Ihre alte Verfassung hat uns schon gereicht!«
Dr. Heuer, PDS: »Ich bitte Sie jetzt nicht, die führende Rolle der CDU zu übernehmen.«
Zuruf von der CDU/CSU: »Aber wir sind demokratisch gewählt, und das waren Sie damals nicht!«
Frau Lederer, PDS: »Das ist billiger Wahlkampf, den Sie veranstalten!«
Reddemann: »Der alte Stalin lugt aus allen Knopflöchern!« *(17. 6. 94)*

Schreiner, SPD: »Frau Albowitz, Sie müssen den Knopf drücken, um Ihr Mikrophon einzuschalten. Wenn es rot leuchtet, können Sie sprechen. Rot mag eine Farbe sein, die Ihnen Schwierigkeiten macht, obwohl ich das angesichts Ihrer Kleidung nicht verstehen kann.«
Frau Albowitz, FDP: »Herr Kollege Schreiner, ich glaube überhaupt nicht, daß die Farbe Rot mir heute Schwierigkeiten macht.«
Schreiner: »Wenn Sie Ihre übrige schwarze Kleidung ablegen würden, steht Ihnen das noch besser!«
Frau Albowitz: »Na, na. Ich kann Ihnen den Gefallen später tun.« *(16. 1. 97)*

Pützhofen, CDU/CSU: »... hat die Textilindustrie einen innovativen Schub erlebt, der sich an den Umsatzzahlen der Beschäftigten und an der Qualität der Produkte bemerkbar macht, was Sie, verehrter Herr Präsident, unschwer an Ihrer Krawatte erkennen können, die, wenn sie gut ist, aus Krefeld stammt und, wenn sie weniger gut ist, wahrscheinlich aus dem Ausland importiert worden ist.«
Vizepräsident Cronenberg, FDP: »Sie wissen ja, daß wir große Probleme haben, für Standorte und einzelne Betriebe zu werben. Für den Kauf meiner Krawatte ist Gott sei Dank meine Frau zuständig.«
Pützhofen: »Wir werden das Gespräch mit Ihrer Frau führen.« *(18. 6. 93)*

Anders, SPD, zu Scharrenbroich, CDU/CSU: »Wenn Ihre Fraktionen in die Strümpfe gekommen wären ...«
Dr. Klejdzinski, SPD: »Die haben es ja nicht einmal geschafft, in die Latschen zu kommen!« *(13. 11. 87)*

Roth (Gießen), CDU/CSU, zu den Grünen: »Ich kann Ihnen sagen, was hier mit einem warmen Regen von Staatsknete finanziert wird: Latzhosenbetriebe auf Kosten der Leistungsgesellschaft.« *(30. 11. 84)*

Grill, CDU/CSU, über Fischer (Frankfurt), B'90/Grüne: »Wenn der Salondemonstrant Joschka Fischer in Lederjacke für eine halbe Stunde zur Demonstration nach Gorleben und anschließend im Nadelstreifen nach London fährt, dann kann ich Ihnen, Herr Fischer, nur sagen: Sie sind ein Pharisäer.« *(12. 3. 97)*

Schröder (Hannover), SPD: »Sie, Herr Kohl, haben diese Politik der Wende in ein durchaus prächtiges Gewand gekleidet.«
Klein (München), CDU/CSU: »Im Gegenteil zu euren Lumpen!« *(26. 11. 85)*

Dr. Greve, SPD, zu Dr. Becker (Hersfeld), FDP: »Die Nachthemden der Generäle bekommen demnächst auch Sterne!« *(11. 4. 57)*

Dr. Miltner, CDU/CSU, zu Fischer (Frankfurt), Grüne: »... ich will zu Ihnen nichts sagen. Ich freue mich, daß Sie sich bereits zum Nadelstreifen-Grünen entwickelt haben.« *(27. 10. 83)*

Dr. Briefs, fraktionslos: »Mit dem vorliegenden Investitionserleichterungs- und Wohnbaulandgesetz« *– Zurufe von der CDU/CSU. –* »seien Sie mal ruhig. Sie kriegen Ihr Fett schon noch ab – setzt die Bundesregierung ihrer verfehlten Wirtschafts- und Umweltpolitik die Krone auf. Angesichts der herannahenden Karnevalszeit kann man nur sagen: Es ist eine Narrenkrone.« *(12. 2. 93)*

Vizepräsident Frau Renger, SPD: »... das Wort hat der Minister für Umwelt und Energie des Landes Hessen, Herr Staatsminister Fischer.«
Jung (Lörrach), CDU/CSU: »Frau Präsidentin, ich protestiere dagegen, daß ein Landesminister in diesem ungepflegten Aufzug vor dem Deutschen Bundestag reden darf!«
Staatsminister Fischer, Grüne: »Herr Kollege, zwei Jahre hatten wir die Gelegenheit, hier gemeinsam die Bank zu drücken. Ich sehe da in meinem Outfit keinen Unterschied zu meiner jetzigen Funktion als Landesminister. Im Gegenteil: Ich würde es als despektierlich empfinden, wenn ich mich als Landesminister hier anders verhalten würde, denn als frei gewählter Abgeordneter des deutschen Volkes.« *(14. 5. 86)*

Frau Dr. Fischer, PDS: »... eine reale politische Zielsetzung der Gesundheitspolitik ... rückt damit wieder in weitere Ferne.«
Dr. Altherr, CDU/CSU: »Dann müssen Sie die Brille wechseln, Frau Kollegin! Sie müssen einmal Plus-Gläser aufsetzen, dann kommt sie näher heran!« *(9. 12. 92)*

Fischer (Frankfurt), B'90/Grüne: »Da fällt das Puder aus der Perücke, wenn der Innenminister *(Kanther, CDU/CSU, d. Hg.)* spricht!«
Dr. Scholz, CDU/CSU: »Verstärkte Privatisierungserfordernisse bedeuten natürlich nicht, daß auf das Berufsbeamtentum zu verzichten wäre.«
Fischer: »Nein, lange lebe die Puderperücke!« *(14. 3. 96)*

Glos, CDU/CSU, zu Kolbow, SPD: »Der Mann soll seinen liberalen Pullover ausziehen!« *(16. 1. 92)*

Bundesarbeitsminister Dr. Blüm, CDU/CSU: »...verordnete Arbeitszeit und gewünschte Arbeitszeit verhalten sich zueinander wie der untaugliche Versuch eines Spitzentanzes in mittelalterlichen Ritterrüstungen.« *(2. 6. 89)*

Gerster (Mainz), CDU/CSU, zu Häfner, Grüne: »Sie hören gar nicht zu!«
Häfner: »Herr Gerster, Sie können Ihr Niveau bei Zwischenrufen kaum noch unterbieten. Ich schlage Ihnen vor, einen Moment zuzuhören.«
Dr. Bötsch, CDU/CSU: »Sie haben ja einen Schlafanzug an!« *(26. 1. 89)*

Dr. Briefs, fraktionslos, begibt sich ohne Jackett zum Rednerpult.
Oswald, CDU/CSU: »Das nächste Mal kommt er im Schlafanzug!«
Präsidentin Dr. Süssmuth, CDU/CSU: »Herr Briefs, darf ich Sie bitten, ein Jackett anzulegen.« – *Dr. Briefs legt ein Jacket an.*
Oswald: »Er wäre ohne Jacke leichter gewesen!«
Dr. Briefs: »Ich bitte um Entschuldigung. Was macht man nicht alles, wenn es dem Klimaschutz dient.« *(21. 9. 94)*

Dr. Soell, SPD, zu Bundeswirtschaftsminister Dr. Bangemann, FDP: »Aber passende Schuhe ziehen wir uns immer an! Schon wegen der Blasen!« *(18. 3. 87)*

Bundesarbeitsminister Dr. Blüm, CDU/CSU, über Dreßler, SPD: »Die Kurzfassung dieses Dreßlerschen Beitrags war: Die Sozialkassen müssen geschont werden, aber die Frühverrentung muß weitergehen. Das ist nach dem Motto: Die Lieferung muß weiter kommen, aber bezahlt wird nichts. Ja, das ist wieder eines Schulmeisterleins Hut, eine liebenswerte chapeaulische Gestalt. Dessen Haushalt war immer so ausgeglichen, weil er nur die Einnahmen gezählt hat. Die Ausgaben hat er nicht gezählt.« *(18. 1. 96)*

Vizepräsident Cronenberg, FDP: »Wenn Sie einmal dafür büßen müssen, daß Sie dem amtierenden Präsidenten nicht immer die volle Wahrheit ankündigen, dann müssen Sie lange büßen, Herr Stratman-Mertens.«
Stratmann-Mertens, Grüne/Bündnis 90: »Ich komme nächstens in Schutt und Asche nach oben!« *(25. 10. 90)*

Bundeskanzler Dr. Kohl, CDU/CSU: »Ich habe ... bei meinem Besuch in China ... eine Division der chinesischen Volksbefreiungsarmee besucht.«
Fischer (Frankfurt), B'90/Grüne: »Einen schönen Diener gemacht!«
Dr. Kohl: »Das mag ja sein. Herr Abgeordneter, in Sachen Menschenrechte sind Sie der schlechteste Anwalt im ganzen Haus.«
Fischer: »Nee, nee, überhaupt nicht!«
Dr. Kohl: »Denn niemand hat in Deutschland in den letzten Jahren, in den letzten Jahrzehnten gegen die Andersdenkenden in solcher Weise operiert wie Sie. Mit Menschenrechten hat das überhaupt nichts zu tun.«
Fischer: »Unglaublich! Das ist nicht wahr! Ziehen Sie sich einmal eine rote Socke über den Kopf!« *(23. 11. 95)*

Frau Dr. Enkelmann, PDS: »Heute gilt es, einen ganz neuen ökologischen und sozialverträglichen Strumpf zu stricken.«
Sauer (Salzgitter), CDU/CSU: »Keine roten Socken!«
Frau Dr. Enkelmann: »Es kann auch ein roter Strumpf sein.« *(25. 11. 93)*

Frau Krone-Appuhn, CDU/CSU: »Wenn alle Mitglieder dieses Hohen Hauses in den letzten Jahren, statt über Bekleidung zu reden, nur einmal an zwei aufeinanderfolgenden Plenartagen einen Strumpf pro Tag gestrickt hätten ..., hätten wir in diesen zwei Tagen schon einem ganzen Bataillon zu warmen Füßen im nächsten Winter verhelfen können ... Außerdem, meine lieben Herren, wäre das ein Beitrag zur Emanzipation des Mannes als Ergänzung zu unseren Leitlinien für die Frau gewesen.«

Heistermann, SPD: »Frau Kollegin Appuhn, Ihre Ausführungen haben sicherlich viele Kollegen aus den Socken gehauen.« *(28. 3. 85)*

Roth, CDU/CSU: »Das bedeutet für uns: Wir sind mit dem Sparen längst nicht am Ende; wir würden und müssen die Sparstiefel anbehalten.«
Fischer (Frankfurt), B'90/Grüne: »Was für ein Bild: der Sparstiefel!« *(7. 11. 95)*

Dr. Vogel, SPD: »Sie, Herr Bundeskanzler haben das gebotene Maß ...«
Klein (München), CDU/CSU, meldet sich zu einer Zwischenfrage.
Dr. Ehmke (Bonn), SPD: »Stahlhelm aufsetzen!«
Dr. Vogel: »Nein. Setzen.« *(26. 11. 86)*

Dr. Greve, SPD, zu Frau Kalinke, DP: »Ach, Frau Kalinke, Sie sollen ja auch gar keinen Stahlhelm tragen! Behalten Sie ruhig weiter das auf, was Sie bisher auf dem Kopf haben.« *(16. 1. 52)*

Rühe, CDU/CSU: »Auf einem Wohltätigkeitsfest der SPD in der Mitte des Sommers in Kiel-Süd wird Erich Honeckers Strohhut an Fans versteigert.«
Dr. Vogel, SPD: »Wenn es Kiel-Nord gewesen wäre, was dann?« *(5. 9. 89)*

Suhr, Grüne: »Wenn ich mir so den Bundestag ansehe, findet sich durchaus Platz für Bandenwerbung. Ich hoffe allerdings nicht, daß der Postminister Schwarz-Schilling *(CDU/CSU, d. Hg.)*, unser Minister Sonnenschein, anschließend im T-Shirt mit Werbung seiner Batteriefabrik auftritt.«
Gansel, SPD: »Unser Postminister spricht nur mit Krawatte!« *(5. 6. 86)*

Roth, SPD, über den früheren CDU-Sozialpolitiker Katzer und über Bundesarbeitsminister Dr. Blüm, CDU/CSU: »Wir haben über Katzer gesagt, er sei die soziale Badehose der CDU. – Über Blüm kann man sagen: Er ist der soziale Tanga der CDU, also noch ein bißchen kleiner.«
Dr. Blüm: »Wenn ich das schon höre, Herr Roth: Tanga. Zu mehr Einfällen sind Sie bei mir nicht gekommen. Katzer – Badehose, Blüm – Tanga ... Wenn ich mich am sozialpolitischen Nacktbadestrand befände, wie Sie, würde ich mich nicht über die Knappheit eines Tangas erregen.« *(8. und 9. 9. 83)*

Frau Wülfing, CDU/CSU: »Ein Beispiel aus der Textilindustrie: Je nach Preis der Rohbaumwolle werden Baumwollgarne entweder aus Rohbaumwolle hergestellt oder aus zerrissenen ehemaligen Unterhosen. Wollen Sie etwa gerne in Bettwäsche schlafen, die aus Unterhosenabfall hergestellt ist, oder lieber in Bettwäsche aus dem Sekundärrohstoff Trikotagen? Ich habe den Eindruck oder zumindest den leisen Verdacht, daß die SPD, weil sie ja lieber vermeiden will, eigentlich dafür sorgen will, daß diese Unterhosen überhaupt erst gar nicht hergestellt werden.«
Frau Homburger, FDP: »Das ist dann ein Versorgungsnotstand!« *(15. 4. 94)*

Frau Matthäus-Maier, FDP, zur CDU/CSU: »Mir scheint, Sie verfahren erneut nach der Devise: Erst ziehen Sie dem Bund die Hosen aus, und dann beklagen Sie lautstark, daß er nackt dasteht. Sie wollen ihm sogar die Unterhosen ausziehen.«
Dr. Möller, CDU/CSU: »Wir sind keine Schotten!« *(13. 4. 78)*

Fischer (Frankfurt), B'90/Grüne, zu Parl. Staatssekretär Hauser, CDU/CSU: »Der zuständige Staatssekretär verschleiert etwas, habe ich das Gefühl! Staatssekretär Suleika!« *(17. 1. 96)*

Franke (Osnabrück), CDU/CSU, zu Fiebig, SPD: »Gucken Sie doch nicht so böse aus der Wäsche!« *(24. 1. 80)*

Andres, SPD: »Vor diesem Hintergrund kann die monatelange Kompensation nur noch als blanker Zynismus bezeichnet werden, Herr Blüm *(Bundesarbeitsminister, CDU/CSU, d. Hg.)*. Der Minister mit den Zementschuhen wird bei Umsetzung dieser Kompensation als größter Roßtäuscher in die bundesdeutsche Sozialgeschichte eingehen.«
Zuruf von der CDU/CSU: »Besser Zementschuhe als Betonkopf!« *(1. 7. 93)*

Vizepräsident Frau Renger, SPD: »Das Wort ... hat der Abgeordnete Gerster *(Mainz, d. Hg.)*.«
Fischer (Frankfurt), Grüne: »Heute ohne Zipfelmütze und Narrenkappe!« *(12. 4. 84)*

Bundesbauminister Dr. Schneider, CDU/CSU, zur SPD: »Sie wären mit Zylinder und Frack spazierengegangen, wenn Sie das fertiggebracht hätten.«
Dr. Waigel, CDU/CSU: »Den hätten sie im Leihhaus holen müssen.« *(28. 11. 84)*

Bohl, CDU/CSU: »... erstens die Einheit Deutschlands so bald und so gut wie möglich wiederherzustellen, zweitens den Sozialismus ein für allemal und ohne Wenn und Aber in Deutschland zu beerdigen.«
Jungmann (Wittmoldt), SPD: »Haben Sie schon den Zylinder für die Beerdigung gekauft?« *(8. 3. 90)*

Buddha – Ayatollahs – Kirchenhetzer

Der CDU-Abgeordnete Johannes Gerster aus Mainz stöbert eines Tages in einem Bonner Antiquariat und stößt auf einen einmaligen Handpressendruck in einer Doppelkassette aus Leder und Kalbspergament, handvergoldet; Preis: DM 1800. Der Abgeordnete will seinen eigenen Augen nicht trauen: Es handelt sich um ein offizielles Geschenk seiner Heimatstadt, daß einst Willy Brandt, SPD, gemacht worden war. In der Ausgabe steht die von Oberbürgermeister Jockel Fuchs, ebenfalls SPD, unterschriebene Widmung: »Dem Bundeskanzler der Bundesrepublik Deutschland und Vorsitzenden der SPD, Herrn Willy Brandt, zum 60. Geburtstag in freundlicher Verbundenheit. Mainz, den 18. Dezember 1973.«
Gerster kauft den Druck und schenkt ihn seiner Heimatstadt zurück. Heute befindet er sich im Besitz des Gutenberg-Museums. Da in Bonn – und nun auch wieder in Berlin – nichts unter der Decke bleiben kann, stellt sich bald heraus, daß man dem Antiquar weitere Stücke aus dem Privatbesitz von Willy Brandt anbot und er auch einige davon verkaufen konnte. Neben dem Bibel-Nachdruck befanden sich darunter eine Ausgabe des »Kommunistischen Manifestes« von Karl Marx und Friedrich Engels sowie ein kostbares Exemplar des Grundgesetzes.
Der damalige SPD-Chef läßt über seine Pressestelle dementieren, daß auch Staatsgeschenke verkauft wurden. Teppiche von Breschnew und Tito gehörten nicht zur Verkaufsmasse. Auch sein Pressesprecher kann die Peinlichkeit der ganzen Affäre nicht mehr eindämmen und erklärt gegenüber der staunenden Öffentlichkeit: »Es wurden ausschließlich persönliche Geschenke weitergegeben.«
Der Informationsdienst der CSU-Landesleitung in München spottete daraufhin: »Wertvolle Ausgabe des Kommunistischen Manifestes, Gutenberg-Bibel-Nachdruck *(kaum gelesen)* und sonstige Staatsgeschenke z. T. mit Prominenten-Widmungen wegen grundsätzlicher geistiger Neuorientierung des Vorbesitzers günstig abzugeben. Barzahlung erwünscht. Angebote an ... W. Brandt, Unkel.«

In den parlamentarischen Auseinandersetzungen scheint den Politikern nicht alles heilig zu sein. Und so tauchen auch Buddha, Ayatollahs und andere seltsame Heilige auf.

Hollerith, CDU/CSU, zu Kubatschka, SPD: »Folgen Sie mir in meinen Wahlkreis, gehen Sie in meine Veranstaltungen.«
Fischer (Frankfurt), B'90/Grüne: »Um Gottes willen!«
Hollerith: »Dann werden Sie sehen, daß ich genauso rede wie hier. Dann könnten Sie nämlich lernen, wie man erfolgreich Wahlkreisarbeit betreibt. Dazu lade ich Sie gerne ein.«
Fischer: »Lieber kniend nach Altötting als sitzend bei Ihnen im Wahlkreis!« *(18. 1. 96)*

Scheelen, SPD: »Diejenigen, die sich in der Bibel auskennen, auch im Alten Testament, wissen, daß beim Sündenfall der Apfel eine ganz besondere Rolle gespielt hat. Ich muß sagen, es ist ein ziemlich saurer Apfel, in den die Gemeinden bei dem, was Sie *(die Bundesregierung, d. Hg.)* vorgelegt haben, beißen sollen.« *(11. 5. 95)*

Schreiner, SPD: »Ich darf mit einem Zitat beginnen: ›Dort sagten die einen dies, die anderen das, und die Versammlung war in Verwirrung, und die meisten wußten nicht, warum sie zusammengekommen waren.‹ Die Apostelgeschichte Kapitel 19 Vers 32 hat mit diesem Satz das finanz-, wirtschafts- und sozialpolitische Chaos dieser Bundesregierung offenbar mit großer Weisheit vorausgeahnt und mutig angesprochen.« *(6. 11. 92)*

Conradi, SPD: »Im übrigen haben Sie, Herr Abgeordneter Eppelmann *(CDU/CSU, d. Hg.)*, mit dieser Gleichsetzung in krasser Weise gegen das Gebot verstoßen: Du sollst kein falsch Zeugnis ablegen über deinen Nächsten.«
Fischer (Frankfurt), B'90/Grüne: »Herr Präsident, jetzt brauchen wir einen Beichtstuhl!« *(15. 3. 96)*

Zuruf von der CDU/CSU zu Frau Matthäus-Maier, SPD: »Heute in Violett?!«
Kalb, CDU/CSU: »In der katholischen Kirche ist violett die Farbe der Bußfertigkeit!« *(17. 6. 93)*

Urbaniak, SPD, meldet sich zu einer Zwischenfrage. – Dr. Ramsauer, CDU/CSU: »Um Ihre Frage gleich vorweg zu beantworten: Ich lasse Ihre Zwischenfrage nicht zu, denn erstens würde das die Debatte nur verlängern, und zweitens haben sich, wie Sie sehen, schon die ersten Kollegen aus dem Plenum verabschiedet.«
Richter (Bremerhaven), FDP: »Das ist wohl der Euphemismus des Jahrhunderts!«
Schreiner, SPD, zu Dr. Ramsauer, CDU/CSU: »Sie predigen den letzten Beter aus der Kirche, mein lieber Mann!« *(16. 1. 92)*

Frau Homburger, FDP, zu Frau Dr. Dobberthien, SPD: »Sie haben hier von einem ›Betonminister‹ gesprochen. Ich kann Ihnen nur sagen: Sie haben so viele Betonköpfe in Ihrer Fraktion, daß ich an Ihrer Stelle mit solchen Begriffen etwas vorsichtiger wäre.«
Fischer (Frankfurt), B'90/Grüne: »Besser Betonköpfe als kopflos!« *(18. 5. 95)*

Schily, Grüne: »Ich bin in großer Sorge..., daß wir mit der Scheinherrschaft, in der wir herumtapsen,«
Uldall, CDU/CSU: »Scheinherrschaft und Scheinheiligkeit!«
Schily: »unseren Kindern, wie die Bibel es beschreibt, nur Steine, oder sagen wir besser: Styropor statt Brot hinterlassen.« *(26. 2. 88)*

Leber, SPD, zur CDU/CSU: »Sie müssen mal hören, was der Papst sagt... Das ist manchmal sehr wertvoll. Das alles muß man auch noch vor Ort betrachten.«
Sauer (Salzgitter), CDU/CSU: »In der Bibel steht auch: Lügenhafte Lippen sind dem Herrn ein Greuel!«
Leber: »Ich würde mir erst einmal einen Spiegel kaufen und hineingucken, lieber Freund.« *(14. 12. 82)*

Fischer (Frankfurt), B'90/Grüne: »Kollege Lambsdorff *(Ex-FDP-Vorsitzender, d. Hg.)*, ich kann mir richtig vorstellen, wie Sie den Spruch des Propheten Jesaja nach jedem Wahlabend im Präsidium zum besten geben und die Nachfolger vor Enttäuschung und Wut in den Tisch beißen. Herr Gerhardt *(FDP-Vorsitzender, d. Hg.)*, Sie sollten sich diesen Satz wirklich merken: Seht, ihr seid nichts. Ich werde in Zukunft wieder verstärkt die Bibel lesen. Das verdanke ich einem Liberalen.« *(8. 11. 95)*

Dr. Vogel, SPD, zu Bundesfinanzminister Dr. Stoltenberg, CDU/CSU: »Neid ist eine Sünde. Da stimme ich Ihnen zu. Aber das Streben nach Gerechtigkeit ist eine Tugend. Die Bibel sagt, Gerechtigkeit erhöhet ein Volk.«
Rusche, Grüne: »Das Buch kaufe ich mir!« *(12. 9. 86)*

Dr. Gysi, PDS: »Ich meine, daß ein Blick in die Bibel genügt, um deutlich werden zu lassen,« – *Lachen bei der CDU/CSU.* – »– wann haben Sie denn das letztemal hineingesehen? –«
Dr. Rüttgers, CDU/CSU: »Gestern!«
Dr. Gysi: »daß die Christlich Demokratische und die Christlich-Soziale Union künftig wenigstens auf den Begriff ›christlich‹ verzichten sollten.«
Dr. Faltlhauser, CDU/CSU: »Ein Kommunist macht alles, selbst das!«
Marschewski, CDU/CSU: »Der Scheinheilige geht zum Teufel! Das steht auch darin!«

Dr. Gysi: »Es ist mir neu, Frau Präsidentin, daß die Bibel im Deutschen Bundestag eine Zumutung ist.«
Marschewski: »Fünftes Gebot: Du sollst nicht lügen!« *(26. 5. 93)*

Verheugen, SPD: »Aber hier sind Sie ein Kanzler des Stillstands, der in sich ruht wie ein chinesischer Buddha.«
Bundeskanzler Dr. Kohl, CDU/CSU: »Gefällt mir!«
Verheugen: »Es gefällt Ihnen?«
Dr. Kohl: »Das gefällt mir gut! ... Im Staatslexikon heißt es unter dem Stichwort Buddha, Herr Verheugen: Als Persönlichkeit zeichnete sich Buddha aus durch seinen Lebensernst, seine durchdachte und gelassene Lebensmeisterung, seinen Sinn für das Wirkliche und Mögliche, seine Mäßigung und Ausdauer. Ich bin bereit, alles zu akzeptieren. Mit der Mäßigung habe ich allerdings gewisse Probleme. Diese teile ich mit dem Vorsitzenden der grünen Fraktion. Das ist eine der wenigen Gemeinsamkeiten. Daß Sie mich aber nach 13 Jahren in diesem Amt so ansprechen, tut mir wohl. Ich sage Ihnen, Herr Verheugen, ganz offen: Ich bin seit 23 Jahren Parteivorsitzender der CDU. Aber so hat mich meine Partei noch nicht verwöhnt. Die gehen ganz anders mit mir um. Aber ich bin für dieses Lob dankbar, und es stimmt ja auch.«
Dr. Gysi, PDS: »Ich freue mich, daß bei der Beratung des Etats des Bundeskanzleramtes der Bundeskanzler wieder erschienen ist.«
Dr. Kohl: »Fünf Minuten aus dem Saal!«
Dr. Gysi: »Ich freue mich einfach. Ich darf doch meine Freude zum Ausdruck bringen, Herr Bundeskanzler. Ich vergleiche Sie auch nicht mit Buddha wie die anderen, weil ich das für Gotteslästerung halte. So etwas mache ich nicht.« *(8. 11. 95)*

Scharping, SPD: »Mein Freund Oskar Lafontaine hat über die Sozialhilfe gesprochen.« – *Lachen bei der CDU/CSU.* – »Ich kann mir lebhaft vorstellen, daß es in Ihrer Partei unmöglich ist, daß man eine Konkurrenz ausficht und trotzdem kollegial und freundschaftlich zusammenarbeitet. Deswegen ist der Bundeskanzler Dr. Kohl zu einer solch einmaligen Erscheinung geworden, daß Sie sein Abtreten fürchten müssen, weil danach nichts mehr ist.«
Fischer (Frankfurt), B'90/Grüne: »Der Bundeskanzler hat Erfahrungen mit Männerfreundschaften, früher mit Franz Josef Strauß!«
Scharping: »Wenn die Elefanten – oder man müßte sagen: Buddhas – auf der Wiese trampeln, wächst kein Gras mehr.« *(26. 4. 96)*

Seiters, CDU/CSU: »Preisstabilität ist beinahe das Wichtigste ...«
Frau Unruh, Grüne: »Christliche Tünche ist das!« *(24. 11. 87)*

Roth, SPD, über das SPD-Führungstrio Wehner-Schmidt-Brandt: »... wir haben die Dreifaltigkeit, wie Sie wissen, und keiner dieser drei ist da.«
Dr. Kohl, CDU/CSU: »Aber keinen Heiligen Geist! Herr Roth, hören Sie auf mit Begriffen wie Dreifaltigkeit!«
Haase (Kassel), CDU/CSU: »Mehr faltig als heilig!« *(13. 9. 79)*

Hauser (Krefeld), CDU/CSU, zur SPD: »Sie haben unseren Bürgern zu Beginn Ihrer Regierungstätigkeit einen Garten Eden versprochen. Aber Sie haben ein gesellschafts- und sozialpolitisches, ein wirtschafts- und finanzpolitisches Trümmerfeld hinterlassen.« *(10. 11. 82)*

Bundeswirtschaftsminister Dr. Bangemann, FDP, zur SPD: »Sie kommen mir so vor wie amerikanische Fernsehprediger, die in ihren Fernsehsendungen vor Moral triefen und in ihrem alltäglichen Leben dem nicht ganz gerecht werden, was sie da predigen ... ich war in Amerika ... und habe alles hautnah und live miterleben können, was dort passiert.«
Dr. Vogel, SPD: »Seien Sie vorsichtig, mein Lieber! ›Prediger‹ und dann ›hautnah‹?«
Dr. Bangemann: »Ja, sehen Sie, Herr Vogel, jetzt haben Sie es verstanden; das wollte ich Ihnen ja deutlich machen: ›Prediger‹ und ›hautnah‹ bilden ein bißchen einen Gegensatz. Sie haben es jetzt verstanden ...«
Dr. Vogel: »Witzbold sind Sie auch noch!« *(6. 5. 87)*

Dr. Czaja, CDU/CSU, über die Ostpolitik von Ex-Bundeskanzler Brandt, SPD: »Man kann mit Propaganda dem, der versagt, für kurze Zeit den Mantel des Friedensheiligen umhängen, aber vor der Geschichte kann man ihn nicht zum Staatsmann machen.«
Sauer (Salzgitter), CDU/CSU: »Bei dem reicht es nicht einmal zum Säulenheiligen!« *(19. 3. 75)*

Frau Mascher, SPD: »Fast ist man versucht, hier jeden einzelnen zu begrüßen. Ich möchte nur die Äußerungen, die der Herr Präsident zu der Präsenz gemacht hat, dahin gehend ein wenig korrigieren, daß ihm sicher auch die Planungen von Ausschüssen bekannt sind, die Sitzungen in Berlin und außerhalb von Berlin haben.«
Vizepräsident Klein, CDU/CSU: »Das tun Sie besser nicht, Frau Kollegin, weil die Äußerungen des Präsidenten keiner Kommentierung bedürfen, um nicht zu sagen, daß das nicht zulässig ist.«
Schreiner, SPD: »Er darf nur fromm angeguckt werden!«
Klein: »Herr Kollege Schreiner, selbst das fromme Anschauen des Präsidenten kann gefährlich werden, wenn es verbalisiert wird.« *(20. 5. 92)*

Bundesarbeitminister Dr. Blüm, CDU/CSU, über den SPD-Kanzlerkandidaten von 1987: »Johannes Rau ist nicht heiliggesprochen. Er muß an seinen Taten gemessen werden. Das ist der alte biblische Spruch – ich verehre die Bibel so wie Johannes Rau –: An ihren Früchten sollt ihr sie erkennen.«
Kolb, CDU/CSU: »Das sind aber taube Nüsse!« *(27. 11. 86)*

Emmerlich, SPD, über Dr. Kohl, CDU/CSU: »Er überträgt die Technik der Gebetsmühlen in die Weltpolitik!« *(19. 3. 81)*

Dr. Ullmann, B'90/Grüne: »Ich kann keine pauschalen Aussagen machen, wie es um das gute Gewissen der deutschen Soldaten bestellt gewesen sein mag.«
Lambinus, SPD: »Der gute Glaube ist etwas anderes als das gute Gewissen!
Geis, CDU/CSU: »Der gute Glauben ist nicht möglich ohne gutes Gewissen!« *(2. 12. 93)*

Frau Homburger, FDP: »Ich hoffe doch sehr, daß die Beratungen im Ausschuß Ihren Erkenntnisprozeß in diesem Bereich fördern werden.«
Koppelin, FDP: »Das ist ein frommer Wunsch!«
Frau Homburger: »Ja, ich weiß, Herr Koppelin: Das ist ein frommer Wunsch, aber man soll ja die Hoffnung nie aufgeben.«
Matschie, SPD: »Glaube und Hoffnung, das ist das einzige, was Sie zu bieten haben!« *(25. 4. 96)*

Wetzel, Grüne: »Ich muß eine Frage an den Herrn Präsidenten stellen. Ich glaube, Sie haben diese Zwischenfrage nicht bei meiner Redezeit berücksichtigt.«
Vizepräsident Westphal, SPD: »Ihr Glaube ist widerlegbar.«
Wetzel: »Also, Herr Präsident, ein Glaube ist nie widerlegbar. Aber ich will mir nicht anmaßen, Sie zu korrigieren.«
Westphal: »Ich muß Ihnen schon sagen: Durch Tatsachen ist er widerlegbar. Und ich habe hier ordnungsgemäß gestoppt. Wohl oder übel: Ihre Redezeit nähert sich kräftig dem Ende.« *(3. 12. 87)*

Dr. Ullmann, B'90/Grüne: »Aber Sie wissen doch, daß es in unserer Verfassung ein Gleichheitsgebot gibt. Das ist doch unstrittig.«
Kalb, CDU/CSU: »Vor dem Gesetz!«
Dr. Ullmann: »Das muß sich doch auch in unserer Sozialpolitik auswirken. Das sehe ich so.«
Kalb: »Vor dem Schöpfer ist jeder gleich, aber nicht jeder schaut gleich aus!« *(7. 9. 93)*

Spilker, CDU/CSU: »Bevor ich zu meinem Thema komme, möchte ich Ihnen eine Meldung vorlesen, die ich im Moment erhalten habe.«
Zurufe von der SPD: »Wir kennen sie schon!«
Spilker: »Ich kannte sie nicht. Ab sofort können DDR-Bürger direkt über alle Grenzstellen zwischen der DDR und der Bundesrepublik ausreisen.«
Anhaltender Beifall bei der CDU/CSU, der FDP und der SPD. – Zuruf von der CDU/CSU: »Gott sei Dank!«
Spilker: »Ich dachte, daß es mir ausnahmsweise gestattet ist, das fernab vom Thema mitzuteilen.«
Dr. Penner, SPD: »Darfst du!«
Spilker: »Ich danke dir sehr.« *(9. 11. 89)*

Richter, FDP: »Nur das ist richtig verstandene Fürsorge und Vorsorge des Staates gegenüber seinen Beamten.«
Frau Unruh, fraktionslos: »Mein Gott!«
Richter: »Es reicht, wenn Sie mich mit ›Herr Richter‹ anreden.« *(9. 11. 89)*

Reddemann, CDU/CSU: »Der liebe Gott weiß alles, die Grünen wissen alles besser!« *(6. 12. 84)*

Linsmeier, CDU/CSU: »Wir sind seit sieben Jahren in einem anhaltenden Aufschwung; er wird auch die nächsten Jahre anhalten.«
Lennartz, SPD: »In Gottes Ohr, daß er es hört!«
Linsmeier: »Ich habe nichts dagegen, daß der liebe Gott es hört. Ich bin aber auch sehr dafür, daß es dann in der Realität eintritt.« *(28. 9. 89)*

Weiß (Berlin), B'90/Grüne: »Der Unmut der Bürgerinnen und Bürger ist gewollt, die Fremdenfeindlichkeit ist gewollt...«
Dr. Graf Lambsdorff, FDP: »Ein Parlamentarier, der anderen das vorwirft, begibt sich nicht nur außerhalb der Gemeinschaft der Parlamentarier, sondern auch außerhalb der Gemeinschaft aller anständigen Menschen in Deutschland.«
Schulz (Berlin), B'90/Grüne: »Gralshüter der Anständigkeit Graf Lambsdorff! Lächerlich ist das!«
Ullmann, B'90/Grüne: »Ich teile die Anstandsvorstellungen von Konrad Weiß, aber nicht die des Grafen Lambsdorff.« *(15. 10. 92)*

Vizepräsidentin Schmidt, SPD: »Nun spricht der Kollege Dietrich Sperling.«
Dr. Sperling: »Sancta Bavaria, ich möchte hier in Ihrem Angesicht sprechen und Sie nicht im Nacken sitzen haben!«
Frau Schmidt: »Herr Kollege, das ist Ihnen unbenommen, auch wenn ich absolut nicht zu den Heiligen gehöre...«

Dr. Sperling, vom Platz und nicht von der Rednertribüne sprechend: »Frau Präsidentin! Liebes leeres Plenum! Wir diskutieren ...« *(1. 12. 93)*

Strauß, CDU/CSU, zur SPD: »Und euch hat der Heilige Geist verlassen!« *(15. 11. 49)*

Breidbach, CDU/CSU, über das SPD/FDP-Kabinett: »Ich beantrage die Heiligsprechung der Regierung!« *(14. 12. 78)*

Broll, CDU/CSU, zur SPD: »Der Paragraph über Gotteslästerung ist abgeschafft, aber die Ayatollahs in Rundfunkanstalten zu kritisieren, das soll verboten sein; das ist ein Angriff auf ein Heiligtum.« *(20. 6. 85)*

Wehrbeauftragter Berkhan, SPD: »Ich habe vor Jahren gesagt, das Parlament ist mein Herr, es ist gottlob nicht mein Gebieter.«
Dr. Kohl, CDU/CSU: »Ein feiner Unterscheid, den Sie da machen!«
Berkhan: »Es gibt auch bestimmte Felder, in denen ich frei arbeiten kann. ›Hilfsorgan‹ des Parlaments ist für mich Ansporn genug. Ich darf dies so sagen; denn – um eine Bemerkung des Fraktionsvorsitzenden *(Wehner, d. Hg.)* der Sozialdemokratischen Partei Deutschlands ...«
Dr. Kohl: »Jetzt kommt wieder der Gebieter, das ist nicht der Herr!« *(7. 12. 78)*

Bundesarbeitsminister Dr. Blüm, CDU/CSU: »... die Sozialdemokraten stellen sich den Himmel als ein Gebäude mit vielen Schaltern vor. Die Eintrittskarte ist ein Formular, die beliebteste Einrichtung ein Stempel. Das ist das Paradies der Sozialdemokraten.« *(27. 11. 86)*

Dr. Friedmann, CDU/CSU: »Der Minister ist sein Geld wert!«
Bundesarbeitsminister Dr. Blüm, CDU/CSU: »Herr Kollege Friedmann, einen so hohen Stundenlohn habe ich nie erwartet. Ich setze auf meine Verdienste im Himmel.«
Frau Unruh, Grüne: »Da kommen Sie aber nicht hinein!«
Feilcke, CDU/CSU: »Im Himmel werden Sie Frau Unruh aber nicht treffen, Herr Minister!« *(2. 6. 89)*

Frau Holzhüter, SPD: »... daß im Hinblick auf das chinesische Sprichwort ›Die Frauen tragen die Hälfte des Himmels‹ im Zusammenhang mit dem Ehrenamt den Männern einmal angeboten werden könnte, die andere Hälfte zu tragen?« *(7. 9. 95)*

Weiß (Berlin), B'90/Grüne: »In der Bibel heißt es: Im Himmel ist mehr Freude über 99 Sünder als über einen einzigen Gerechten.«

Vizepräsident Klein, CDU/CSU: »Sie haben die Zahl etwas hoch gegriffen.«
Weiß: »Ja, es sind nicht so viele anwesend.« *(28. 10. 93)*

Repnik, CDU/CSU: »Ich bin am Sonntagmorgen zur Haushaltsklausur der Koalition gefahren.«
Wieczorek (Duisburg), SPD: »Hoffentlich nach dem Hochamt!«
Repnik: »Ich mußte vom Bodensee schon früh weg; deswegen war ich nicht im Hochamt.« *(5. 9. 95)*

Vizepräsident Becker, SPD: »Ich erteile jetzt dem Parlamentarischen Staatssekretär Dr. Erich Riedl das Wort.«
Frau Würfel, FDP: »Wie bei der Hochzeit von Kanaan: das Beste zuletzt!«
Dr. Rüttgers, CDU/CSU: »Da war es aber ein Fehler!« *(24. 1. 92)*

Frau Matthäus-Maier, SPD, zur CDU/CSU: »Haben Sie es vielleicht doch auf die Renten abgesehen? Sie leugnen das zwar jetzt. Aber wer so viele Steuerlügen hinter sich hat, der bricht auch andere Versprechen.«
Dr.-Ing. Kansy, CDU/CSU: »Sie sind die bundesweit anerkannte Inkarnation der Wahrheit!« *(7. 9. 93)*

Frau Dr. Vollmer, Grüne, zu Bundesarbeitsminister Dr. Blüm, CDU/CSU: »Sie christlicher Jahrmarktschreier!« *(18. 1. 90)*

Dr. Hoffacker, CDU/CSU: »Die Größen der SPD, so kann ich feststellen, lassen sich immer sehr gern mit dem Kardinal *(Hengsbach, Essen, d. Hg.)* fotografieren, was meist sehr öffentlichkeitswirksam ist. Das tun sie bestimmt nicht wegen Technicolor; dessen bin ich sicher. Wenn es aber darum geht, für die Ärmsten mitzusorgen, dann steht er allein.« *(23. 2. 89)*

Feldmann, FDP: » ... der Sport ist auch ein beachtlicher Wirtschaftsfaktor.«
Fischer (Frankfurt), B'90/Grüne: »Sport muß in den Bereich der katholischen Kirche überführt werden! Das ist unsere Politik!«
Feldmann: »Lieber Kollege, ich möchte Sie nicht daran hindern, den Saal zu verlassen.« *(21. 2. 97)*

Gansel, SPD, über Seehofer, CDU/CSU: »Nun haben Sie bedauert, daß dieses Gesetzbuch nicht die ›Bibel des Sozialrechts‹ zu sein scheint. Das ist richtig. Für eine Bibel braucht man entweder göttliche Eingebung oder doch immerhin das literarische Format eines Ketzers Luther. Beide sind im Bundestag selten vertreten, und wir müssen versuchen, mit Bordmitteln auszukommen.« *(12. 2. 81)*

Arndgen, CDU/CSU, zu Dr. Brill, SPD: »Sind denn die ganzen Wähler besoffen gemacht worden?«

Dr. Brill: »Nein, Sie machen es mit dem Klerikalismus, da können Sie sich den Schnaps sparen.«
Dr. Wuermeling, CDU/CSU: »Es ist gut, daß Sie den Ausdruck mal wieder gebraucht haben, Sie Kirchenhetzer!« *(17. 6. 53)*

Vizepräsident Dr. Schmid, SPD: »Ein Parlament besteht nicht nur aus lauter Experten; das wäre sein Tod!«
Dr. Dresbach, CDU/CSU: »Herr Präsident! Laienbrüder gehören auch zu einem anständigen Kloster!«
Dr. Schmid: »Aber die tut man in die Küche und in den Garten!« *(29. 6. 61)*

Dr. Waigel, CDU/CSU: »Wirkliche Ursache der gegenwärtigen Spannungen ist allein der sowjetische Imperialismus mit seiner weltrevolutionären Zielsetzung. Hier einzusetzen und einzudämmen ist Aufgabe einer realistischen Entspannungspolitik.«
Fischer (Frankfurt), Grüne: »Auf zum Kreuzzug!« *(4. 5. 83)*

Dr. Keller, PDS, zu Frau Michalk, CDU/CSU: »Entschuldigen Sie mal bitte, wenn Sie über die Kultur reden, ist es so, als wenn mein Großvater über die Atomforschung gesprochen hätte. Sie haben keine Ahnung davon.«
Zurufe von der CDU/CSU: »Sie Arroganzgeier! Herr Minister a. D.! – Mitglied des Ministerrates!«
Duve, SPD: »Herr Keller als Kulturpapst!«
Vizepräsident Cronenberg, FDP: »Nun hat der Abgeordnete Baum *(FDP, d. Hg.)* das Wort.«
Gilges, SPD: »Das ist unser Kölner Kulturpapst!« *(23. 1. 92)*

Präsidentin Link (Diepholz), CDU/CSU: »Wir nehmen das Wort unserer Kirchen, der evangelischen und der katholischen Kirche, sehr ernst. Wir werden über das Papier, das sie herausgegeben haben, diskutieren und werden entscheidende Konsequenzen daraus ziehen.«
Fischer (Frankfurt), B'90/Grüne: »Ihr solltet Weihnachten in euch gehen und Buße tun!«
Link: »Ich sage hier noch einmal: Die Familie darf nicht länger im Beiboot der Arbeitsgesellschaft sitzen. Neue Techniken und Flexibilisierung der Arbeitswelt ... «
Fischer: »Nicht so viele Fremdwörter! Das ist der Deutsche Bundestag, nicht der Lateinische Bundestag!« *(15. 12. 95)*

Frau Matthäus-Maier, SPD: » ... Luther hat gesagt: ›Der Teufel scheißt immer auf den größten Haufen.‹ Er meint damit: Wer hat, dem wird gegeben, und das wollen wir nicht.«
Kühbacher, SPD: »Luzifer Lambsdorff!« *(25. 10. 90)*

Frau Brudlewsky, CDU/CSU: »Als Pastorin kennen Sie vielleicht den Satz von Martin Luther: ›Es ist keine größere Plag noch Kreuz auf Erden denn ein böses, wunderliches, zänkisches Weib.‹ Recht hat er. Ich meinte damit nicht Frau Hanewinckel.«
Frau Hanewinckel, SPD: »Käthe Luther war eine Frau, die ihrem Mann sehr deftig, deutlich und klar gesagt hat, was möglich ist, was Sache ist, wo es langgeht. Dazu hatte sie auch allen Grund. Sie hatte nämlich außer einem Mann, der von Familie und wirtschaftlichen Dingen keine Ahnung hatte, auch noch das Haus voller Kinder. Ihr Mann brachte zwar kein Geld nach Hause ... Das führte dann des öfteren zu erheblichen wirtschaftlichen Krisen bei der Familie Luther. Seine Frau Käthe hat ihm deshalb nicht nur ins Gewissen geredet, sondern, so könnte man auch sagen, ihm den Marsch geblasen ... Luther hat seine Frau nicht nur ein ›zänkisches Weib‹ genannt. Er hat von seiner Frau sehr oft auch als ›Herr Käthe‹ gesprochen.« *(27. 2. 97)*

Dr. Süssmuth, CDU/CSU: »Als nächster spricht der Kollge Norbert Geis *(CDU/CSU, d. Hg.)*.«
Conradi, SPD: »Ich kann nur sagen, Madonna hilf!«
Dr. Struck, SPD: »Herr Geis, geben Sie Ihre Rede doch zu Protokoll! Sie wissen doch eh schon, was Sie sagen wollen!« *(21. 10. 93)*

Schreiner, SPD: »Allmählich ist es rätselhaft, was Sie überhaupt in Koalitionsgesprächen bereden. Dort verhält es sich offenkundig so, wie im Neuen Testament bei Matthäus beschrieben.«
Frau Matthäus-Maier, SPD: »›Matthäus‹ ist immer gut!«
Schreiner: »Die einen redeten so, die anderen redeten anders, und am Ende wußte niemand mehr, weshalb sie zusammengetreten waren.« *(7. 9. 95)*

Wittmann (Tännesberg), CDU/CSU, zur SPD: »Sie sollten sich also, wenn Sie Aktuelle Stunden beantragen, erst einmal hinstellen und ›mea culpa, mea maxima culpa‹ sagen. Dann können wir weiterreden.«
Zuruf von der CDU/CSU: »Die wissen nicht, was das heißt!«
Wittmann: »Man kann das übersetzen, natürlich. Ich kann mir vorstellen, daß man das auf der äußersten linken Seite nicht weiß. Aber man kann das ja im Lexikon nachschauen.«
Sielaff, SPD: »Das ist elitäre Angeberei; und das ist ein Volksvertreter! Elitärer geht es wahrlich nicht!« *(9. 12. 92)*

Frau Dr. Babel, FDP, zu den Grünen: »Das ist genau dasselbe, was die SPD immer sagt!«
Schreiner, SPD: »Wachset und mehret euch, heißt es in der Bibel!«
Frau Albowitz, FDP: »Aber nicht mit jedem!« *(29. 3. 95)*

Spilker, CDU/CSU: »Ein geradezu einzigartiges Kompliment für den Bundesfinanzminister! Sie suchen doch immer nach einem Menschenfischer: Stoltenberg ist ein Menschenfischer, und zwar nicht durch Verkündigung, sondern durch politische Leistung.«
Wieczorek (Duisburg), SPD: »Er fischt im Trüben!« *(25. 11. 86)*

Stratmann, Grüne: »Bei der Vorstellung des Jahreswirtschaftsberichts vor wenigen Tagen hat sich Wirtschaftsminister Haussmann in der Pose des Triumphators dargestellt.«
Frau Dr. Skarpelis-Sperk, SPD: »Eher als Meßdiener mit Weihrauchfaß!« *(25. 1. 90)*

Repnik, CDU/CSU: »In der vergangenen Woche ist ... Helmut Kohl zum fünften Mal zum Bundeskanzler gewählt worden.«
Fischer (Frankfurt), B'90/Grüne: »Halleluja, halleluja! Der Herr ist groß in seiner Gnade!«
Repnik: »Die vergangenen zwölf Jahren unter der Regierung Kohl waren zwölf gute Jahre für Deutschland.«
Fischer: »Aber Herr Repnik, für einen Ministranten sind Sie viel zu alt! Lassen Sie das Weihrauchfaß doch weg!« *(23. 11. 94)*

Bundesforschungsminister Dr. Rüttgers, CDU/CSU, zu Dr. Graf Lambsdorff, FDP: »Sie haben einen guten Namen als Marktgraf. Aber Ihre Vorstellung als Mittelstandspapst war nicht überzeugend.« *(28. 9. 95)*

Dr. Lenz (Bergstraße), CDU/CSU: »Die Konferenz findet am Tag des griechischen Nationalheiligen, am Sankt-Nikolaus-Tag, statt. Dem heiligen Nikolaus wurde die Fähigkeit zugeschrieben, Schiffe aus Seenot sicher in den Hafen zu bringen. Wir hoffen, daß die Staats- und Regierungschefs in diesem Punkt mit dem heiligen Nikolaus wetteifern.«
Hoffmann (Saarbrücken), SPD: »Der knackt nicht einmal Nüsse!« *(1. 12. 83)*

Fischer (Frankfurt), B'90/Grüne: »Die FDP ist auf dem Weg ins Nirwana!« *(23. 6. 95)*

Gerster (Mainz), CDU/CSU, über Bundesinnenminister Baum, FDP: »Als Minister der inneren Sicherheit sind Sie so überzeugend wie ein Atheist, der in Rom zum Papst gewählt würde.« *(21. 1. 82)*

Gerster (Mainz), CDU/CSU: »Herr Kollege Wartenberg *(SPD, d. Hg.)*, Sie haben 20 Minuten lang in der Asylfrage Gott und der Welt Vorwürfe gemacht, dem früheren Bundesinnenminister Schäuble, dem Bundesamt, dem Bundesinnenminister Seiters und vielen anderen. Es haben gewissermaßen

nur noch der Papst und der Präsident von Amerika gefehlt. Anschließend stellen Sie sich hin und sagen, es müsse Schluß sein mit den ständigen Schuldzuweisungen.«
Wiefelspütz, SPD: »Das war doch geschickt!« *(9. 9. 92)*

Schulz (Berlin), B'90/Grüne: »Und wenn ich Sie lachen sehe, Herr Hintze *(CDU/CSU, d. Hg.):* Anstatt mit Hinterbanksangeboten hausieren zu gehen, sollten Sie Ihr Pfaffenköpfchen lieber anstregen, wie wir sichere Arbeitsplätze ... bekommen.« *(16. 1. 97)*

Dr. Gysi, PDS, zur CDU/CSU: »Ich behaupte, daß Sie hier gegen eine christliche Kultur vorgehen, wenn Sie Feiertage abschaffen, und auch diese Art von Kulturabbau können wir uns nicht mehr leisten.«
Feilcke, CDU/CSU: »Das müssen gerade Sie sagen! Ihr habt doch den Pfingstmontag abgeschafft!«
Dr. Gysi: »Sie kennen doch gar nicht meine Auffassung aus früherer Zeit; Sie quatschen doch ohne jede Kenntnis. Das ist doch Ihr Hauptproblem.«
Weiß (Berlin), B'90/Grüne: »Lieber Herr Gysi, ich bin nur froh, daß Sie keine Chance haben, jemals Papst zu werden, obwohl Sie auf dem besten Wege dorthin sind!« *(1. 7. 93)*

Frau Dr. Vollmer, Grüne, über Rühe, CDU/CSU: »Herr Rühe spielt auf jedem Klavier, jetzt auch noch auf dem pastoralen!« *(16. 11. 89)*

Schreiner, SPD: »Sie, lieber Herr Heinrich *(FDP, d. Hg.)*, sind neben Pastor Hintze *(CDU-Generalsekretär, d. Hg.)* der größte Pharisäer dieses Hauses.«
Schemken, CDU/CSU: »Die Diskussion, wie sie hier geführt wird, halte ich in zweifacher Hinsicht für schädlich.«
Schreiner: »Schändlich!«
Schemken: »Vielleicht auch schändlich, wenn es hier zum Beispiel darum geht, Leute zu Pharisäern abzustempeln. Das finde ich nicht gut.«
Schreiner: »Aber wenn doch einer ein Pharisäer ist, muß man es auch sagen! Die Pharisäer sind früher aus dem Tempel herausgetrieben worden!« *(29. 11. 95)*

Dr. Freiherr von Stetten, CDU/CSU: »Ganz schlimm ist es ... , wenn Bundestags- und Landtagsabgeordnete direkt oder indirekt zur Gewalt aufrufen. Niemand von diesen Männern und Frauen kann sich da die Hände in der berühmten Pontius-Pilatus-Brühe waschen mit dem Bemerken: Wir haben mit der Gewalt nichts zu tun.«
Fischer (Frankfurt), B'90/Grüne: »Sie sollten einmal den Kopf in die Pontius-Pilatus-Brühe hineinhalten! Das täte Ihnen gut!«

Dr. Freiherr von Stetten: »Herr Fischer, Sie werden deswegen auch nicht unschuldiger!« *(9. 5. 96)*

Frau Sothmann, CDU/CSU: » ... wann, meinen Sie, werden Sie wieder der Auffassung sein, daß Sie für die Kernkraft werden eintreten müssen?«
Vosen, SPD: » ... keiner von uns ist Prophet und kann sagen, was in hundert Jahren ist.«
Dr.-Ing. Laermann, FDP: » ... als noch einmal Fakten zu wiederholen und vielleicht auch die eine oder andere Erinnerung an gestrige Presseaussagen von Herr Kollegen Vosen wachzurufen. Da hat er sich ja gar nicht so grundsätzlich gegen die Nutzung der Kernenergie ausgesprochen.«
Vosen: »Habe ich noch nicht gelesen!« *(4. 2. 93)*

Zurufe von der Besuchertribüne – Vizepräsident Cronenberg, FDP: »Ich bitte den Ordnungsdienst, den Protestanten sofort zu entfernen.« *(7. 9. 94)*

Nach der Rede von Ministerpräsident Lafontaine (Saarland), SPD, anhaltender lebhafter Beifall bei der SPD – Beifall beim Bündnis 90/Grüne sowie bei Abgeordneten der PDS. Oswald, CDU/CSU: »Am besten tragt ihr ihn auf den Händen durch die Reihen!« – *Abgeordnete der SPD gratulieren Lafontaine zu dessen Rede.* – »Herr Präsident, sehen Sie die Prozession auf der Bundesratsbank! Können wir die beenden?«
Vizepräsident Cronenberg, FDP: »Herr Abgeordneter Oswald, erstens habe ich das bemerkt, zweitens ist es leider auf beiden Seiten üblich, und drittens möchte ich bitten, das jetzt einzustellen, um die notwendige Ruhe zu schaffen.« *(6. 9. 94)*

Dr. Waigel, CDU/CSU: » ... wir haben noch gut in Erinnerung, wie die Atomtod-Hysterie damals, 1958, gepflegt wurde – auch vom damaligen Oppositionsredner Helmut Schmidt –, wie wir damals als Raketen-Christen und manches mehr verunglimpft wurden.«
Conradi, SPD: »Das stimmt auch heute noch!«
Dr. Waigel: »Herr Conradi, ich hätte von Ihnen, der ich Sie als aufrechten und anständigen Linken respektiere, nicht erwartet, daß Sie sagen, es stimme auch heute noch, daß wir Raketen-Christen seien.« *(21. 11. 83)*

Kühbacher, SPD, zu Franke (Osnabrück), CDU/CSU: »Ein Pharisäer, ein Saduzäer bist Du, Franke!« *(22. 1. 82)*

Benda, CDU/CSU, über Dr. Schäfer (Tübingen), SPD: »Diese Rede hat eine notwendige – und deswegen bedanke ich mich für diese Rede – entschleiernde Funktion gehabt. Ich würde sagen, Kollege Schäfer: mehr Salome als Salomon.« *(24. 6. 65)*

Dr. Blüm, CDU/CSU, über die Sozialpolitik der SPD/FDP-Bundesregierung: »Was wäre eigentlich passiert, wenn der arme Mann, der auf dem Wege von Jerusalem nach Jericho unter die Räuber gefallen ist, nicht an einen Samariter gekommen, sondern einem Sozialisten in die Hände gefallen wäre? Der Jungsozialist hätte ihm den Überfall als Ausdruck des Monopolkapitalismus erklärt und gesagt: Das ist die Voraussetzung für die Revolution. Ein bürokratischer Sozialist hätte dem blutenden Mann wahrscheinlich gesagt, er solle erst einmal einen Antrag beim Reichsversicherungsamt in Jerusalem stellen; dann könne nach Vorlage mehrerer Gutachten über sein Gesuch entschieden werden. Und sollten sich weitere Überfälle an der Stelle ereignen, dann würde auch noch ein Bundesbeauftragter für das Un- und Überfallwesen eingesetzt. Vielleicht würde auch ein Strukturrat gebildet, der die Gefahrenquelle dadurch entschärfen würde, daß er die Unfälle gleichmäßig über das Land verteilt; auch das wäre möglich.« *(11. 12. 79)*

Bundeskanzler Dr. Adenauer, CDU/CSU: »Wenn Sie wollen, bin ich nach wie vor ein Saulus!«
Dr. Schmid (Frankfurt), SPD: »Dann kämen Sie nicht in den Himmel!« *(20. 3. 58)*

Ministerpräsident Scharping (Rheinland-Pfalz), SPD: »Manche sagen uns ja gerne, wir gerierten uns wie der Betriebsrat einer Gesellschaft. Nun ist das ja alles andere als eine ruchlose oder weniger ehrenwerte Rolle.«
Hintze, CDU/CSU: »Er geriert sich wie ein Scharlatan!«
Scharping: »Sie hoffnungslos überforderter Pfarrer als Generalsekretär sollten über Scharlatanerie gar nicht reden, Sie nicht.« *(7. 9. 94)*

Dr. Dehler, FDP, zu Beginn der Großen Koalition aus CDU/CSU und SPD: »Man darf ja nicht nur, Herr Schmidt, von der Regierung Kiesinger – Brandt sprechen; man muß Kiesinger – Brandt – Katzer – Wehner sagen.«
Schmidt (Hamburg), SPD: »Noch besser!«
Dr. Dehler: »Vielleicht gewöhnen wir uns daran: Kiesinger – Brandt – Katzer – Wehner. Ich frage mich, wie man diese Meinungen und Richtungen unter eine Decke bringt. Ich habe mir überlegt, welche Patrone, welche Schutzheiligen – ich bin ein guter Katholik; sie wissen das – hat wohl dieses Kabinett?«
Schmidt (Hamburg): »Die heilige St. Barbara, weil es alles Kanonen sind!« *(15. 12. 66)*

Dr. Nöbel, SPD, zu Dr. Blens, CDU/CSU: »Sie sind mir eine treue Seele!« *(28. 4. 89)*

Breuer, CDU/CSU: »Ich will jetzt noch eines feststellen – mich animieren diese Zwischenrufe natürlich ganz besonders:«
Fischer (Frankfurt), B'90/Grüne: »Jetzt kommt eine Anti-Schock-Therapie!«
Breuer: »Was die deutschen Soldaten tun, das tun sie in unserem Auftrag. Das beschließt das deutsche Parlament. Es gibt den Primat der Politik. Wer ›Mörder! Mörder!‹ ruft, der beleidigt nicht nur die Soldaten, sondern insbesondere auch das freigewählte Parlament der Bundesrepublik Deutschland.«
Fischer: »Ich bete jeden Abend für die unterdrückten Seelen! Jeden Abend schließe ich sie in meine Gebete ein! Ich bin halt christlicher als Sie!« *(27. 10. 95)*

Haack (Extertal), SPD: »Ich erinnere Sie daran, Herr Louven *(CDU/CSU, d. Hg.)*, daß wir darüber bereits beim GRG – Blüm selig – geredet haben – er sitzt hier noch immer auf der Regierungsbank –, der damals für die Gesundheit zuständig war.«
Vizepräsidentin Dr. Vollmer: » ... ich habe das geprüft: ›Selig‹ ist keine Beschimpfung. ›Blüm selig‹ muß erlaubt sein.« *(18. 1. 95)*

Dr. Weng (Gerlingen), FDP: »Herr Kollege Walther, stimmen Sie mir zu, daß es christlicher wäre, anderen Sünden zu vergeben als sich selbst?«
Walther (Zierenberg), SPD: »Ich habe nichts dagegen, Herr Kollege Weng, Ihnen Ihre Sünden zu vergeben. Das ist gar keine Frage. Was mich ärgert, ist, daß Sie so tun, als hätten Sie nie Sünden begangen.«
Wieczorek (Duisburg), SPD: »Der Mensch hat keine Fähigkeit zur Reue!« *(27. 11. 92)*

Schreiner, SPD, zu Möllemann, FDP: » ... es gibt die segensreiche Einrichtung der Heiligsprechung. Wenn es die Einrichtung der Scheinheiligsprechung gäbe, wären Sie der erste Kandidat.«
Möllemann: »Aschermittwoch ist vorbei!« *(27. 2. 97)*

Jäger, CDU/CSU: » ... teilen Sie meine Auffassung, daß auf diesen Fall unseres Kollegen Krause *(Bundesverkehrsminister, d. Hg.)* jenes Wort aus der Bibel anzuwenden ist, daß ein Sünder, der umkehrt und Buße tut, im Himmel mehr Freude auslöst als 99 gerechte Fragesteller von der SPD?« *(24. 3. 93)*

Cronenberg (Arnsberg), FDP: »Denn wenn ich lediglich ein Drittel meines erarbeiteten Einkommens netto ausbezahlt erhalte, ist das nicht unbedingt leistungsmotivierend.«
Frau Fuchs (Köln), SPD: »Wer hat denn die Abgaben erhöht?«
Cronenberg: »Verehrte Frau Kollegin Fuchs, wir sind alle Sünderlein.« *(7. 9. 94)*

Dr. Mommer, SPD: » ... etwas mehr Kühnheit, keine Angst vor Teufeln, meine Damen und Herren, selbst wenn sie rot sind!«
Kunze (Bethel), CDU/CSU: »Woher wissen Sie eigentlich, daß die Teufel rot sind?« *(30. 5. 56)*

Rische, KPD, zu Dr. Kiesinger, CDU/CSU: »Sie sollten Theologe werden, Herr Philosoph!«
Dr. Kiesinger: »Nicht schlecht! Der theologische Beruf ist nicht der schlechteste in dieser Welt; ich bin nur zu unwürdig dazu, ihn zu bekleiden.«
Majonica, CDU/CSU: »Dann könnten Sie vor allen Dingen Teufel austreiben!«
Renner, KPD: »Soweit sind wir noch nicht mit dem Austreiben!« *(7. 2. 52)*

Immer (Altenkirchen), SPD, zur CDU/CSU: »Ihr könnt nicht überall sein. Ihr seid kein Gott. Die Ubiquität ist auch bei Ihnen nicht gegeben.« *(2. 4. 81)*

Dr. Rexrodt, Bundeswirtschaftsminister, FDP, zur SPD: »Bieten Sie eine Alternative, hier oder anderswo! Nichts als heiße Luft!«
Fischer (Frankfurt), B'90/Grüne: »Seine Heiligkeit Rexrodt! Er ist unfehlbar!«
Dr. Weng (Gerlingen), FDP: »Kann man dem Fischer nicht Valium verabreichen!« *(16. 12. 94)*

Hornung, CDU/CSU, über die Grünen: »Herr, vergib ihnen, denn sie wissen nicht, was sie reden!« *(22. 11. 90)*

Dr. Solms, FDP: »Wenn ich mir die Parteitage der Grünen aus der jüngsten Zeit anschaue,«
Fischer (Frankfurt), B'90/Grüne: »Davon können Sie noch etwas lernen!«
Dr. Solms: »dann stelle ich fest: Das sind harmonische Treffen, ja Weihnachtsfeiern eines katholischen Mädchenpensionats, im Gegensatz zu unseren Veranstaltungen ... Es tritt eine gewisse Änderung im Erscheinungsbild dieser Partei ein.«
Fischer: »Da lacht Herr Waigel, wenn hier katholische Mädchen diskriminiert werden!« *(14. 12. 94)*

Link (Diepholz), CDU/CSU: »Frau Ministerin *(Nolte, CDU/CSU, d. Hg.)*, Ihnen wünschen wir eine glückliche Hand und Gottes Segen in Ihrem schönen und schweren Amt.«
Fischer (Frankfurt), B'90/Grüne: »Jetzt müssen Sie aber noch ein Weihnachtslied singen!«
Link: »Das würde ich mit Ihnen sicher gerne tun!«

Vizepräsident Klein, CDU/CSU: »Herr Kollege Fischer, es kommt sehr entscheidend auf die Schönheit der Stimme an.«
Fischer: »Herr Präsident, mit Ihrer Stimme kann sicher keiner mithalten!«
Seehofer, Bundesgesundheitsminister, CDU/CSU: »Lieber Herr Kollege Link, da kann blanker Neid aufkommen: Mir hat noch kein Mediziner Gottes Segen gewünscht, geschweige denn ein Parlamentarier.«
Fischer: »Wenn der erste Zahnarzt Gottes Segen wünscht, dann nehmen Sie Reißaus!« *(15. 12. 94)*

Frau Rennebach, SPD: »Herr Minister Blüm *(CDU/CSU, d. Hg.)*, auf Ihre Rede von Halbwahrheiten, von Halbweisheiten, von Weihrauch geprägt, offensichtlich in einer Klosterzelle und nicht in der Realität dieser Welt entstanden, möchte ich eigentlich nicht näher eingehen.« *(29. 4. 93)*

Repnik, CDU/CSU: »Der Bundeskanzler hat zu Beginn des Jahres exakt das prognostiziert.«
Fischer (Frankfurt), B'90/Grüne: »Lang lebe der Bundeskanzler!«
Repnik: »Ja, wir haben nun einmal einen guten Bundeskanzler, und darum muß er auch gelobt werden ... «
Fischer: »Er hat zuviel Weihrauch inhaliert!« *(23. 11. 94)*

Vizepräsident Klein, CDU/CSU: »Damit ich nicht so oft auf die Redezeit hinweisen muß, wäre es vielleicht gut, wenn die Parlamentarischen Geschäftsführer«
Dr. Struck, SPD: »Herr Präsident, meine Kollegen halten sich immer an die Redezeit!«
Klein: » – du sollst kein falsches Zeugnis geben, Herr Parlamentarischer Geschäftsführer – den neuen Kollegen sagen würden, daß bei Aufleuchten des gelben Lichts am Rednerpult noch eine Minute Redezeit zur Verfügung steht. Und wenn das rote Licht aufleuchtet, ist die Redezeit abgelaufen. Dann ist noch maximal ein Schlußsatz zulässig.« *(25. 11. 94)*

Inhalt

Geleitwort 6
von Michaela Geiger
Vizepräsidentin des Deutschen Bundestages

Vorwort 7
des Herausgebers

Wahlen – Versprechen – Wahrheiten 9

Kluge Sprüche: Butter bei die Fische 18

Präsidenten-Schelte 34

Warnungen und nette Ermahnungen 116

Zwischen Kopf und Füßen 154

Mit Nadelstreifen und Latzhosen 177

Buddha – Ayatollahs – Kirchenhetzer 189